付剑茹　刘斌斌　陈华 ◎ 主编

金融风险管理

图书在版编目(CIP)数据

金融风险管理 / 付剑茹，刘斌斌，陈华主编. —上海：立信会计出版社，2023.12
ISBN 978-7-5429-7521-8

Ⅰ.①金… Ⅱ.①付… ②刘… ③陈… Ⅲ.①金融风险—风险管理 Ⅳ.①F830.9

中国国家版本馆 CIP 数据核字(2024)第 007230 号

策划编辑	张善涛
责任编辑	郭 光
助理编辑	崔姝然
美术编辑	吴博闻

金融风险管理
JINRONG FENGXIAN GUANLI

出版发行	立信会计出版社
地　　址	上海市中山西路 2230 号　邮政编码　200235
电　　话	(021)64411389　传　真　(021)64411325
网　　址	www.lixinph.com　电子邮箱　lixinaph2019@126.com
网上书店	http://lixin.jd.com　http://lxkjcbs.tmall.com
经　　销	各地新华书店
印　　刷	浙江临安曙光印务有限公司
开　　本	787 毫米×1092 毫米　1/16
印　　张	17.75
字　　数	398 千字
版　　次	2023 年 12 月第 1 版
印　　次	2023 年 12 月第 1 次
书　　号	ISBN 978-7-5429-7521-8/F
定　　价	49.00 元

如有印订差错，请与本社联系调换

前　言

经济飞速发展的背后离不开金融的支持。然而,随着世界经济的发展、金融化程度的加深以及互联网技术的突飞猛进,金融风险不仅发生频次越来越高,而且传播速度越来越快、破坏程度越来越深。2007年美国次贷危机给全世界经济发展带来的阴霾尚未消散,2008年的欧债危机接踵而至。虽然得益于社会主义制度的优越性,我国的金融业自改革开放以来取得了飞速发展、成绩斐然,但2013年的中国光大证券"乌龙指"事件、2020年的包商银行破产案以及2022年年初的招商证券系统崩溃等一系列事件却给我们敲响了加强金融风险防控的警钟。不仅如此,宏观层面的金融"脱实向虚""资金空转"等问题也引起了各界人士的高度关注。

本教材共分10章对各类金融风险的概念、识别、度量、防控与监管等问题进行逐层深入分析。本教材的出版旨在提升金融风险管理课程的教学与研究水平,培养出更多高质量、专业性的金融风险管理人才,既可作为金融专业本科生与研究生阶段学习的教学用书,也可作为金融行业从业人员有效防范与控制金融风险的参考用书。本教材配有课程教学PPT、课后习题解答等相关辅助学习资料,以便学生巩固学习。

与同类教材相比,本教材具有以下特点。

1. 全面性

本教材不仅介绍了传统的信用风险、金融市场风险、流动性风险、操作风险、利率风险及汇率风险等,而且详细介绍了商业银行可能面临的战略风险、声誉风险、合规风险与国家风险。

2. 实用性

本教材不仅详细介绍了对各种金融风险进行度量的具体工具与模型,而且配有相应的案例进行进一步的解读与说明。本教材既可用于理论学习,同时配有的现实案例又可供读者对现实问题进行分析与参考。

3. 同步性

课程资源中配有金融风险的相关案例,以提升金融风险管理追踪的同步性。

本教材由付剑茹教授、刘斌斌教授和陈华老师主编。本教材在编写过程中,既得到金丽红副教授、尹小剑副教授的大力协助,同时也参考了国内外同行的相关资料与研究成果,并得到立信会计出版社的大力支持,在此一并表示衷心感谢!

教材中如有疏漏之处,恳请读者批评指正,以便再版时修正。

编　者

2023 年 12 月

目 录

第一章 金融风险管理导论 ··· 1
- 第一节 金融风险概述 ·· 2
- 第二节 金融风险管理概述 ··· 12
- 第三节 金融风险管理的发展历程与基本步骤 ·· 15
- 本章小结 ··· 21
- 关键术语 ··· 22
- 本章练习 ··· 23

第二章 金融风险识别、金融风险度量与金融风险预警 ·························· 26
- 第一节 金融风险识别 ··· 27
- 第二节 金融风险度量 ··· 39
- 第三节 金融风险预警 ··· 62
- 本章小结 ··· 71
- 关键术语 ··· 71
- 本章练习 ··· 72

第三章 信用风险 ·· 75
- 第一节 信用风险概述 ··· 76
- 第二节 传统信用风险度量方法 ·· 78
- 第三节 现代信用风险度量方法 ·· 85
- 第四节 信用风险管理 ··· 94
- 本章小结 ··· 96
- 关键术语 ··· 96
- 本章练习 ··· 97

第四章 金融市场风险管理 ··· 102
- 第一节 金融市场风险概述 ·· 103
- 第二节 金融市场变量波动率计算 ··· 105

第三节　风险价值 109
　　第四节　基于历史模拟法的 VaR 计算 114
　　第五节　利用 VaR 进行市场风险控制 118
　　本章小结 121
　　关键术语 121
　　本章练习 122

第五章　利率风险 125
　　第一节　利率风险概述 126
　　第二节　利率风险度量 128
　　第三节　利率风险管理 145
　　本章小结 154
　　关键术语 155
　　本章练习 156

第六章　汇率风险 160
　　第一节　汇率风险概述 161
　　第二节　汇率风险度量 165
　　第三节　汇率风险管理 171
　　本章小结 178
　　关键术语 178
　　本章练习 179

第七章　流动性风险 183
　　第一节　流动性风险概述 184
　　第二节　流动性风险度量 187
　　第三节　流动性风险管理理论 200
　　第四节　流动性风险管理 203
　　本章小结 208
　　关键术语 208
　　本章练习 209

第八章　操作风险 212
　　第一节　操作风险概述 213

第二节　操作风险度量 ·· 217
　　第三节　操作风险管理 ·· 223
　　本章小结 ·· 227
　　关键术语 ·· 228
　　本章练习 ·· 229

第九章　其他风险 ·· 232
　　第一节　战略风险 ·· 233
　　第二节　声誉风险 ·· 234
　　第三节　合规风险 ·· 238
　　第四节　国家风险 ·· 243
　　本章小结 ·· 247
　　关键术语 ·· 248
　　本章练习 ·· 249

第十章　压力测试 ·· 252
　　第一节　压力测试概述 ·· 253
　　第二节　信用风险压力测试 ··· 256
　　第三节　市场风险压力测试 ··· 258
　　第四节　流动性风险压力测试 ·· 262
　　第五节　操作风险压力测试 ··· 266
　　本章小结 ·· 269
　　关键术语 ·· 270
　　本章练习 ·· 271

参考文献 ··· 273

第一章 金融风险管理导论

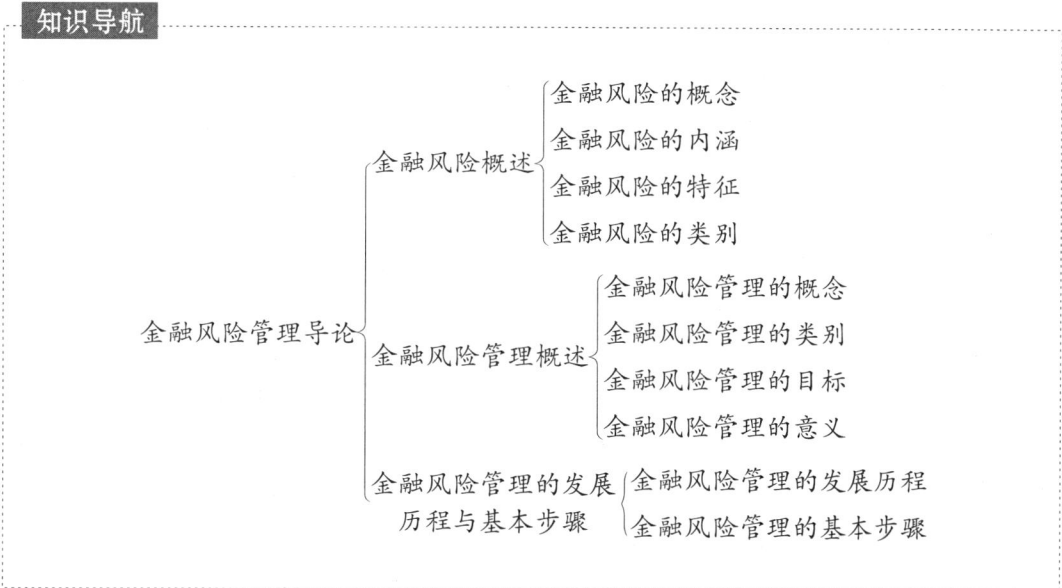

案例导入

身边的金融风险与金融监管

（1）2010年之前的几年，房地产骗贷案屡屡发生且数额巨大。资料显示，一个月收入仅2 000元的人向银行申请500万元贷款竟然能够成功，而且从提供购房贷款材料到银行贷款下发，仅仅一周就高效完成。这种骗贷行为，给银行造成可怕的金融风险。从银行审慎性的角度看，漏洞百出的购房贷款材料显示，一些银行的风险控制体系形同虚设。

（2）2022年9月17日，三亚市公安局海棠分局林旺派出所民警在工作中获悉一条线索，辖区内一男子韩某名下的3张银行卡被用于电信网络诈骗。民警随即对韩某展开心理攻势，劝其主动投案自首。9月18日，迫于警方压力，韩某主动到林旺派出所投案自首。经查，韩某于2021年12月29日将其名下3张银行卡租借给他人，非法获利1 000元。随后这3张银行卡被用于实施电信网络诈骗活动。犯罪团伙通过出租、出借、出售银行卡等行为进行转账、套现、取现活动，从而掩饰、隐瞒犯罪所得。轻则将影响个人征信，重则将承担刑事责任。

（资料来源：环球网. 三亚一男子将3张银行卡租借他人用于诈骗，经警方劝说自首[EB/OL]. (2022-09-22)[2023-03-01]. https://cj.sina.com.cn/articles/view/1686546714/6486a91a02001rh0k.）

(3) 在金融创新和信息技术进步等多重因素的共同作用下,中国金融业与互联网不断融合发展,催生了第三方支付、网络借贷、众筹融资等基于互联网的新金融模式。这些基于互联网的新金融模式有效地改善了金融领域中信息不对称的情况,拓展了金融交易可能性集合,对建设普惠金融体系意义重大。但与此同时,互联网金融领域内的风险逐渐暴露,违法犯罪事件频发,大规模的倒闭、跑路和欺诈问题也随之出现。例如,2019年的大连"聚合支付案"、2021年的"小牛资本案"等案件的发生,极大地冲击了中国金融系统的稳健运行,对中国互联网金融监管提出了严峻挑战。

互联网金融领域频发的风险事件引起了中国监管层的密切关注,从严整治互联网金融、处置非法集资成为确保国家金融安全的重中之重。自2016年4月以来,通过一系列的互联网金融专项整治活动,互联网金融领域的总体风险水平得到了控制,行业无序发展、生态恶化的局面得到了改善。

(资料来源:张成虎,刘鑫,王琪.互联网金融监管的动态演化与长效机制研究[J].西安交通大学学报(社会科学版):2023,43(03):29-43.)

(4) 近年来,我国金融监管立法开始重视体系化建设问题,并为之作出了努力。例如,《关于规范金融机构资产管理业务的指导意见》(银发〔2018〕106号)要求按照资管产品的类型制定统一的监管标准。《地方金融监督管理条例(草案征求意见稿)》确立了"中央统一规则、地方实施监管"的地方金融监管体制,明确了地方金融监管的上位法依据,将地方各类金融业态纳入了统一的监管框架,体现了立法者追求金融监管标准一致、监管系统协调统一的体系化意图。《中华人民共和国金融稳定法(草案征求意见稿)》旨在"健全覆盖全市场的金融稳定监管制度,完善统一协调的金融风险防控处置机制",为我国金融风险的事前防范、事中化解和事后处置提供了全流程、全链条的制度安排。作为一部维护金融稳定顶层设计的基本法,对于金融风险防范化解和处置会起到提纲挈领的作用,这无疑也是体系化思维在金融监管法治中的运用。

(资料来源:靳文辉.论金融监管法的体系化建构[J].法学,2023,497(04):133-146.)

第一节 金融风险概述

在现代市场经济发展过程中,随着经济货币化、证券化和金融化程度不断提升,金融风险不仅客观存在,而且在相当大的程度上反映了国民经济的运行风险;加上金融活动特有的信用性和虚拟性,使得金融风险大大增加。金融是现代经济的核心,金融风险是金融活动的内在属性。金融风险有广义和狭义之分。广义的金融风险包括政府(国家)风险、金融机构风险、企业风险、个人风险和国际风险;狭义的金融风险专指银行、信托投资公司、证券公司、保险公司等金融机构由于各种不确定性因素而遭受损失的可能性,所涉及的范围比较小。无论是狭义的金融风险还是广义的金融风险,其本质都是金融资产遭受损失的不确定性。

在经济全球化和金融开放的前提下,强调并防范和化解金融风险、保障金融安全,成为金融经营的基本要求之一。当金融风险积累到一定程度爆发时,就会发展成金融危机,其危害之大、波及面之广远远超过其他风险。金融风险不仅会破坏金融秩序,而且还会危及经济运行、影响社会稳定。

一、金融风险的概念

"风险"一词随处可见并对人们的生产生活产生重要影响。人们经常将具有不确定性并可能带来损失的事件称为是"有风险的"。例如,股票市场中的股票价格非常不确定并有可能给投资者带来损失;出口汇率具有非常大的不确定性,容易给出口企业带来利润的损失;贷款者能否如期履约亦具有很大的不确定性,进而给商业银行等金融机构带来利润损失的可能;在日常经营过程中,企业的投融资行为也会面临诸多的不确定性并存在因这些活动带来损失的可能性;等等。由此可见,风险本质上是事件的不确定性引起的。于是,风险被定义为"在一定条件和时期内,由于各种结果发生的不确定性给行为主体所带来的损失大小及其可能性程度的高低"。

虽然风险与不确定性之间存在密切的关系,但它们是两个不同的概念,不能将不确定性等同于风险。在《风险、不确定性和利润》一书中,美国经济学家富兰克·奈特将可能测定的不确定性定义为严格意义上的风险,而将不可测度的确定性定义为真正意义上的不确定性。由此可见,风险是一个二维的概念,它不仅包含行为主体将要遭遇的损失大小,而且包含行为主体遭受这种损失的可能性程度(即损失发生的概率)。因此,只有同时确定这两个维度的参数以后,风险才被随之确定下来。值得注意的是,各种结果发生的不确定性既可能带来收益,也可能带来损失。由于对带来正收益的事件的不确定性进行管理没有多大现实意义,所以风险这一概念强调的是各种结果发生的不确定性所导致的损失大小。

另外,"风险"与"危险"之间存在本质性的差异,不能将它们混同。虽然风险和危险都是因事件发生结果的不确定性而产生的,但风险指的是某一不确定性事件结果的发生既可能带来损失也可能带来收益,而危险则是指事件结果的不确定性只会给行为主体带来损失而不会产生任何的收益。于是,人们经常将危险称为"纯粹的风险"。例如,任何人都可能面临地震、洪水等自然灾害,这些事件的不确定性只会给人们带来损失而不会带来任何收益。因此,人们把自然灾害、交通事故、工伤事故等这类事件发生的可能性称为"危险"。

金融风险是各种各样风险中的一种,基于对金融本质内涵与金融风险特征的把握,便可对金融风险进行定义。金融风险是指在一定的条件下和一定的时期内,金融市场各种不确定性事件的发生而使得行为主体遭受损失的大小,以及该损失发生的可能性高低。其中,损失大小及其发生的可能性高低(损失发生的概率)是金融风险的核心参数指标,也是进行金融风险管理的重点考察因素。

二、金融风险的内涵

金融风险是一种非常复杂的经济现象,因此在了解金融风险的概念后,准确理解并把握金融风险的内涵将有助于更好地对其进行识别与管理。

(一) 金融风险的构成要素

与其他风险一样,金融风险也是由金融风险因素、金融风险事故和金融风险结果三部分构成的。

金融风险因素是指引起金融风险事故的诱发因素,它是金融风险产生的必要条件,也是引发金融风险的前提。具体而言,金融风险因素可进一步分为内部因素和外部因素两种。金融风险的内部因素包括企业内部决策管理不力、监管不严不到位、风险管理意识不强等;外部因素包括国家政局不稳定、宏观经济不景气、相关制度环境变迁等。无论是金融风险的内部因素还是外部因素都有可能导致金融风险事故的发生。

金融风险事故是指在金融风险因素影响下,经济或金融市场各变量发生始料未及的变动而导致金融风险发生的具体事件。金融风险事故是连接金融风险因素与金融风险结果的桥梁,是金融风险由可能性转变为现实性的媒介。金融风险事故不仅在质上决定着风险结果的属性,而且还在量上决定着金融风险程度的高低。值得注意的是,金融风险因素的存在并不必然导致金融风险的发生;只有当金融风险因素导致了金融风险事故的爆发时,才会最终导致金融风险的发生并造成金融风险结果。因此,金融风险事故而非金融风险因素才能成为金融风险发生的充分条件。

金融风险结果则是指金融风险事故的发生给金融行为主体所带来的直接影响。这种影响表现为金融行为主体实际收益与预期收益或实际成本与预期成本之间的偏差,从而给金融行为主体带来非预期性的经济损失。

(二) 金融风险的不确定性

金融风险的本质就在于它是一种直接与货币资金损益相关的可能性或不确定性。在日常金融活动中,金融风险所蕴含的不确定性包括金融风险事故发生的不确定性和金融风险结果所带来的损失多少的不确定性两种。在金融市场中,金融风险因素无时无处不在,但金融风险因素的存在并不会必然导致金融风险事故的发生,这就使得金融风险事故的发生具有不确定性。即使金融风险事故发生了,其给金融行为主体所带来的损失多寡也同样具有不确定性特征。例如,对于同一件金融风险事故而言,不仅它给不同的金融行为主体所带来的损失大小不同,而且在不同的时间和空间给同一金融行为主体所带来的损失程度也不一样。

(三) 金融风险是金融活动的固有属性

金融风险是与金融活动相伴随的一种普遍现象,它是任何金融活动所具有的固有内在属性。哪里有金融活动,哪里就有金融风险。然而,在金融风险管理与防控过程中,我们需要厘清金融风险与自然风险或技术风险等其他风险之间的联系与区别。自然风险或技术风险等非金融风险可能会构成金融风险中的风险因素,并导致金融风险事故的发生和金融行为主体的损失,但它们与金融风险之间并不存在必然的因果关系。例如,在一次地震中,A上市公司因该次地震的发生而遭受严重损失、股价大跌。对于这家上市公司而言,作为自然灾害的地震,直接导致了金融风险事故的发生(即公司财产的损失和股价的下跌),这无疑给A上市公司带来直接的经济损失。如果B上市公司不在该次地震所波及的范围内,那么这次地震的发生并不会给其带来直接的经济损失。如果你刚好持有A上市公司的股票,那么你也将面临一定程度的损失;但如果你未持有A上市公司的股票,即使地震的发生导致了A上市公司股价的下跌,但也不会给你带来任何经济损失。这说明作为自然灾害的地震,它有可能给某些金融行为主体带来金融风险,但也有可能不会给金融行为主体带来金融风险。另外,金融风险的发生并不必然地与自然风险或技术风险等其他风险有关。例如,某借款者因生病无法按期归还银行贷款而出现违约,给银行带来损失。在这一事件中,商业银行因遭受违约风险而造成经济损失,而该借款者无法按期归还贷款则是造成银行经济损失的直接金融风险事故,这一金融风险事故的发生可能与自然风险或技术风险等其他风险无关。

(四)金融风险通常情况下是一个不可保风险

区别于自然风险或技术风险等单方面损失的非金融风险,金融风险在给一方带来损失的同时,可能会给另一方带来收益。因此,在通常情况下,保险公司并不接受对金融风险进行投保。例如,自然灾害的发生可能会导致某农场主直接的经济损失,这家农场主可以通过购买农业保险的方式来进行风险分散。但如果你希望通过对持有的股票或债券等金融产品进行投保的方式来规避金融风险所可能带来的经济损失,保险公司并不会接受这样的保单。

三、金融风险的特征

在金融市场中,只有正确认识风险并了解其自身特点,才能对症下药,从而对其进行更好的管理。随着金融市场的全球化、现代化程度日益提高,以及金融市场交易频次与复杂度的不断加深,不仅金融风险的表现形式在不断演变,而且其所涉及的范围和影响程度也会发生很大改变。因本书侧重于对狭义的金融风险的分析与管理,作为狭义的金融风险的承担者,金融机构面临的金融风险具有以下典型性特征。

(一)普遍性与客观性

金融风险无处不在、无时不有,金融活动的存在使得金融风险的发生不会以人的意志为转移而客观存在,每一个参与金融活动的个人、企业在每一次金融活动中都有可能遭遇金融风险。受到金融市场信息不对称和自然人不完全理性思维等因素的影响,市场经济主体作出的决策可能存在滞后性或片面性,有时甚至是错误的决策,从而客观上会导致金融风险的发生。此外,自然人趋利避害的本性也使得金融市场上违法违规行为频发,而投机、冒险、钻法律空子的行为层出不穷则使得金融风险的发生成为必然。

(二) 不确定性

风险本身就是不确定性事件发生的可能性,影响金融风险的因素事前难以完全把握。金融机构的盈利来源是其承担风险时所获得的风险溢价。金融的特殊性,使得很多人会被其所展现的表象欺骗;加之政府的干预,使得本来可以显现的金融风险头寸被人为的行政压制而不断积累。金融活动本身就像投掷硬币一样是损失与获利的可能并存的,只是当发生的概率不同时,其所导致的结果不同而已。不确定性是金融风险的本质特征,但这并不表示金融风险是不可测量的。

(三) 可控性

金融风险带来的后果虽然可怕,但并不是完全不可控和不可管理的。首先,金融市场是有组织、有秩序的市场,该市场有律可循,从而使得金融风险是可以识别、分析和预测的。根据事先探索出的市场规律,因势利导就能控制整个市场中的风险。其次,金融风险理论的研究和相关管理工具的不断发展给管理金融风险提供了有效手段。最后,计算机和网络的发展为金融风险的有效管理提供了有力的技术支持。决定一家企业竞争力高低的关键,在于其能否有效地对风险进行全面管理和能否建立良好的风险管理体系。因此,在相应的理论指导下,通过选择适当的金融风险管理工具可以在一定程度上达到管理金融风险的目的。正是金融风险的可控性特征,才使本书的论述具有了理论价值。

(四) 高杠杆性

利用杠杆原理去撬动更多的资金是金融活动的主要特征之一。无论企业还是个人,在金融业务活动中,都可以运用较少的资金去撬动更大规模的资金以提高资金营运效率。与一般工商企业相比,金融企业具有负债率偏高、财务杠杆大的特点,导致其负外部性大。此外,诸如衍生金融工具等高杠杆新型金融工具的发明与运用,往往导致更高程度金融风险的发生。

(五) 多样性与易变性

金融风险的种类繁多,既包括利率风险、汇率风险、通货膨胀风险和各种金融产品价格波动所产生的价格风险,也包括流动性风险、操作风险和政策风险等其他风险。不仅如此,这些不同类型的金融风险还容易相互转化而使得金融风险呈现多样性与易变性特征。例如,在一定的条件下,利率风险会导致汇率风险、通货膨胀风险等其他类型风险的发生,政策风险容易进一步导致流动性风险、操作风险等类型风险的发生。

(六) 隐蔽性

金融活动本身的不确定性带来的损失很可能被信用关系面良好的表象所掩盖,这种滞后性是由以下因素决定的:首先,授信业务是一种循环的过程,导致可能潜在存在的损失或不利因素被良好的信用表面所掩盖;其次,银行等存款性金融机构具有创造派生性存款的功能,从而使即期金融风险的后果被通货膨胀、借新还旧、贷款还息等形式所掩盖;最后,金融市场上政府干预或政府特权的存在,使一些本已显现的金融风险,被人为的行政压制所掩盖,从而使得暴露的风险头寸被隐藏。

(七) 高传染性

金融风险的高传染性表现为金融风险传播的速度快、覆盖面广。一方面,随着通信工具的不断改进,人们的交易方式变得越来越快捷。便捷的交易与沟通手段在极大地扩大人们交易范围的同时,也使得局部的金融风险迅速地进行传播与扩散。另一方面,随着国际金融活动变得越来越频繁,以及国际金融产品与工具的日新月异,金融风险会快速地超越国界而向他国蔓延,从而使单个或局部的金融困难很容易演变成全局性的金融动荡。例如,2007年8月发生在美国的次贷危机引发了全球范围内的金融危机;2009年的欧债危机不仅直接影响到欧盟的诸多国家,而且还对世界经济发展产生巨大的负面影响。

正是因为金融是现代经济的核心,而金融机构内部之间又相互关联,单一或局部的金融风险可能就会演变成系统性和全局性金融危机,使得对风险的管理尤为重要。鉴于金融风险所具有的普遍性、多样性、易变性、高传染性等特征,我们不应再从单一角度出发,而应该从系统性的角度去正确认识并了解金融风险。

四、金融风险的类别

虽然对金融风险类别的划分可依据不同标准进行,但依据形态差异来对金融风险类别进行划分,既考虑了因风险来源的不同,也考虑了风险性质的不同,是对金融风险类别进行划分的一个比较全面的标准,故本书将参考这一分类标准对各种不同形态的金融风险展开描述与分析。

根据形态的不同,金融风险可分为信用风险、流动性风险、操作风险、市场风险,以及诸如战略风险、声誉风险、合规风险、国家风险等其他形态的金融风险。

(一) 信用风险

信用风险是指因债务人或交易对手不能如期履行债务合约所规定的偿还义务或因信用质量发生改变影响金融产品价值,从而给债权人或金融产品持有人造成损失的可能性。信用风险有广义和狭义之分。广义的信用风险是指各种不确定性因素的发生使得金融机构出现实际收益偏离其预期收益,从而在经营活动中遭受损失的一种可能性;狭义的信用风险则是指债务人或交易对手因无力偿还到期债务而给债权人造成经济损失的一种风险,又称违约风险。在实务中,人们更多关注的是狭义的信用风险。随着经济的发展和人们之间信用关系普遍化程度的加深,对信用风险进行管理的必要性日益凸显。

信用风险类别众多。根据成因的不同,信用风险可分为违约风险、交易对手风险、信用转移风险和可归因为信用风险的结算风险等;按风险性质的不同,信用风险可分为主观信用风险和客观信用风险;按照发生主体的不同,信用风险又可分为金融机构业务信用风险和金融机构自身信用风险。违约风险是指债务人到期无法履行合约所规定的偿还义务而给债权人带来损失的风险,如借款者无法按期偿还银行贷款、债券发行人无法按期还本付息等;交易对手风险是指交易对手未能如期履行契约中的义务而给债权人造成损失的风险;信用转移风险是指债务人的信用评级状态在风险期内发生变化而给债权人所带来的风险;结算风险是指由于交易对手的信用问题不能如期进行结算造成的风险;主观信用风险是指债务人主观上不愿意如期履约而给债权人造成损失的风险,这种风险有时又被称为道德风险;客观信用风险则是债务人的履约能力出现问题而无力如期履约所带来的风险;业务信用风险是指金融机构日常管理过程中出现内控机制不健全、风险管理不到位等问题造成的信用风险;金融机构自身信用风险则是指自身资信等级等因素的变动而引起的行为主体未来收益的不确定性。

无论是何种类型的信用风险,都具有以下典型性特征:①信用风险概率分布的不对称性。一般来说,发生信用风险的概率较小。然而,信用风险一旦发生,将会给债权人带来较大的损失。因此,信用风险是非对称的,而且还会出现左端的后尾现象。②信用风险主要是信息不对称导致的。在发生信用关系时,交易双方的信息往往是不对称的。一般而言,受信人掌握的信息较多而授信人所掌握的信息较少,从而造成信用双方信息的不对称。在此过程中,逆向选择和道德风险是信用双方信息不对称的两种表现形式。③信用风险更多的是一种非系统性风险。虽然宏观经济形势的恶化会造成大面积信用风险的发生,但一般情形下,信用风险还是行为个体的原因所导致,如债务人主观履约意愿的下降、客观履约能力的恶化、项目投资的失败、风险管控的松懈等。所以,信用风险更多的是一种非系统性风险。④信用风险难以准确度量。由于信用产品具有流动性差、期限较长、信用风险频数较低等特性,这使得能够直接用于测度信用风险的真实数据缺乏,从而很难对信用风险进行准确度量。

(二) 流动性风险

流动性风险是指金融机构的流动性供给与流动性需求不匹配,当流动性需求远超过流动性供给时所产生的一种风险,其根源在于硬负债与软资产之间的不对称,是存在于金融机构当中的最基本风险之一。流动性风险原本是指经济主体因金融资产流动性的不确定性而遭受损失的可能性,在商业银行中,流动性风险是指因其无力为负债的减少或资产的增加提供融资而造成的损失或破产的风险。

流动性风险既具有内生性,同时也具有外生性。以商业银行为例,当商业银行将具有流动性的负债与缺乏流动性的资产进行转换时,将不可避免地面临不同程度的流动性风险,所以说流动性风险具有内生性。此外,当商业银行面临操作风险、信用风险、市场风险等外部风险时,也会容易导致其出现流动性不足而引发流动性风险。从这个角度来看,流动性风险的发生又具有外生性特征。

流动性风险包含资产型流动性风险和负债型(融资型)流动性风险两种。

资产型流动性风险是指资产头寸在市场深度不足或市场崩溃时,无法在不显著影响市场价格的情况下快速变现的风险。金融机构是否会面临资产型流动性风险主要受到以下因素的影响：①市场条件。当市场买卖价差越小、大额交易所造成的市场冲击可以很快恢复时，资产流动性越强、资产流动性风险越低。②变现时长。在市场发生剧烈波动时，变现所需时间越短，流动性越强。③资产类型。当金融机构所持有的资产交易更活跃、定价更快捷时，流动性更强。④资产的可替代性。相较于场外交易的资产种类而言，标准化的、可以集中交易的资产更具流动性。

融资型流动性风险则主要是指金融机构在不遭受意外损失的情形下无法融得资金来偿还债务的风险。融资型流动性风险的发生主要有以下原因：①无法预测的现金流量冲击。②金融机构自身的管理不善。③负面的市场反应。④系统性金融恐慌所带来的流动性风险。

较为糟糕的情形是，资产型流动性风险和负债型（融资型）流动性风险总是接踵而至，就像是一对孪生兄弟。例如，当出现资产型流动性风险时，为了满足外部监管的硬性要求，金融机构不得不迅速融资以摆脱困境。然而，它们一旦不能快速便捷地融得所需资金，就只能变卖自身资产来实现资产的变现。当变卖的资产数量达到一定规模后，就会造成市场价格的下跌并引发大多数市场参与者也作出同样的卖出操作，这时便形成了"流动性黑洞"。当这种"流动性黑洞"出现后，原本试图通过变卖自身资产来增加流动性的操作反而会进一步造成金融机构融资成本的增加，从而使其陷入更深的危机当中。

（三）操作风险

操作风险备受金融机构与监管部门的重视。巴塞尔委员会从1998年开始便公布了有关操作风险管理的咨询文件，并于1999年6月、2001年1月和2003年4月三次对征求意见进行修改完善。在2004年6月颁布的《巴塞尔协议Ⅱ》中，操作风险被定义为金融机构由于人员失误、外部事件或内部流程及控制系统发生的不利变动而可能遭受的损失。在我国2007年颁布的《商业银行操作风险管理指引》中，操作风险被定义为因不完善或有问题的内部程序、员工和信息科技系统，以及外部因素所造成的损失的风险。

操作风险类型多样，主要包括内部欺诈、外部欺诈、营业中断或信息技术处理系统瘫痪，以及执行、交割与流程管理中出现的各种操作性故障等。当按风险事故发生的频率与损失大小进行划分时，操作风险可分为以下类型：①发生频率低、损失程度低的操作风险。这类风险所带来的损失一般可采用信用风险防范的"备抵法"进行处理，一般会以风险准备金的形式预先扣除预期的损失。②发生频率高、损失程度低的操作风险，如交易失误、信息系统出错等。这类风险可通过流程再造、人员培训、建立风险报告系统等方式来进行风险控制，降低风险事件发生的概率。③发生频率低、损失程度高的操作风险，如内外部欺诈、会计违规等。这类风险往往难以预料且一旦发生将造成巨大损失，金融机构可通过业务外包、保险等方式将风险转移出去，也可运用极值理论测算并提取相应的准备金来进行处理。④发生概率高、损失程度高的操作风险。这类风险并不多见，风险管理部门应尽量通过事前防范、事中及时处理等方式加以控制。当按风险事故类型的不同来划分时，操作风险可分为以下类型：①内部欺诈。②外部欺诈。③雇员活动和工作场所安全性风险。④客户、产品及业务活动中的操作风险。⑤实物资产损失。⑥营业中断或信息技术系统崩溃。⑦执行、交割和流程管理中的操作性风险。

因操作风险产生于金融机构内部操作流程缺陷、人员因素、系统性因素以及诸如外部欺诈、自然灾害、信用卡欺诈、互联网犯罪等外部因素，故而具有以下几方面特征：①人为性。操作风险主要源于金融机构的日常经营活动，这就使得操作失误、内外部欺诈、管理层的决策失误、黑客攻击等人为因素成为引发操作风险的最主要原因。②多样性。不仅前台业务中容易出现操作风险，中台和后台业务也会出现操作风险；不仅基层员工容易出现操作风险，中高层管理人员也容易出现操作风险；不仅内部人员容易导致操作风险，外部人员或信息系统故障等原因也容易造成操作风险；等等。③内生性。与市场风险、信用风险等外部不确定性因素所引发的风险不同，操作风险更多是金融机构内部人员或内部信息管理系统等原因引起的，只要金融机构的日常经营活动仍在进行，操作风险就在所难免。由此可见，操作风险更多是一种内生性风险而无法彻底根除。④关联性。操作风险不仅时常与信用风险、市场风险等相联系，而且还会进一步放大信用风险或市场风险所带来的负面冲击。一般而言，业务量大、规模大、操作流程长的业务领域更容易产生操作风险，而业务品种单一、规模小、交易流程简单的业务领域出现操作风险的可能性则更小。

（四）市场风险

市场风险包括广义的市场风险和狭义的市场风险两种。广义的市场风险是指金融部门在金融市场中的交易头寸因市场价格的变动而可能带来的收益和损失；狭义的市场风险则是指金融部门在金融市场中的交易头寸因市场价格的不利变动而可能给其带来的损失。在现实业务中，投资部门更多关注市场价格波动所带来的收益，而金融风险管理部门则可能更多关注市场价格波动所带来的损失，也就是狭义上的市场风险。

在相当长一段时期内，市场风险并没有像信用风险那样引起各国金融机构及其监管部门的高度重视，这主要是因为当时的商业银行是以银行贷款等间接融资方式为主，表外业务并不发达，交易账户资产在银行总体中的占比较低，从而使得商业银行所面临的利率风险和汇率风险比较低。金融自由化、全球化和资产证券化的不断深化，极大地提高了金融机构面临的市场风险，于是在1996年1月颁发的《资本协议市场风险补充规定》中，巴塞尔委员会首次将市场风险纳入资本监管的范围，且随着金融市场业务的日新月异，所提出的监管指引层出不穷。

市场风险一般可分为利率风险、汇率风险、证券投资风险和大宗商品风险四种。其中，利率风险尤为重要并受到商业银行、保险公司等金融机构的高度重视。利率风险是指因市场利率的变化而导致资金交易或信贷价格波动时，投资者所可能遭受的损失。对于金融机构而言，如果它的利率敏感性资产缺口为正，那么它将会面临利率下降时净利息收入减少的利率风险；如果它的利率敏感性资产缺口为负，那么它又会面临利率上升时净利息收入减少的利率风险。汇率风险是指一个自然人或法人在参与国际经济、贸易、金融等活动过程中，当以外币计价的资产或负债因外汇汇率的变动而给其所带来的资产价值下跌或负债价值上升的风险，主要包括交易风险、经营风险和折算风险三种。证券投资风险则是指由于股票、债券等有价证券的价格变动而给投资主体造成损失的风险，可分为系统性风险和非系统性风险两种。例如，在被称为"黑色星期一"的1987年10月19日那一天，纽约股市突然崩盘，道琼斯工业指数一天内暴跌508.32点，大多数持有纽约证券交易所挂牌交易股票的投资者几乎都遭受了巨大损失。大宗商品风险是指因商品合约价值的变动而可能导致亏损的可能性。与普通金融产品不同，商品交易通常还会伴随其他非商品成本的发生。

（五）战略风险

战略风险是指金融机构在对短期商业目标和长期发展目标进行系统化管理的过程中，不适当的未来发展规划和战略决策所导致的对金融机构未来发展的潜在威胁。在实际操作中，金融机构面临的战略风险主要包含两种。一是金融机构自身发展战略方面的风险，即针对自身所面临的内外部情形，金融机构在系统识别、评估其所制定的发展战略时所面临的风险。二是从战略性的角度对金融机构面临的市场风险、信用风险、操作风险等进行有效管理，以保障它们的平稳运行。在《人身保险公司全面风险管理实施指引》中，战略风险被保险公司视为最主要的风险之一。

（六）声誉风险

声誉风险是指金融机构由于意外事件、机构策略调整以及市场表现等所带来的负面结果可能会对其声誉造成损失的风险。随着经济发展程度的不断深化，声誉对金融机构的影响有时比财务表现更为重要。不仅2009年的《巴塞尔协议Ⅲ》明确将声誉风险列入商业银行风险管理的第二支柱，而且中国银监会在2009年颁布的《商业银行声誉风险管理指引》中也明确强调，商业银行应将声誉风险管理纳入公司治理及全面风险管理体系，建立和制定声誉风险管理机制、办法、相关制度和要求，主动、有效地防范声誉风险和应对声誉事件，最大限度地减少对社会公众造成的损失和负面影响。

（七）合规风险

合规风险是指银行因未能遵循法律法规、监管要求、规则、自律性组织制定的有关准则及适用于银行自身业务活动的行为准则，而可能遭受法律制裁或监管处罚、重大财务损失或声誉损失的风险。由此可见，合规风险主要是强调银行因各种自身原因主动违反法律法规和监管规则等而遭受的经济或声誉的损失。这种风险不仅性质更严重，而且所造成的损失也更大。

（八）国家风险

国家风险有时又被称为主权风险，是指经济主体在与非本国交易对手进行国际经贸与金融往来过程中，由于交易对方所在国家的经济、政治、社会等方面的变化而遭受损失的风险。国家风险又可细分为政治风险、经济风险和社会风险三种。政治风险是指一国所发生的政治事件或与其他国家的政治关系发生变化时给金融机构造成不利影响的可能性;经济风险是指境外金融机构仅仅受到特定国家直接或间接的经济因素的影响而使本国金融机构遭受损失的风险;社会风险则是指经济或非经济的因素造成特定国家的社会环境不稳定,进而导致金融机构遭受损失的风险。

第二节 金融风险管理概述

一、金融风险管理的概念

金融风险传染性、破坏性的不断增强,从客观上要求经济行为主体运用一定的工具和手段对金融风险进行有效的管理。从主观上而言,为了确保预期收益的可得性,经济行为主体也会主动采取相应措施来控制或降低金融风险所带来的破坏性。

金融风险管理是指人们通过实施一系列的政策和措施来控制金融风险以消除或减少其不利影响的行为。金融风险管理属于管理学的范畴,因此它应有一整套系列性、完整性的管理程序,包括对金融风险的预测、识别、度量、管理策略的制定与选择、管理结果的分析与评价等。既然金融风险管理是一种管理,而管理是需要付出成本的,因此,金融风险管理的目标应该是以最低的成本和代价去实现金融风险最大程度的降低。

二、金融风险管理的类别

金融风险的类型众多,诱发因素与表现形式各异,对金融风险进行全面高效的管理并非一件易事。因此,只有深入研究各种金融风险管理的类别,才能采取更有效的办法来应对各种不同的金融风险。

(一) 根据管理主体的不同进行划分

根据管理主体的不同,金融风险管理可分为内部管理和外部管理两种。金融风险的内部管理是指作为风险直接承担者的经济主体对其自身所面临的各种金融风险进行管理。金融风险的外部管理主要包括行业自律管理和政府监管,其管理主体不参与金融市场的交易,而是作为第三方来参与金融风险管理。因而金融风险的外部管理不是受险主体对自身金融风险所进行的管理,而是对金融市场的参与者所可能面临的风险进行监督与约束。

(二) 根据管理对象的不同进行划分

根据管理对象的不同,金融风险管理可分为微观金融风险管理和宏观金融风险管理两种。微观金融风险管理是指针对由个别金融机构、企业或部分个人所面临的不同金融风险进行管理,以期有效降低微观主体因金融风险所可能遭受的损失。宏观金融风险管理则更多是从系统的、全局的角度出发,对众多的单个经济行为主体可能面临的金融风险进行宏观层面的管理,以更好地提供金融秩序稳定、金融市场安全运行的保障,从而有助于保持宏观经济稳定并且健康地发展。正是因为宏观金融风险管理的对象和内容更加复杂、多变,这就要求管理者必须是从战略、全局、总体和动态的视角对宏观层面的金融风险进行富有成效的管理。

三、金融风险管理的目标

金融风险管理主体与管理对象的不同使得对金融风险进行管理的目标各异,这里主要从宏观层面与微观层面两个视角对其进行描述。

(一) 宏观金融风险管理目标

从宏观层面来分析,金融风险管理的主要目标是:既要维持金融市场的稳定以防止系统性金融风险给一国经济发展带来的破坏性,又要保证金融市场能高效有序地运行,促进经济健康稳健发展。因此,宏观金融风险管理目标包括两个维度,即稳定性目标和促进性目标。

对于这两个维度的宏观目标而言,稳定性目标是基础。只有当金融风险管理的宏观稳定性目标得以实现时,才能在此基础上更有效地实现其促进性目标。否则,当金融风险管理的宏观稳定性目标无法实现时,宏观金融系统将出现紊乱、金融环境将出现恶化,从而使得金融系统优化资源配置功能的丧失。这时,金融风险管理促进性目标将很难得以实现。

(二) 微观金融风险管理目标

与宏观金融风险管理目标不同,微观经济主体以获取最大经济收益为目标,故而其金融风险管理目标的确立也是建立在成本—收益分析基础上的。因此,微观金融风险管理目标应该更具有现实性、明确性与定量性特征,同时还需考虑微观经济主体的业务特征、管理者的个人偏好与主观判断,以及进行金融风险管理时对应的管理成本高低。概括起来,微观金融风险管理目标包括以下两个方面。

1. 风险控制

微观经济主体进行风险管理最明显的动机在于将金融风险控制在既定的范围之内,通过一些定量指标的动态变化情况反映风险管理的效果。以商业银行为例,这些定量指标有存款准备金、资本充足率、资产负债率等。

2. 损失控制

损失控制是微观经济主体进行风险管理的最终目标,损失减少的程度充分反映其金融风险管理效果的好坏。微观经济主体进行风险管理的方式有多种,可以通过风险规避、风险转移、风险分散、风险对冲、风险承担等诸多方法进行有效的金融风险管理。

四、金融风险管理的意义

从微观层面来看,加强金融风险管理可以及时发现金融风险的存在与变化情况,保护微观经济主体免受或降低金融风险带来的损失;从宏观层面来看,加强金融风险管理可以使一国经济免受系统性金融风险带来的破坏性作用,规范金融市场秩序、优化社会资源配置、提升金融市场效率并改善宏观经济环境。

(一) 对微观经济主体的意义

微观经济主体包括居民个人、家庭、企业以及单个政府部门等,加强金融风险管理有着重要的意义,具体体现在以下几个方面。

1. 降低微观经济主体金融风险损失

当微观经济主体采取金融风险防范与控制等管理措施后,潜伏在各微观经济主体中的金融风险将更有可能被识别与处理,从而可以将一些金融风险扼杀在萌芽状态,避免不断积累的金融风险可能酿成的更大损失。例如,各商业银行可以通过对其资本充足率、不良贷款率等进行动态检测,一旦这些指标出现波动或异常值时,就需要尽早做好准备以避免更高程度金融风险的发生。

2. 有助于微观经济主体经营目标的实现与良好形象的树立

最大限度地获取收益或利润无疑是各微观经济主体的最直接目标之一,而进行金融风险管理可以有效地将微观经济主体的风险损失降到最低,最大限度地保证其预期收益的获得。特别是对金融机构而言,当它们具备完善的金融风险管理体系后,客户对其信任程度将明显加深,有利于其良好形象的树立。

3. 防止金融风险连锁反应的发生

随着互联网金融的发展,金融风险的传播效应日益增强。如果微观经济主体缺乏完善的金融风险管理体系,一旦某一经济体发生金融风险,便会很快在各个微观经济主体间进行传播并产生连锁反应,从而极易酿成更大范围的金融风险甚至是金融危机。倘若各个微观主体建立健全了金融风险管理体系,则在单个微观经济主体内发生的金融风险便不容易向外传播,金融风险的连锁反应将更容易得到有效抑制。

(二) 对宏观经济体系的意义

作为单个微观经济主体的有机集合,宏观经济体系的情形更为复杂。不仅微观经济主体所产生的金融风险在宏观经济体系中会得到叠加,而且它们之间的交互作用更容易使金融风险不断恶化。因此,对于宏观经济体系的稳定与发展而言,金融风险管理的意义将更明显,具体体现在以下几个方面。

1. 是一国经济稳定发展的需要

作为经济发展的润滑剂,金融对于当今社会经济发展的重要性日益凸显,它正以越来越快的速度渗透到社会经济的各个部门。当出现金融风险时,它不仅会在局部产生极大的破坏性作用,而且还经常会快速蔓延到宏观经济体系中的各个经济主体,不利于一国经济的稳定与发展。不仅如此,金融风险甚至还会影响到整个社会的稳定与安宁。例如,当某一商业银行出现流动性困境而造成挤兑时,这一消息会在社会人群中快速传播而带来更大范围银行挤兑的发生,严重时将直接导致整个金融系统的崩溃。

2. 适应国际竞争的需要

随着世界经济一体化程度的加深，以及国家与国家之间竞争的不断演化，"金融战"逐步发展成为加剧国际竞争的又一新型态势。只有进行有效的金融风险管理，才能使得国家在变幻莫测的世界新型竞争格局中立于不败之地。例如，1997年的亚洲金融危机正是因为泰铢遭到对冲基金的攻击而引发的；始于2007年的"次贷"危机给诸多国家带来的不利影响至今仍在延续，诸如此类的例子比比皆是。

3. 有助于规范金融市场秩序、优化社会资源配置

实现和优化资源配置是金融市场的重要功能之一，加强金融风险管理不仅可以有效保证金融市场参与者的行为更加规范，而且可以有效引导社会资源源源不断地流向盈利能力更强、风险更低的行业，促进社会资源配置的优化与效率的提升。

第三节 金融风险管理的发展历程与基本步骤

一、金融风险管理的发展历程

金融风险管理属于风险管理范畴，对金融风险进行管理大致经历了以下几个发展阶段。

（一）萌芽阶段

风险管理在我国早期文人智者的记载中就可窥见一二，如《左传》中的"居安思危，思则有备，有备无患"和孔子的"危邦不入，乱邦不居"等。在西方，风险管理思想最早则可以追溯到亚里士多德时代。美国著名金融学家彼得·伯恩斯坦认为，人类在文艺复兴时期就想操控灾害或风险，但因当时对风险无法进行量化分析，只能从简单的风险分析和风险规避入手，风险管理水平较低。

大数法则和概率论相继诞生后，人们对灾害事件的估计开始有了客观的科学根据。虽然当时还没有"风险管理"这一名词，但与其功能相当的安全管理与保险已经有了很大的发展，而且人们开始通过概率论、大数法则来计算财产和生命的损失分布从而对风险进行量化管理。然而，在这个阶段的安全管理与保险领域中，风险管理的思维仍仅限于对客观存在的实体损害的管理。

1896年，费雪提出了期限结构理论，这是最著名、最容易应用的定量化期限结构理论，后来在证券市场上被广泛用于对利率相关证券进行定价分析，对这一理论的研究促进了实务界与理论界对风险管理的认识。1938年，弗雷德里克·麦考利在此基础上提出了利率久期的概念，这一概念后来成为金融风险管理的重要工具。

"风险管理"这一名词最早是1930年由美国宾夕法尼亚大学的所罗门·许布纳博士在美国管理协会发起的一场有关保险问题的会议上提出的。最初的风险管理以保险行业为代表。在学术领域，风险管理一般也是在保险学科发展起来的。保险对风险管理理论的发展

功不可没,但随着风险管理实践的不断发展和保险功能局限性的凸显,许多企业开始减少对传统保险购买的依赖,并在组织内部自行控制风险,即在组织内采取相应的行动来控制风险和不确定性对组织的影响。这对一些棘手的问题极为有效,从而使风险管理者的职责不断扩展,并出现了远离保险购买的重大转变。从此以后,尽管保险仍然作为风险管理的一个重要工具及理论支撑来源,但它已不再是风险管理的唯一手段,风险管理从此迈入新纪元。

(二) 发展阶段

受1952年马科维茨发表的《资产组合选择》的影响,夏普和林特纳等人于20世纪60年代提出了资本资产定价理论。该理论给出了市场均衡状态下的风险资产预期收益预测方法,为投资者衡量风险补偿提供了理论参考和依据。尽管随后有学者对资本资产定价理论的有效性提出了质疑,但这一理论对现代金融风险管理的贡献是不容忽视的。虽然随着经济技术的迅速发展,风险管理先后在发达国家和发展中国家中逐渐得到普及,但直到20世纪80年代末,这一理论才真正开始蓬勃发展起来,这与当时开始的接连不断的金融危机是分不开的。1990年的日本股市危机、1995年巴林银行的倒闭、1997年的亚洲金融危机等一系列事件的发生,使得人们逐渐认识到金融风险管理不当所造成后果的严重性,并进一步突出了金融风险管理的重要性。美国著名金融学家彼得·伯恩斯坦曾在其金融学巨著《与天为敌:风险探索传奇》中表示,风险管理的极端重要性无论怎么强调都不过分,它甚至"超越了人类在科学、技术和社会制度方面取得的进步"。目前,风险管理已经成为企业管理的重要部分。

真正意义上的风险管理起源于20世纪50年代的美国,且最早论及风险管理的文章出现在1956年的《哈佛商业评论》上。此后,马科维茨将"回报""效用"等金融术语与风险联系了起来,这为现代金融学奠定了基础,并被夏普在其论文《投资组合理论与资本市场》中发展成为"现代投资组合理论",这一理论后来成为资产定价和金融风险管理的共同基石之一。这个时期的风险管理以金融衍生品定价为主要内容,故而又被称为交易风险管理,该理论为金融工程的发展奠定了基础。投资组合管理理论、衍生产品市场和金融工程的发展不仅为全面风险管理的产生提供了不可或缺的理论基础,而且为风险管理提供了丰富多样的管理工具。

(三) 成熟阶段

1990年以后,风险管理进入一个全新的阶段——整体化风险管理阶段。整体化风险管理冲破了传统风险管理对风险的狭隘理解,把风险当作一个整体来研究。这一时期的风险管理之所以出现巨大的转变,一是金融衍生品使用不当引发了多起金融风暴,促使财务性风险管理有了进一步发展;二是保险理财与金融衍生品的整合,打破了保险市场与资本市场间的壁垒。全面风险管理理论的发展丰富了风险管理理论的内容,使风险管理涵盖的范围越来越广泛,风险管理的实际操作也日益复杂,从而导致新的风险管理方式不断涌现。

从以上的梳理和分析可以看出,传统的风险管理以防范损失为主要内容,而现代风险管理已经远远超越了这一范畴。现代金融风险管理不仅包括如何减少由于内部管理不当所造成的损失,还包括如何通过风险定价、经济资本配置、控制衍生品交易(风险对冲活动)等来提升企业业绩的风险管理活动,且经风险调整的资本回报率、可投资决策(资本预算问题)和筹资决定等相关金融风险管理活动也逐渐上升到企业战略管理的核心层面。

二、金融风险管理的基本步骤

对金融风险进行管理一般包括七个基本步骤,分别是金融风险的识别与分析、风险评估、风险管理对策选择、风险管理方案设计与实施、风险报告、风险管理的评估、风险确认和风险审计。

1. 步骤一——金融风险的识别与分析

金融风险的识别是指辨别或识别金融活动中所面临的各种风险,包括战略、经营、财务、财产、声誉及法律方面的风险等。它是金融风险管理的首要步骤,同时也是一项十分困难的工作,它要求人们做到以下几点。

第一,对金融风险的识别必须既及时又准确。在金融风险发生之前或在金融风险有苗头时就发现,而不是等到金融风险已经无法隐瞒甚至已经发生了很大损失后才发现。当金融风险积累到一段时间,管理成本将上升、管理效果将降低。所以,只有及时准确地对金融风险进行识别,才能将其扼杀在摇篮里。

第二,对金融风险的识别必须既全面又深入。因为风险涉及不同业务的各个方面,且同一业务也有可能面临多种不同的风险,这就要求风险管理人在风险识别上要有全面的认知,任何一个小的失误或疏忽,都有可能铸成大错并造成严重的损失。由于风险隐蔽复杂,只有对风险进行全面深入分析与研究,才能准确把握风险。不仅如此,考虑到金融风险总是在不断变化当中,对风险的识别既要从无到有,又要保持足够的连续性。

第三,金融风险的识别还必须结合经济主体可能面临的风险类型及其业务特征来进行。由于金融风险的种类繁多且还会不断发生演化,在对金融风险进行识别时,需充分考虑各经济主体可能面临的不同风险类型及其相应的经营业务特征。以商业银行为例,我们可以从其资本负债的性质、结构及其运营能力等不同角度来识别其所可能面临的各种风险。

在完成对金融风险的识别后,还需进一步分析这些金融风险产生的原因及其可能带来的具体影响。一般而言,金融风险是经济生活中的一些不确定性因素引起的,不同的金融风险具有不同的诱因。例如,某种货币的汇率风险来源是该货币在国际市场上的供求不平衡,而这种不平衡又取决于这个国家的货币购买力、经济发展水平、经济政策的变化,以及另一个国家甚至全世界经济、贸易、政治和市场预期等因素。利率风险最根本的影响因素是金融市场上的资金供求关系,而这种供求关系取决于货币供应量、货币政策和财政政策、通货膨胀率、经济周期等因素。因此,在分析金融风险产生的原因时,需要对涉及的各种因素加以细致考量。

在完成对金融风险诱因的分析后,还需对这些金融风险可能产生的损失大小、对经营管理的影响及其管理成本等进行分析。金融风险带来的损失大小取决于其风险暴露程度以及各相关变量的波动性程度。通过对金融风险的识别,金融机构可以清楚地认识到在其各种交易部位中,哪些部分存在金融风险及其风险类别。进一步通过对暴露部位大小的分析,人们可以估量可能发生的损失大小。一般来说,在同种风险状态下,风险暴露越多,发生的损失就越大;反之,则越小。经济变量的变化幅度越大,可能受到的损失就越大;反之,亦同。当然,对经济变量不确定性的把握是一件相当困难的事情,多数金融机构只是进行粗略的估计。如果需要进行精确的预测,则必须从各方面综合起来考虑,甚至需要建立模型对其加以分析。

在明确金融风险可能导致的损失后,经济主体必须估量自己的承受能力及其对经营管理的影响,由此决定是否需要采取必要的措施对金融风险进行有效的管理。如果金融风险导致的损失会对经济主体的收益产生较明显的影响,则需要采取相应的风险管理措施。不仅如此,通过对风险暴露部位与程度的分析,管理者还能决定哪些项目需要进行金融风险管理,哪些项目需要加强金融风险管理,并根据不同的金融风险制订不同的方案,以取得最经济、最有效的结果。

常见的金融风险分析法有逻辑分析法、指标体系法和风险清单法等。逻辑分析法就是从最直接的风险开始,层层深入地分析导致风险发生的原因和条件。指标体系法是通过财务报表各种比率、国民经济增长指标等工具进行深入分析,或者通过图表的形式来判断风险发展变化的趋势及其总体规模。风险清单法则是全面列出金融机构所有的资产、所处环境、每一笔业务的相关风险,从而找出导致风险发生的所有潜在诱因和风险程度,借此来分析风险发生的原因和风险可能产生的影响。

2. 步骤二——风险评估

风险评估主要包括四个方面的内容:①预测金融风险发生的概率,即风险概率。②预测金融风险发生的可能结果,即风险状态。③预测金融风险发生的可能影响因素,即风险因素。④确定各种金融风险的相对重要性,明确风险处理的缓急程度,即风险程度。

常见的风险评估方法包括风险因素分析法、模糊综合评价法、内部控制评价法、分析性复核法、定性风险评价法和风险率风险评价法等。

(1) 风险因素分析法是指对可能导致风险发生的因素进行评价分析,从而确定风险发生概率大小的风险评估方法。其一般思路为:调查风险源→识别风险转化条件→确定转化条件是否具备→估计风险发生的后果→风险评价。

(2) 模糊综合评价法是一种基于模糊数学的综合评价方法。这种方法是根据模糊数学的隶属度理论把定性评价转化为定量评价,即用模糊数学对受到多种因素制约的事物或对象作出一个总体的评价。该方法具有结果清晰、系统性强的特点,它能较好地解决模糊的、难以量化的问题,适合于对各种非确定性问题比较明显的风险进行评价。

(3) 内部控制评价法是指通过对被审计单位内部控制结构的评价而确定审计风险的方法。由于内部控制结构与控制风险直接相关,这种方法主要在控制风险的评估中使用。

(4) 分析性复核法是指注册会计师对被审计单位主要比率或趋势进行分析的方法,包括调查异常变动以及这些重要比率或趋势与预期数额和相关信息的差异,以推测会计报表是否存在重要错报或漏报可能性。常用的分析性复核法有比较分析法、比率分析法、趋势分析法三种。

(5) 定性风险评价法是指那些通过观察、调查与分析,并借助注册会计师的经验、专业标准和判断等能对审计风险进行定性评估的方法。它具有便捷、有效的优点,适合评估各种审计风险,主要包括观察法、调查了解法、逻辑分析法、类似估计法这几种。

(6) 风险率风险评价法是定量风险评价法中的一种。它的基本思路是:先计算出风险率,再把风险率与风险安全指标相比较。若风险率大于风险安全指标,则系统处于风险状态;进一步地,若两数据相差越大,则风险越大。其中,风险率等于风险发生的频率乘以风险发生的平均损失;风险损失既包括有形损失,也包括无形损失,而无形损失一般可以按一定标准折换或按金额进行计算。风险安全指标则是在大量经验积累及统计运算的基础上,考虑到当时的科学技术水平、社会经济情况、法律因素以及人们的心理因素等确定的普遍能够接受的最低风险率。风险率风险评价法可在会计师事务所以及注册会计师行业风险管理中使用。

3. 步骤三——风险管理对策选择

风险管理的对策选择多样,这里仅对较为重要的几种进行介绍。在进行风险管理时,既可以侧重选择其中的某一种策略,也可以选择多种策略组合来进行。

(1) 风险预防策略。风险预防策略是指在金融风险尚未发生时,预先采取防备性措施,以防止金融风险发生的策略,属于风险管理的传统策略范畴。风险预防策略因具有安全可靠、成本低廉、社会效果良好等优点而得到广泛应用。但因风险与收益成正比,人们在利用预防策略来避免金融风险时,有时难免要牺牲一定的收益。在银行和其他金融机构中,风险预防策略是一种常见的策略,主要被用于对信用风险和流动性风险的管理。风险预防策略是一种主动、积极的策略,所应对的是那些可以预防或者可以避免的风险。

(2) 风险规避策略。风险规避策略是指人们根据一定的原则、采用一定的技巧来消除风险或风险发生的条件,以期保护目标免受风险的影响。例如,为了避免某一风险的发生,商业银行可以选择拒绝或退出某一项目。显然,当采用风险规避策略时,经济主体在规避可能发生的金融风险的同时,自然也就失去了这一业务本应具有的盈利能力。因此,风险规避策略是一种消极的风险管理策略,不宜成为金融机构的主导型策略。

(3) 风险转移策略。风险转移策略是指经济主体通过各种合法手段将其承受的风险转移给其他经济主体的 种策略。正所谓"己所不欲,勿施于人",这种风险转移策略必须是合法的,而且是以被转移者同意承担为前提的。由于该策略仅是将风险在不同承担者之间进行了转移,它只能适用于对非系统性风险的处理,而对系统性风险则无能为力。常见的风险转移策略有保险转移和非保险转移两种。保险转移是指通过购买保险的形式将风险转移给保险公司,这种策略需要以缴纳保费为代价;非保险转移则是指通过担保、备用信用证等方式将风险转移给第三方。

(4) 风险分散策略。风险分散策略是指通过多样化的投资来分散和降低风险的策略。风险分散策略对商业银行信用风险管理具有重要的意义。商业银行可以将它们的信贷业务尽量分散而不应集中于同一业务、同一性质甚至是同一个借款人身上。不仅如此,商业银行还可以通过资产组合管理或与其他商业银行组成银团贷款的方式,尽量使自己的授信对象多样化、分散化。然而,在多样化投资的同时,各项交易成本或费用亦会有所增加,所以商业银行需要权衡各情形下的成本与收益后才能作出合理的决策。

(5) 风险对冲策略。风险对冲策略是指同时在股指期货市场和股票市场上进行数量相当、方向相反的交易,通过两个市场的盈亏相抵来锁定既得利润(或成本),以此来规避股票市场的系统性风险。例如,对于已持有股票组合的投资者而言,当预期股市面临下跌风险且手上持有的股票难以在短时间内迅速卖出时,他们可以在期货市场上卖空一定数量的股指期货。一旦大盘下跌,股指期货交易中的收益就可以弥补股票组合下跌的损失,从而达到分散股票市场下跌风险的目的。

(6) 风险补偿策略。风险补偿策略是指在所从事的业务活动发生实质性损失前,通过对所承担的风险进行价格补偿的策略。例如,对于那些无法通过风险分散、对冲、转移或规避等策略来进行有效管理的风险,商业银行可以通过附加更高的风险溢价的形式来获得承担风险的补偿;商业银行也可以预先在金融资产定价时充分考虑各种风险因素,通过对资产价格进行调整来获得更高的风险回报以补偿所承担的风险损失;针对不同信用等级的客户实行差异化贷款利率也是运用了这一风险管理策略。

(7) 风险自担策略。风险自担策略是指金融机构主动承担风险,并以其风险准备金、自由资金等内部资源来弥补风险所带来的损失的策略。在面对以下类型的风险时,商业银行通常会采取风险自担策略:①风险发生的概率极小且为不可投保的风险,如巨灾风险等。②发生频率高但单次风险损失程度小且近乎独立的风险。③与监管合规要求相冲突但该项业务收益又明显大于违规受罚时的成本的风险类型。

4. 步骤四——风险管理方案设计与实施

风险管理方案设计是指基于对金融风险类型、可能的损失大小等进行综合考虑后,设计出具体的风险管理方案。该方案一般会包括金融风险管理策略、金融风险管理工具、金融风险管理程序等内容。

风险管理方案实施是指不断地通过各种信息反馈所选择的风险管理对策实施情况,并视情形不断地进行调整和修正,以此更加接近风险管理的目标。风险管理方案实施过程包括前台、中台、后台三个环节,各个环节均需对所有商业交易的相关方面进行执行、记录和处理。

5. 步骤五——风险报告

风险报告是指各风险管理主体定期通过其管理信息系统将风险情况报告给相关的监管者或风险管理部门的过程。风险报告应确保输入的数据准确有效、报告具有实效性和很强的针对性,具体包括资产组合报告、风险分解报告、最佳套期保值报告、最佳资产组合复制报告等。

6. 步骤六——风险管理的评估

风险管理的评估是指对风险度量、风险管理工具、风险管理决策以及金融风险管理过程中业务人员的业绩和工作效果所进行的全面评价总结,以便为今后更好地进行风险管理作准备。最为常用的风险管理评估方法是在风险管理过程结束后进行事后检验,具体包括:①将测量总的资产组合风险的风险价值与实际的经验损益数字进行比较。②比较理论和实际的损益,检验用于估价和控制公司头寸风险的模型是否已覆盖所有的风险要素。

7. 步骤七——风险确认和风险审计

风险确认是指在实施一系列风险管理策略后,对金融风险所造成的损失大小进行确认的过程,而风险审计则是指对被审计单位内部审计机构采用系统化、规范化的方法来开展的以测试风险管理信息系统、识别各业务循环以及相关部门风险、进行风险分析评价和管理及处理等工作事项为基础的一系列审查监督活动。近些年来,风险审计日趋风靡,它是企业内部审计师通过测试风险管理的有关方面,对风险程度及管理情况作出鉴别、评价,以确保企业运营目标的顺利实现的过程。

本 章 小 结

金融风险是指在一定的条件下和一定的时期内,金融市场各种不确定性事件的发生而使得行为主体遭受损失的大小,以及该损失发生的可能性高低。金融风险由金融风险因素、金融风险事故和金融风险结果三部分构成,它是金融活动的固有属性且具有不确定性,通常情况下是一种不可保风险。金融风险具有普遍性与客观性、不确定性、可控性、高杠杆性、多样性与易变性、隐蔽性与高传染性等典型特征。根据不同的划分依据,金融风险可划分为不同的类型。按照金融风险形态的不同,金融风险可分为信用风险、流动性风险、操作风险、市场风险,以及诸如战略风险、声誉风险、合规风险、国家风险等其他形态的金融风险。

金融风险管理是指人们通过实施一系列的政策和措施来控制金融风险以消除或减少其不利影响的行为。金融风险的类型众多,诱发因素与表现形式各异。根据管理主体的不同,金融风险管理可以分为内部管理和外部管理;按照管理对象的不同,金融风险管理可分为微观金融风险管理和宏观金融风险管理。从宏观层面分析,金融风险管理的主要目标是:既要维持金融市场的稳定以防止系统性金融风险给一国经济发展所带来的破坏性,又要保证金融市场能高效有序地运行,促进经济体健康稳健地发展。从微观层面分析,金融风险管理目标包括风险控制、损失控制两个方面。金融风险管理对微观经济主体的意义在于:降低微观经济主体金融风险损失;有助于微观经济主体经营目标的实现与良好形象的树立;防止金融风险连锁反应的发生。金融风险管理对宏观经济体系的意义在于:是一国经济稳定发展的需要;适应国际竞争的需要;有助于规范金融市场秩序、优化社会资源配置。

金融风险管理经历了萌芽阶段、发展阶段和成熟阶段三个过程。传统的风险管理以防范损失为主要内容,现代金融风险管理不仅包括如何减少由于内部管理不当所造成的损失,还包括如何通过风险定价、经济资本配置、控制衍生品交易(风险对冲活动)等来提升企业业绩的风险管理活动。对金融风险进行管理一般包括七个基本步骤,即金融风险的识别与分析、风险评估、风险管理对策选择、金融风险管理方案设计与实施、风险报告、风险管理的评估、风险确认和风险审计。

关键术语

金融风险　不确定性　信用风险　流动性风险　操作风险　市场风险　战略风险　声誉风险　合规风险　国家风险　金融风险管理　金融风险的识别与分析　风险评估　风险管理对策　风险管理方案　风险报告　风险管理的评估　风险确认和风险审计

本 章 练 习

一、单项选择题

1. 下列关于风险概念的说法中,正确的是(　　)。
   A. 风险是指损失的大小　　　　　　　B. 风险是指损失的分布
   C. 风险是指未来结果的不确定性　　　D. 风险是指收益的分布

2. 下列降低风险的方法中,(　　)只能降低非系统性风险。
   A. 风险分散　　　　　　　　　　　　B. 风险转移
   C. 风险对冲　　　　　　　　　　　　D. 风险规避

3. (　　)是不完善或有问题的内部程序、人员及系统或外部事件所造成损失的风险。
   A. 市场风险　　　　　　　　　　　　B. 操作风险
   C. 流动性风险　　　　　　　　　　　D. 国家风险

4. 下列风险类型中,(　　)不包括在市场风险中。
   A. 利率风险　　　　　　　　　　　　B. 汇率风险
   C. 操作风险　　　　　　　　　　　　D. 商品价格风险

5. 借款国经济、政治、社会环境的变化使该国不能按照合同偿还债务本息的可能性,这一风险类型为(　　)。
   A. 流动性风险　　　　　　　　　　　B. 国家风险
   C. 声誉风险　　　　　　　　　　　　D. 法律风险

6. 银行掌握的可用于即时支付的流动资产不足以满足支付需要,从而使银行丧失清偿能力的可能性,这一风险类型为(　　)。
   A. 流动性风险　　　　　　　　　　　B. 国家风险
   C. 声誉风险　　　　　　　　　　　　D. 法律风险

7. 对大多数商业银行来说,最显著的信用风险来源于(　　)业务。
   A. 信用担保　　　　　　　　　　　　B. 贷款
   C. 衍生品交易　　　　　　　　　　　D. 同业交易

8. 在风险发生之前,通过各种交易活动,把可能发生的风险转移给其他人承担,避免自己承担风险损失,这一风险管理策略属于(　　)。
   A. 风险对冲　　　　　　　　　　　　B. 风险分散
   C. 风险规避　　　　　　　　　　　　D. 风险转移

9. 当银行正常的业务经营与法规变化不相适应时,银行就面临不得不转变经营决策而导致损失的风险,这一风险类型为( )。
   A. 流动性风险   B. 国家风险
   C. 操作风险   D. 法律风险

10. ( )又称为会计风险,是指对财务报表会计处理,将功能货币转为记账货币时,因汇率变动而蒙受账面损失的可能性。
    A. 交易风险   B. 折算风险
    C. 汇率风险   D. 经济风险

11. 下列各种类型的风险中,( )经常是商业银行破产倒闭的直接原因。
    A. 操作风险   B. 市场风险
    C. 违约风险   D. 流动性风险

二、不定项选择题

1. 下列关于风险的说法中,正确的有( )。
   A. 某法人客户由于破产而不能归还贷款,这反映了银行的流动性风险
   B. 美元贬值使得银行的资产价值下降,这反映了银行的国家风险
   C. 由于短期内取款额度的迅速增加使得银行不得不以低价抛售部分持有的债券,这反映了银行的信用风险
   D. 央行提高法定准备金比率,降低了银行的贷款规模和盈利水平,这反映了银行的法律风险
   E. 结算系统发生故障导致结算失效,造成交易成本上升,这反映了银行的操作风险

2. 2007年年底,美国爆发了次级债危机。长期以来,有些美资商业银行员工违规向信用分数较低、收入证明缺失、负债较重的人提供贷款,由于房地产市场回落,客户负担逐步到了极限,大量违约客户出现,不再偿还贷款,形成坏账,次级债危机就产生了。危机使信用衍生产品市场大跌,众多机构的投资受损,并进一步致使银行资金吃紧。危机殃及了许多全球知名的商业银行、投资银行和对冲基金,使长期以来它们在公众心目中稳健经营的形象大打折扣。上述信息包含了( )等风险。
   A. 市场风险   B. 信用风险
   C. 操作风险   D. 流动性风险
   E. 声誉风险

3. 下列关于风险管理策略的说法中,正确的有( )。
   A. 风险分散不能完全消除非系统性风险
   B. 商业银行的风险对冲可以分为自我对冲和市场对冲两种情况
   C. 风险规避是指商业银行拒绝或退出某一业务或市场,以避免该业务或市场具有的

风险

D. 根据多样化投资分散风险管理,商业银行的信贷业务应是全面的,不应集中于同一行业、同一性质甚至同一国家的借款人

E. 风险规避策略的局限性在于它是一种消极的风险管理策略,不宜成为商业银行发展的主导风险管理策略

4. 商业银行为了避免信贷资产在某些地区、行业和客户群过度集中,可以采取(　　)等方法,控制信用风险。

A. 信用衍生产品　　　　　　B. 资产证券化
C. 限额管理　　　　　　　　D. 资产组合管理
E. 统一授信管理

5. 市场风险是我国商业银行面临的主要风险之一,包括(　　)。

A. 利率风险　　　　　　　　B. 汇率风险
C. 信用风险　　　　　　　　D. 商品价格风险
E. 流动性风险

6. 为了避免风险在地区、产品、行业和客户群的过度集中,商业银行可以采取(　　)等一系列全新的风险管理技术和方法,防范和转移种类风险。

A. 人员培训　　　　　　　　B. 总体组合限额
C. 资产证券化　　　　　　　D. 信用衍生产品
E. 授信集中度限额

三、简答题

1. 什么叫风险?它与危险有何异同?
2. 金融风险的主要特征有哪些?并加以举例说明。
3. 试简述金融风险的类别及其分类的依据。
4. 金融风险管理的目标是什么?有何意义?
5. 简述金融风险管理的主要方法。
6. 金融风险管理有哪些基本步骤?
7. 请描述金融风险管理的历史发展脉络。
8. 请结合"信用债"爆雷事件,谈谈您对金融风险管理的看法。

第二章　金融风险识别、金融风险度量与金融风险预警

知识导航

金融风险识别、金融风险度量与金融风险预警
- 金融风险识别
  - 金融风险识别的概念与意义
  - 金融风险识别的要求
  - 金融风险识别的原则
  - 金融风险识别的内容
  - 金融风险识别的方法
- 金融风险度量
  - 金融风险度量的概念
  - 金融风险度量的统计学基础
  - 金融风险度量的结构框架
  - 金融风险度量的代表性理论
  - 金融风险度量的方法
- 金融风险预警
  - 金融风险预警的主要方法
  - 金融风险预警指标体系的构建
  - 金融风险预警模型

案例导入

我国房地产金融风险可以预警吗

虽然经历了政策的多次调整与市场的变化,房地产业依然是我国经济重要的产业组成部分,在国民经济中发挥着重要作用,其支柱地位不可动摇。但是,房地产风险与金融风险相伴相生,房地产与金融结合后,所产生的潜在风险甚至对我国经济市场产生更明显的冲击。因此,根据当前我国房地产金融形势,以下风险依旧需要重点关注:

第一,我国房地产相关政策制度不完善引发金融风险。房地产业是国民经济的"晴雨表",国民经济的增长直接关系着房地产业的发展情况。从长期来看,我国房地产业呈现周期性波动,金融风险程度也跟随国民经济增长变化发生波动,这就要求我国房地产政策制度作相应调整。国家和地区的繁荣程度与所在区域的相关政策密切关联。尽管现在我国还在继续采取限购和房地产调控政策,但房地产相关政策仍有不完善或未及时落实的情况,一些

地区甚至过分强调房地产业在促进经济增长方面的重要作用,过度依赖房地产开发投资刺激经济增长。另外,一些房地产开发企业可能资信不高,导致无法保证建筑工期或者房屋质量,从而出现"烂尾楼""虚拟房产抵押"等现象,使得银行面临巨大的金融风险。

第二,我国高房价引发的市场风险。近年来,我国多次出台房价调整政策,但房价仍在持续上涨。房地产价格上涨过快,市场价格与实际价值存在较大差距,导致房地产泡沫产生。如市场出现利率等大幅波动、居民大量抵押房产给银行,房产作为抵押品,其价格将大幅削减,从而造成银行信贷质量下降。另外,高房价可能会延缓刚性需求者的购买意愿,也使市场上的非刚需者趁机而入变身"炒房客",挤占大量消费,这将会损害我国经济的健康发展。

第三,我国居民贷款比重大、住房信贷违约的风险。2022年第一季度金融统计数据指出:我国商业性个人住房贷款与公积金贷款余额超过46万亿元,对应约1亿笔贷款,不良率长期持续在3‰左右。但由于个人住房贷款期限较企业贷款长,银行放贷主要依据居民家庭收入情况而非房价,银行在放贷过程中易受不良资产影响,从而承担住房信贷违约风险。贷款人真实的资信情况难以准确评估,导致银行在居民住房贷款业务方面存在业务背后隐患意识不到位的情况,住房信贷违约风险不断提高。

第四,我国金融机构的信贷过度支持造成金融风险。房地产泡沫的形成与金融机构密切相关。金融体制和政策取向的不合理是房地产泡沫形成的根本原因。一些商业银行存在对相关政策制度过分解读的情况,甚至把发放贷款量当作考核指标等,特别是长期宽松的货币政策刺激了房地产投资需求,房地产泡沫膨胀很可能引发房地产金融风险。金融机构的信贷过度支持通常会催生房地产泡沫,极易引发房地产金融风险。

房地产金融风险会给我国经济造成极大破坏,那么它可以预警吗?

国内外诸多学者从指标的全面性和重要性、数据的可获得性和权威性出发,提出了许多防范房地产金融风险的指标。根据学者吴义虎对海南省房地产风险预警指标的划分,以及郭谦对北京房市泡沫指标的划分,本文认为可以从房地产业与国民经济的协调关系、房地产业供需均衡层面、房地产业资金安全三个角度,较好地反映投资结构的合理性、房地产泡沫扩张程度、房市商品房是否相对过剩、住房空置率、居民收入与住房消费关系、房地产企业的负债与贷款情况等。

(资料来源:向为民,曹莹.基于供需理论的房地产金融风险预警及防范对策——以重庆市为例[J].重庆工商大学学报(社会科学版),2023,40(04):26-41.)

第一节 | 金融风险识别

金融风险识别是进行金融风险管理的第一步,只有首先对金融风险进行精准有效识别,才能对后续的金融风险大小进行度量,进而选择合理的金融风险管理策略与工具。

一、金融风险识别的概念与意义

金融风险识别是指利用相关知识、技术和方法,对处于经济活动中的经济主体所面临的金融风险的类型、受险部位、风险源、严重程度等进行连续、系统、全面地识别、判断和分析,从而为度量金融风险和选择合理的管理策略提供依据的动态行为或过程。

金融风险具有普遍性、复杂性以及动态演化性特征,这就使得金融风险识别成为一个连续、复杂的系统工程。由于风险的产生是各种风险因素不断积聚而造成的,它是一个由量变到质变的过程,这就需要从各个方面和层次去充分识别风险,以便为后续的金融风险度量、预警与防范奠定必要的前期基础,从而可以更好地对金融风险进行有效管理,做到防患于未然。因此,对金融风险进行有效识别意义深远,主要包括以下三个方面。

第一,金融风险识别是进行金融风险管理的首要程序。金融风险识别工作的主要目标是尽可能地了解经济行为主体所面临的客观存在的金融风险、分析金融风险产生的根本性原因,以便经济行为主体可以选择更合理有效的管理手段来进行金融风险的防范与处理。因此,如果不能对客观存在的金融风险进行有效的识别,经济行为主体的金融风险管理将是"无源之水、无本之木"。从这个角度来看,金融风险识别将是金融风险管理过程中最基本最首要的工作程序。

第二,金融风险识别是金融风险管理过程中极为困难与复杂的工作。对金融风险进行识别,不仅需要识别金融风险的存在与否,而且还需要深入探究产生各类金融风险的主客观原因。一方面,金融风险自身的多样性及其动态演化性特征会给金融风险识别工作带来较大困难。另一方面,引起金融风险的原因既可能是主观的也可能是客观的、既可能是单一的也可能是错综复杂的、既可能是瞬间即逝的也可能是动态变化的,这进一步加大了金融风险识别的艰巨性,使其成为金融风险管理过程中极为困难与复杂的一项工作。

第三,金融风险识别是一项持续而又严格的制度性工作。由于金融风险具有动态演化性特征,长期处于不断变化的过程中,金融风险的诱因亦存在多样化与动态化特性,这就需要对金融风险进行持续识别。当进一步考虑到金融风险的客观性与普遍性时,经济行为主体则需要对金融风险进行贯穿始终的识别,并将其上升为一项常规性与制度性的工作来抓。

二、金融风险识别的要求

经济行为主体所面临的金融风险种类繁多:既可能是包含利率风险、汇率风险、证券投资风险和大宗商品风险在内的市场风险,也可能是包括信用风险、操作风险、流动性风险,以及包含战略风险、法律风险、合规风险等在内的其他金融风险;既可能是来自不可分散的系统风险,也可能是来自非系统性风险。当进一步考虑金融风险诱因的多样性时,这无疑给金融风险识别工作提出了更高的要求。因此,经济行为主体在对金融风险进行有效识别时,需要做到以下几点。

第一,必须对金融风险进行及时、准确的识别。一般而言,金融风险的爆发是一个由小到大、由个体到系统、由局部到全局不断演化的过程。经济行为主体发现可能存在的金融风险时,还有足够的反应时间去处理和应对。从这个意义上来讲,对金融风险进行及时识别,就要求经济行为主体在金融风险发生之前或者在风险程度还很小的时候就能将其发现。倘若等到金融风险已经积累到一定程度或变得严重时才被发现,不仅会给金融风险管理带来更大的困难,而且还会极大地加剧风险管理成本。金融风险识别的准确性则是要求对各种潜在或处于初期阶段的金融风险作出精准判断,以免对金融风险作出误判而给后续的风险管理带来巨大损失。由此可见,只有及时、准确地对金融风险进行识别,审时度势,才能采取更合理有效的措施加以防范与化解,降低金融风险管理成本、提升金融风险管理效率。

第二,必须对金融风险进行全面、深入的识别。随着互联网技术的发展与产业链纵深的拉长,不仅各经济行为主体之间的横向联系变得越来越密切,而且企业边界也得到巨大延伸,从而使得当某个企业或企业内部的某一部门与环节出现金融风险时,它会呈现出极快的传播性并带来严重的后果。因此,只有对金融风险进行全面、深入的识别,及时扼杀各种微小的金融风险,不漏掉任何一个风险源,才能有效地防止这些处于萌芽时期金融风险的蔓延,从而减少后续金融风险管理困难。

第三,必须对金融风险进行连续、系统的识别。不确定性是金融风险固有的特性,金融风险经常是从无到有、从小到大、时而增强、时而减弱的。正是因为金融风险具有的这种易变性,要求各经济行为主体必须随时根据事情的进展来关注金融风险的动态变化,并从系统性、全局性视角出发对金融风险进行连续、系统的监测与识别以防患于未然。

三、金融风险识别的原则

为了能对金融风险进行及时准确、全面深入与连续系统的识别,确保金融风险识别结果的有效性与可靠性,在实际工作中需要遵循的金融风险识别原则包括实时动态性原则、科学精准原则、成本收益原则、系统化与常态化原则。

(一) 实时动态性原则

由于经济行为主体的财务情况、所处市场环境等各种可能导致风险的驱动因素常常处于动态变化中,且金融机构所面临的市场风险类型、受险部位、严重程度等都会发生变化,这就使得风险具有动态演化性特征。因此,经济行为主体不仅需要对各个不同时间节点的各种不同金融风险演化过程进行实时关注、长期跟踪,而且需要不断创新金融风险识别工具、及时调整识别手段和方法,以便及时发现在不同时点所可能面临的金融风险类型及其诱因。

(二) 科学精准原则

当对金融风险存在与否进行有效识别后,接下来则需要对金融风险程度的高低及其危害性大小进行合理测度,以便在后续的金融风险管理中选择对应的风险管理策略与工具。

由此可见,金融风险识别的另一要求则是对所识别出的金融风险大小进行科学测度。这需要以坚实的数理知识为基础,充分运用各种相关知识和工具来完成对所识别出的金融风险进行科学精准度量,任何过低或过高的估计都不利于对金融风险进行有效管理。

(三) 成本收益原则

金融风险识别是进行金融风险管理最基本也是最首要的步骤,金融风险管理属于管理学范畴,必然产生相应的成本与收益。因此,金融风险的识别和分析既需要耗费大量的人力、物力和财力等成本,同时也会带来相应的收益。金融风险识别所带来的收益大小取决于因后续对金融风险进行有效管理而避免或减少的损失大小。一般来说,随着金融风险识别活动的进行,识别的边际成本会变大,而其边际收益会减少,所以有必要对金融风险识别产生的成本和收益进行权衡,以便选择最佳的识别程度和识别方法。

(四) 系统化与常态化原则

随着各经济主体之间及经济体内部互联互通程度的不断加强,以及金融风险传播性与破坏性的不断加剧,在金融风险无处不在的特征影响下,对金融风险的识别还需坚持系统化与常态化原则。只有对系统内部各个经济体以及经济体内部的各个部分所面临的金融风险进行系统化与常态化的识别,才能有效防止某一弱小金融风险的蔓延,从而避免出现大面积大规模金融风险的爆发。

四、金融风险识别的内容

虽然实体经济部门也可能存在金融风险,但金融风险更多源于金融机构并对金融部门产生严重影响。因此,这里将更多地围绕如何有效识别金融机构中各种潜在或已发生的金融风险。

(一) 金融风险类型和受险部位的识别

金融风险识别的第一步是识别金融风险类型和受险部位,这可以通过对经济行为主体的运营过程与业务特征、资金来源、资金运用、中间业务、资金管理、业务特点、财务报表的分析加以展开。

1. 从运营过程与业务特征的角度

金融风险伴随着金融机构的各项运营活动而产生,各类风险和受险部位隐藏在金融机构运营过程的各个环节中。因此,我们可以从运营过程中的资金来源、资金运用、风险暴露和业务特征、资金管理等方面对金融风险的类型及其受影响的部门进行考察。

2. 从资金来源的角度

金融机构资金来源的不同会带来不同程度和不同类型的风险。例如,与定期存款业务相比,支票存款和储蓄存款业务因客户可以随时取现而会给存款性金融机构带来较大的流动性风险。但是,支票存款和储蓄存款所支付的利息较低甚至可以不支付利息,这意味着支票存款和储蓄存款业务带来的利率风险比较小。又如,固定利率存款业务可能会因为市场利率下降而使其融资成本高于以市场利率重新融资的成本,从而给金融机构带来利率风险。在保持其他条件不变的情况下,期限越长的固定利率存款业务给金融机构带来的利率风险越大。若市场利率上升,则浮动利率存款业务会使得机构融资成本上升,同样导致利率风险的发生。另外,外币存款业务的开展还可能给金融机构带来汇率风险。

借入负债会因还本付息的需要而给金融机构带来流动性风险和利率风险。具体而言,同业拆借大多为隔夜投资,利率风险一般比较低;通过国际金融市场借款则还会带来汇率风险。回购协议本质上属于借入负债,因其在到期日作为担保的证券价格可能会上升,有可能导致证券购买商产生违约行为,从而使得回购协议可能给金融机构带来信用风险。

除上述负债业务会给金融机构带来金融风险外,通过股票、债券等证券发行渠道融资所形成的负债也会给金融机构带来巨大的金融风险。首先,融资方式和融资成本不同会给金融机构带来不同的经营风险。当金融机构选择发行股票或债券进行融资时,其所承担的义务将有所差异,从而会给金融机构带来不同类型的金融风险。一方面,付息债券要定期支付利息、到期要偿还本金,而普通股股票则不需要偿还本金,股息的支付可由股票发行主体视经营状况而定。由此可见,融资方式的不同给金融机构带来的风险类型各异。另一方面,股票的发行成本通常要高于债券,从而使得当选择不同的融资方式时,其给金融机构带来的金融风险大小也不同。此外,当采取不同融资方式进行融资时,金融机构还会在金融风险的受险部位、风险特征等其他方面出现差异。其次,在销售债券、股票的过程中,市场利率可能会上升,从而导致股票、债券价格下跌,甚至无法达到融资的预期目标,所以这一过程可能会面临融资风险,甚至引发流动性风险。再次,由于市场利率上升会使已经销售出去的浮动利率债券的利息支付上升,而市场利率下降又会使已经销售出去的固定利率债券的利息支付高于重新按市场利率融资的利息支付,所以金融机构在外流通的债券会给其带来利率风险。最后,当金融机构所进行的股票或债券融资涉及跨国融资时,它们还将面临国家风险和汇率风险等。

3. 从资金运用的角度

金融机构的资金运用主要包括现金资产、证券投资和发放贷款等,少数金融机构也会通过金融衍生工具投资进行风险套利。

现金资产的多少不仅会直接影响金融机构的流动性,而且还会影响到资产盈利能力。若保留的现金资产过少,金融机构将面临流动性风险;过多则又会由于利率的上升而面临利率风险。

当金融机构进行证券投资活动时,它们也会面临各种风险。例如,当金融机构进行证券投资后,市场利率的上升会导致固定利率债券市场价格下降而使其遭受损失;若市场利率下降,又可能使浮动利率债券利息收入的减少幅度大于债券价格的上升幅度,从而会使金融机构面临利率风险。不仅如此,当金融资产发行者的信用等级下降时,金融机构所购买的资产价值会出现下降,这又使得金融机构暴露在信用风险之中。此外,当金融机构投资金融衍生工具时,因其交易额一般都很大,价格的微小变化都可能会给金融机构造成重大损失,从而带来巨大的金融市场风险。

金融机构的贷款业务既可能会由于借款人违约而使金融机构面临信用风险,也可能会由于利率波动而使其遭遇市场风险。此外,贷款发放还可能因金融机构资产流动性水平的降低而给其带来流动性风险。

4. 从中间业务的角度

随着金融行业竞争的加剧,中间业务的开展已经逐渐成为诸多金融机构提升盈利能力的又一重要举措。然而,和其他业务一样,金融机构所开展的中间业务也时刻使其暴露于金融风险之中。

金融机构所开展的中间业务主要包括为顾客发行证券、证券承销、证券经纪、代收、结算(包括汇款、托收、信用证)、信托、租赁、信息咨询等。为顾客提供证券发行服务,会给金融机构带来经营风险和流动性风险。例如,在为顾客提供证券发行包销业务时,可能会因为顾客信用等级的下降或市场因子的不利波动而引起金融产品价值的下降,也可能会因金融产品交易不足导致承销的证券无法及时按照当前市场价格进行交易并转换为现金,又或者是因对该项业务的风险认识不足导致对业务的错误选择,还可能会因金融机构承销的债券到期时出现发行人不按时将兑付资金拨入金融机构账户等情形,这些都将会使该金融机构暴露在信用风险、市场风险、操作风险和流动性风险等各类风险之中。又如,当金融机构为顾客提供证券经纪业务时,它可能会面临操作风险和道德风险等经营风险;信用证、租赁业务会给金融机构带来信用风险、流动性风险和汇率风险等;信托业务会给金融机构带来经营风险等。

当金融机构在提供资产管理业务时,它们一般会将个别金融资产汇集在一起,再将这些金融资产的现金流重新分解并组合成不同类型的新型金融产品。以投资银行的资产证券化融资业务为例,如果投资银行是通过购买抵押资产来进行证券化,那么它就可能会因为证券不能以合理的价格及时变现而面临流动性风险。此外,不仅对抵押资产的选择本身可能会给金融机构带来信用风险,而且新发行证券的定价合理与否还会给其带来经营风险。

5. 从资金管理的角度

金融机构用于套期保值的远期、期货交易可能会由于未来金融市场因子的反方向波动而遭遇金融市场风险,同时,远期合约还可能因价格的不利变动而给金融机构带来信用风险。此外,金融机构为了合理搭配资产负债、减少风险暴露而通过买进卖出调节金融资产头寸时,也会给其带来流动性风险。

6. 从业务特点的角度

金融机构的各种业务都是由一系列具体业务所构成的,业务的不同将呈现出各种差异化特征。具体业务的不同往往蕴涵着不同的风险类型和受险部位,这就使得金融机构在经营管理中,常常需要结合每笔业务的特征来对风险进行有效的识别。只有通过对这些要素的实现条件、存在的问题以及这些要素变化对整笔业务的影响进行系统全面的分析,金融机构才能做到及时又准确地把握各项业务运行过程中所可能蕴含的各种金融风险。

7. 从财务报表的角度

财务报表主要由资产负债表、利润表和现金流量表三大部分构成,它是对经营者在特定经营期间或某一时点上的资产状况、经营绩效以及现金流情况等的一种重要反映。和其他企业的财务报表一样,金融机构的财务报表中同样包含了诸如安全性、流动性等各种财务信息,我们可以根据金融机构的财务报表中所包含的信息对其可能遭受的金融风险进行有效识别。

(二) 金融风险诱因和严重程度的识别

在系统分析金融风险类型和受险部位后,需要对金融风险诱因和严重程度进行进一步的分析,以便为后续的金融风险管理策略选择提供依据。

1. 金融风险诱因的识别

金融风险是由经济生活中一些不确定因素引起的,一个金融风险主体可以同时面临多种金融风险,而一种金融风险又可能有多种不同的诱因,这时就需要对金融风险诱因加以细致考量。

以商业银行为例,其经营活动的不确定性会带来经营风险,贷款违约的不确定性则会导致信用风险;市场利率的变动会导致利率风险,汇率变动会引起汇率风险;经营不善、利率或汇率变动、贷款违约等都可能会导致流动性风险。在此过程中,经营风险的发生主要与金融机构自身的经营管理能力高低、防控措施是否得当有力等有关,而信用风险的发生主要与授信对象的经营管理水平、收益能力等有关。利率风险来源于市场利率的变化,而利率的变动又取决于货币供应量、货币政策、财政政策、汇率水平、利润水平、通货膨胀率及经济周期等因素,同时还会受到国家货币政策、财政政策等因素的影响。汇率风险来源于市场汇率的波动,而汇率的波动则受国家的货币购买力、经济发展水平、经济政策的变化、国际收支水平、利率水平、汇率制度等一系列因素的影响,且另一个国家甚至全世界的经济、贸易、金融、政治形式等的变化也会引起汇率的波动。在进行金融风险诱因的识别时,需要依此类推、层层递进,这样便可以不断发现导致金融风险的深层次诱因。

2. 金融风险严重程度的识别

金融风险严重程度的识别,主要是对已经识别出的各类金融风险的严重程度即损失的可能性大小和潜在损失大小作出进一步分析和识别。以市场风险为例,对市场风险严重程度的识别,首先需要对金融风险类型、受险部位、风险暴露、业务特征、风险诱因等特性进行识别,然后再利用表2-1给出的市场风险严重程度判别矩阵(以金融机构以市值记账的资产负债表为例),初步识别出各类风险可能造成的损失大小和发生的可能性大小。如何准确度量金融风险严重程度将在第二章第二节中加以详细介绍。

表 2-1　　　　　　　　　　市场风险严重程度判别矩阵

影响程度发生的可能性大小	不显著	较小	中等	较大	灾难性
基本上肯定	高	高	高	高	高
很有可能	中等	显著	显著	高	高
中等概率	低	中等	显著	高	高
可能性较小	低	低	中等	显著	高
极少发生	低	低	中等	显著	显著

表 2-1 中,"影响程度"是指该市场风险可能造成的损失大小,"发生的可能性大小"是指市场风险造成损失的可能性大小。

五、金融风险识别的方法

在现实生活中,不同金融风险识别主体想要识别的金融风险内容会有所不同,且随着时间的推移、外界经济环境的不断变化,同一金融风险识别主体所要识别的金融风险内容也会发生变化。这要求不同的金融风险识别主体必须按照实际情况选用合适的金融风险识别方法,并根据外界经济环境的变化不断作出调整。常见的金融风险识别方法包括以下七种。

(一)现场调查法

现场调查法是指金融风险识别主体对可能存在金融风险的各个机构、部门及其经营活动进行详细的现场调查来进行风险识别的方法,主要包括以下三个步骤。

第一步:调查前的准备。

首先,应当查阅、了解过往相关的各种背景、资料等,确定调查目标、调查地点、调查对象。其次,编制现场调查表,以确定调查内容,特别是要明确需要重点调查的项目,以防止在调查过程中疏漏或者忽视某些重要的项目。再次,依据已经确定的调查内容、步骤进行调查。最后,注重调查内容复杂性和时效性等情况,合理安排时间。

第二步:现场调查。

在现场调查的实施过程中,风险管理人员可借助座谈、访问、查阅文件档案、实地考察业务活动等方式完成前期编制的现场调查表或调查清单所列举的项目。同时,还要依据现场调查中发现的新信息,适当调整需要调查的项目和所要关注的重点,以便完成风险识别等后续工作,获得精确、全面的第一手资料。

第三步:撰写调查报告。

进行现场调查后,风险管理人员应当立即对现场调查的资料和信息进行整理、研究和分析,在该基础上依据现场调查的目的编写调查报告。调查报告的主要内容包括:根据调查的目的对获得资料进行整理分析,得到全面、具体、规范的调查资料和信息处理报告;根据调查目的、调查资料与信息处理报告作出初步结论、对策和建议。

现场调查法具有以下优点：一是该法简单、实用、经济。二是通过现场调查法可以直接获得金融风险识别的第一手资料，从而在一定程度上确保所获得的资料和信息的可靠性。三是现场调查活动可以加深风险管理人员和基层人员的沟通联系，既可以使得基层人员获得有关风险识别和分析处理的经验知识，又可以使得风险管理人员在现在和未来能够及时获得需要的相关资料和信息。四是通过现场调查法容易发现潜在风险，有助于将风险控制在萌芽阶段。

当然，现场调查法也会存在以下缺点：一是在一些情况下进行现场调查可能需要大量人力、财力和物力，过于频繁的调查活动还会使得被调查人员疲于应付，甚至可能影响其正常的生产经营活动。二是现场调查一方面要求调查人员必须深入了解被调查对象，能准确把握调查的重点和难点，另一方面现场调查没有固定的方法可循，同时又可能面对诸多突发情况，因而需要调查人员具有敏锐的观察力、很强的沟通能力和灵活性，这对调查人员来说无疑是一个巨大的挑战。

（二）问卷调查法

问卷调查法可看作是对现场调查法的一种替代，是通过调查人员发放调查问卷让被调查人员现场填写来识别金融风险的方法。

当使用问卷调查法来进行风险识别时，合理编制调查问卷是正确运用问卷调查法的关键。在进行调查问卷设计时，针对不同的被调查对象，调查问卷的编制也有所不同，但其共性是要求调查问卷的编制过程中要考虑被调查对象的知识、态度、素养等，尽可能使得调查问卷的问题通俗易懂、易于回答。

与现场调查法相比，问卷调查法可以节约大量的人力、物力和时间，有助于降低风险管理成本，而且同样可获大量信息。但与现场调查法一样，调查问卷的制定对问卷调查者认识和发现风险的能力要求较高，且调查问卷存在的微小漏洞都可能导致获得的调查资料和信息不可靠，甚至被调查对象的知识、素养、态度、责任心以及能否正确理解问卷调查者的意图有时都难得到保证。正因为存在上述这些不足，问卷调查法经常被作为金融风险识别的辅助方法，较少单独使用。

（三）专家调查法

专家调查法主要是指利用专家的集体智慧来对金融风险进行识别的办法，包括头脑风暴法、德尔菲法等，这里仅对最为常用的头脑风暴法和德尔菲法进行详细介绍。

1. 头脑风暴法

头脑风暴法最早由亚历克斯·奥斯本于1939年提出，这是一种刺激创造性、产生新思想的技术。使用头脑风暴法的一般流程是：先召集有关人员并组成小组，再采用会议的方式开展讨论。该方法的理论基础是集体智慧大于个体智慧，其主要特点是尽力避免成员间相互批评，从而最大程度展示集体的智慧，以便提出创新性的思想和方案。一般情况下，头脑风暴法小组会议的人数不宜太多，少则五六人，多则十来人，以便让与会者都有充分发表意见的机会,如果想多听取意见也可以分组讨论。会议开展时间不宜太长,以避免使人疲倦、厌烦而不能达到预期效果。需要注意的是,头脑风暴法适合问题单纯、目标明确的情况,如果问题设计涉及的范围太广、涵盖的因素太多,那么就可以先将问题分解,然后再对单个问题采用头脑风暴法。

头脑风暴法的优点是比较容易获得结果,而且节约时间,从而使其在实践中得到广泛运用。然而,也有研究表明,头脑风暴法可能由于某些原因反而会阻碍一些创造性的思考。迪尔等人认为有三个原因可能导致此情况的发生:一是"评价焦虑",小组参与者可能由于担心别人的评价而不能充分表达自己的想法。二是"搭便车",由于在集体工作中每个人的责任比起单独工作时小,所以就会付出更少的努力。三是"产出阻碍",倾听别人发言会妨碍自己的思考,从而阻碍了想法的产生。马伦等人的研究表明,权威人物在场会进一步加大这种阻碍。

2. 德尔菲法

德尔菲法最早由美国兰德公司发明,最早用于军事领域的预测。应用德尔菲法的一般流程是:①把一组具有特殊形式、非常明确、用笔和纸可以回答的问题以通信的方式寄给专家,或在某会议上发给专家,问题的条目可由组织者、参加者或者双方共同确定。②对专家进行多轮反复咨询,每次咨询都要对每个问题的专家反馈意见进行归纳统计,具体包括统计量的中位值、离散度等,有时甚至需要给出全部问答的概率分布。③根据统计的结果及时调整前述问题中的不合理成分,把调整后的问题和汇总意见匿名发给各位专家,对于偏离大多数人意见的回答者,将会被要求更正其回答或者陈述理由。④随着对每个问题的反复询问、反馈、更正等过程,从专家处可获得的信息量将越来越少,组织者则可根据具体情况确定何时结束该流程。

与传统的圆桌会议、头脑风暴法或者仅遵循某一个人意见相比,运用德尔菲法所得结论的准确度和可信度会更高一些,而且既可以避免各个专家之间的直接冲突或者相互影响,又能引导他们进行独立思考,从而有助于形成统一意见。如果实验的目的是量化估计,即使开始时各个专家意见不一,但随着实验的反复进行,由于反复表格化、符号化、数字化的科学处理,专家们的意见也将逐渐达到统一,并便于统计分析。

然而,德尔菲法也有很多缺点。首先,选择合适的专家是准确运用德尔菲法的关键,但这并不好解决。其次,正如梅尔等人所指出的,德尔菲方法不能完全消除问题陈述的模糊性、专家经验的不确定性以及专家可能下意识或者故意给出带有偏见的答案等。再次,田军等人的观点也值得注意:一是德尔菲法通过"专家意见形成→统计反馈→意见调整"这样一个多次与专家交换意见的循环过程可能会使专家将自己的意见调整到有利于统计分析的方向,从而削弱了专家原有见解的独立性。二是德尔菲法对群体意见的一致性缺乏判断标准。三是对集成结果缺乏可信的测度,从而难以检测集成结果的可靠度。四是应用德尔菲法时一般需要经过四五轮的调查统计,过程繁杂,所以存在最后结论不收敛的风险。

(四)组织结构图示法

组织结构图示法是指通过对经济主体的组织结构图的分析来进行金融风险识别的方法。组织结构图示法主要包括以下四个步骤:①对金融机构组织结构的整体及其各个组成部分进行识别与分析。②绘制出金融机构的组织结构图,当要分析的对象涉及多个子组织结构图时,可以先绘制出各个子组织结构图,再组合成总的组织结构图。③对组织结构图进行解释与剖析。④通过组织结构图识别金融风险。

通过运用组织结构图示法,风险管理部门可以分析、判断经济主体组织结构的设置是否合理、能否适应经济环境的变化、能否提高经营效率,进而识别出由于组织结构设计不合理而导致的潜在金融风险,尤其是经营风险。一般情况下,要考察某经济主体组织结构的设置是否存在不合理的地方,通常需要判别其组织结构的设置是否遵循以下四个基本原则,即合理分工且相互协调原则、统一指挥原则、权责一致原则和效率原则。

如果组织结构的设置有违上述四个原则,就可能会面临金融风险,这是运用组织结构图示法来进行风险识别时需要重点关注的地方。组织结构图示法最大的特点是简洁、明了,但也会存在一些不利因素:一是要求绘制组织结构图的人员必须对研究对象运转机制、活动有深入了解。二是要求绘制的组织结构图必须简洁而又不遗漏任何重要信息。三是要求对组织结构图的解释要准确到位。否则,通过组织结构图示法对金融风险的识别就会出现偏差。

(五)流程图法

流程图法是指根据经济行为主体业务活动的内在逻辑关系将整个业务活动过程绘制成流程图,并借此识别金融风险的方法。由于不同的业务活动具有不同的内容、特征,且各自的复杂程度也不尽相同,那么就可以将风险主体的业务活动绘制成不同类型的流程图。例如,根据业务内容可以绘成生产流程图、销售流程图、会计流程图、放贷流程图等。一般地,金融机构规模越大,其业务活动越复杂,运用流程图法就越具有优势。

运用流程图法来识别金融风险主要包括以下四个步骤:①分析行为主体各业务活动之间的内在逻辑关系。②绘制流程图。当分析对象涉及多个子流程时,可以先绘制各个子流程的流程图,再组合成综合流程图。③对流程图作出解释。流程图本身只能反映生产、经营过程的逻辑关系,在实际应用时还需要对流程图作进一步解释、剖析并编制流程图解释表。④风险识别。风险管理部门通过察看流程图及其解释表,识别流程中各个环节可能发生的风险,以及导致风险的原因和后果。

流程图法的最大优点是能把一个复杂的问题分解成若干个较为简单明了、易于识别和分析的单元。以金融机构为例,风险管理人员可以借助流程图法将较为复杂的财务会计流程、放贷流程分解成一个个简单、易于识别和分析金融风险及其影响范围的单元。当然,流程图法在金融风险识别方面同样存在缺陷。首先,绘制流程图往往需要耗费大量的人力、物力和时间。其次,要准确绘制流程图,要求绘图人员充分了解和把握各业务活动之间的逻辑关系以及业务流程的各个阶段,并具有抽象、概括、提炼主要流程的能力,这对绘图人员来说其实并非想象中那么简单。最后,由于一些业务流程非常复杂,这可能导致绘制流程图时很难把握或顾及所有细节,而流程图绘制过程中的任何疏漏和错误又有可能导致金融风险识别时出现不准确、不全面的情况。

(六) 情景分析法

情景分析法是一种识别引致风险的关键因素及其影响程度的方法。情景是对拟考察的风险主体未来某种状态的描述,这种描述可以通过图表或者曲线表示出来。

情景分析法的操作过程包括:①利用有关数据、曲线与图表等资料对拟考察的风险主体的未来状态进行描述,以便考察引起有关风险的关键因素及其影响程度。②研究当某些因素发生变化的时候,又将出现何种风险,并对导致何种损失与后果进行情景分析。

情景分析主要包括情景构造和情景评估。情景构造是情景分析的基础,主要方法包括历史模拟情景法、典型情景法和假设特殊事件法。情景评估则是指完成情景构造后,评估该情景的发生对资产组合价值变化的影响和后果。在具体应用情景分析法进行风险识别时,通常需要经历筛选、检测和诊断过程。筛选是依据某种程序先将具有潜在危险的产品、过程、现象或个人进行分类选择,再对其进行风险识别的过程。检测是针对某种险情及其后果,对产品、过程、现象或个人进行观测、评价和判断,以发现可疑的起因并对症下药。在实际应用中,筛选、检测和诊断是紧密相连的。

情景分析法可以拓宽决策者的视野,使决策者能充分考虑不利情景可能产生的影响,重视评估偶然事件特别是极端事件的危害。在金融风险管理中,压力测试方法就是常用的一种可测定极端事件风险的情景分析法。

情景分析法的主要优点在于可以识别和测定资产组合所要面临的最大可能损失;其主要缺陷可以从情景分析法的操作过程和结果来观察。从操作过程看,情景分析法很大程度上依赖于有效情景的构造和选择。然而,有效情景的构造和选择需要良好的判断能力、丰富的经验和技巧,这在面临多变、复杂情景时尤为明显,从而使得有效情景的构造和选择通常都比较困难。从结果看,情景分析法不能给出不同情景实际发生的可能性,而只能指出特定情景产生的损失大小。

(七) 事故树分析法

事故树分析法是指利用图解的形式将可能出现、比较庞大复杂的事故分解成不同层次的小事故,或者对各种引起事故的原因进行不同层次分解的方法。

当直接经验较少时,可考虑运用事故树分析法进行风险识别。另外,事故树还有更深入的用途。我们可以运用事故树分析法来计算事故风险的总概率,这时须先找出所有引起事故的原因及其原因之间的相互联系,并标出各种原因可能发生的概率,再进行汇总计算。我们还可以应用事故树分析法考察事故风险对小事故或引起事故原因变化的敏感性,以便确定哪些小事故或原因对金融风险的影响最大,从而对金融风险采取更加有针对性的控制措施。

事故树分析法适用于对复杂系统的风险描述及其风险识别。该法虽然较为可靠,但也存在一些缺陷。因对事故树分析法的掌握和使用需要花费大量的时间,而且一旦对某个环节或者某层次上的小事故及其原因的识别存在偏差,就有可能导致最后结论出现错误。

以上介绍的方法是比较常见的金融风险识别方法,此外还有模糊集合分析法、平衡点法、决策树法等。不同的金融风险识别方法各有优势和不足,在具体应用时仍要根据具体情况选用最为合适的方法。

第二节 金融风险度量

在完成对金融风险的识别后,仍需对金融风险程度的大小进行准确的度量,才能更有效地进行风险管理。受到技术、经济以及金融市场自身的限制,20世纪50年代以前,人们对于金融风险的认识与研究多局限于定性分析层面,对金融风险进行定量分析则始于诺贝尔奖得主马科维茨于1952年发表的经典论文《资产组合选择》。随后,越来越多的学者对如何进行金融风险度量的问题展开了大量研究并取得了巨大进步,各种新的度量方法层出不穷,对金融风险大小的度量也更加及时与精准。

一、金融风险度量的概念

金融风险度量是指对金融风险存在的可能性、风险损失的范围和大小进行估计和衡量,其基本内容为运用数理统计方法对风险发生的概率及其损失大小加以估计,以便得出一个较为准确的概率水平。具体而言,金融风险度量包括四方面的内容,即确定某一风险事件在一定时期内发生的概率大小、估计因此而可能造成的损失严重程度、根据风险事件发生的概率及损失的严重程度估计总体损失大小、预测这些风险事件的发生次数及后果以便为风险管理决策提供参考依据。

事实上,对金融风险进行准确度量包括风险分析和风险评估两部分内容。其中,风险评估正是对一定时期内发生某一风险概率的大小以及因此造成的损失大小进行定量分析的过程。常见的概率分析法有主观概率法、时间序列分析法和累计频率分析法三种。主观概率法主要运用于对那些既无确定性规律也无统计性规律的风险发生概率进行预测,这种情形下只能依据专家或管理者的主观判断来对风险发生的概率进行预测。时间序列分析法是利用风险环境变动的规律性和趋势性来估计未来风险因素的最可能范围及其相应概率,其前提假设便是金融风险的发生必须是服从一定规律的随机过程。累计频率分析法则是基于大数法则并通过对原始资料的分析来依次画出风险发生次数的直方图,再基于描绘出来的直方图判断金融风险的累计频率分布。根据统计学知识可知,当要分析的样本相互独立、样本空间足够大且来自同一总体分布时,依据频率分布图得出的金融风险发生的频率将非常接近真实的概率。

二、金融风险度量的统计学基础

金融风险度量的首要任务就是确定某一风险事件在一定时期内发生的概率大小。因此,无论采取何种方法来对风险发生的概率进行测算,都需要涉及大量的数理基础知识。

(一) 概率基础

1. 概率与概率分布

对金融风险程度进行度量首先需要测算风险发生的概率。概率所描述的是某一风险在一定时期内发生的可能性大小。当把风险发生看作一个随机事件时,事件 A 发生的概率经常用 $P(A)$ 来表示。

要度量风险程度就必须掌握风险发生时所有可能出现的结果和每一可能结果发生的概率,即风险事件的概率分布情况或分布规律。离散型随机变量的概率分布可以表示为:

$$P(X = x_i) = p_i$$

其中,$X = x_i$ 表示随机变量 X 的取值为 x_i,$P(\cdot)$ 表示概率符号,p_i 表示概率的大小。例如,当抛掷骰子时,骰子点数的概率分布,如表 2-2 所示。

表 2-2　　　　　　　　　　骰子点数的概率分布表

X(点数)	1	2	3	4	5	6
P(概率)	$\frac{1}{6}$	$\frac{1}{6}$	$\frac{1}{6}$	$\frac{1}{6}$	$\frac{1}{6}$	$\frac{1}{6}$

在金融风险管理过程中,人们通常感兴趣的不是某个单独风险事件发生的可能性,而是考虑风险事件落在某一区间范围内的概率情况,即 $P\{x_1 < X \leqslant x_2\}$。定义随机变量 X 的概率分布函数 $F(X)$ 为 $F(X) = P\{X \leqslant x\}$,若已知某一风险事件的概率分布函数 $F(X)$,则可以计算出 $P\{x_1 < X \leqslant x_2\} = F(x_2) - F(x_1)$。

在金融市场中,大多数随机变量皆为连续型随机变量而非离散型随机变量,如投资收益率、证券价格等。对于连续型随机变量而言,当知道该连续型随机变量的概率密度时,其概率分布情况则可由式(2-1)计算而得:

$$F(x) = \int_{-\infty}^{x} f(t) \mathrm{d}t \tag{2-1}$$

式(2-1)中,$f(x)$ 为连续型随机变量 X 的概率密度函数,简称为概率密度。

2. 期望、方差与协方差

在金融风险管理过程中,我们不仅需要了解风险发生的概率,还需要了解相对应的损失(或收益)的平均值或期望值。

随机变量 X 的期望值 $E(X)$ 可以通过对该随机变量所有可能出现的结果的加权平均计算而得,每一结果的权重等于该结果发生的概率。因此,对于离散型随机变量而言,我们有:

$$E(X) = \sum_{k=1}^{\infty} x_k p_k$$

而对于连续型随机变量而言,我们有:

$$E(X) = \int_{-\infty}^{+\infty} x f(x) \mathrm{d}x$$

当对金融风险进行分析时,人们通常还会关注风险结果对期望值的偏离程度大小,统计学中用方差来表示。具体计算公式如下:

$$D(X) = E\{[X - E(X)]^2\}$$

并称 $\sqrt{D(X)} = \sigma(X)$ 为随机变量 X 的标准差或均方差。

具体而言,当随机变量 X 是离散型随机变量时,其方差为:

$$D(X) = \sum_{k=1}^{\infty} [x_k - E(X)]^2 p_k$$

当随机变量 X 是连续型随机变量时,其方差为:

$$D(X) = \int_{-\infty}^{+\infty} [x - E(X)]^2 f(x) \mathrm{d}x$$

根据期望函数 $E(\cdot)$ 的定义,由 $D(X) = E\{[X - E(X)]^2\}$ 可以很容易地推得:

$$D(X) = E(X^2) - [E(X)]^2$$

由于金融市场中各个变量之间存在密切的相互作用关系,与单个变量相比,金融风险过程更加关注多个变量线性组合时的期望、方差以及协方差等统计规律与特征,而变量线性组合时常会用到如下统计知识:

$$E(a + bX) = a + bE(X)$$
$$D(a + bX) = b^2 D(X)$$
$$E(X + Y) = E(X) + E(Y)$$
$$D(X + Y) = D(X) + D(Y) + 2Cov(X, Y)$$

其中,a 和 b 为常数;X 和 Y 为随机变量;$Cov(X, Y)$ 为随机变量 X 和 Y 的协方差,衡量的是随机变量 X 和 Y 之间的相关程度,具体计算公式如下:

$$Cov(X, Y) = E\{[X - E(X)][Y - E(Y)]\}$$

更进一步地,我们可定义随机变量 X 和 Y 之间的相关系数 ρ_{XY},具体计算公式如下:

$$\rho_{XY} = \frac{Cov(X, Y)}{\sqrt{D(X)} \sqrt{D(Y)}} = \frac{Cov(X, Y)}{\sigma(X)\sigma(Y)}$$

则有 $|\rho_{XY}| \leq 1$。当 $\rho_{XY} = 0$ 时,表示随机变量 X 和 Y 相互独立,这时 $Cov(X, Y) = 0$;当 $\rho_{XY} > 0$ 或 $\rho_{XY} < 0$ 时,表示随机变量 X 和 Y 呈正相关或负相关;$|\rho_{XY}|$ 的数值越大,表示

X 和 Y 之间的相关程度越高。

3. 正态分布

根据中心极限定理可知,大量独立同分布的随机事件总体上将服从正态分布,这使得正态分布在金融风险管理的诸多领域将得到广泛运用。例如,当信用贷款违约的人数足够多或保险理赔的次数足够多时,都可以认为这样的风险事件是服从正态分布的。

若随机变量 X 服从正态分布,且其均值和方差分别为 $\mu, \sigma^2 (\sigma > 0)$ 时,则记为 $X \sim N(\mu, \sigma^2)$。正态分布属于连续型分布,其概率密度函数为:

$$f(x) = \frac{1}{\sqrt{2\pi}\sigma} e^{-\frac{(x-\mu)^2}{2\sigma^2}}, -\infty < x < +\infty \tag{2-2}$$

式(2-2)中, $\mu, \sigma(\sigma > 0)$ 分别为正态分布的期望和标准差。这时,正态分布的概率分布函数可表示为:

$$F(x) = \frac{1}{\sqrt{2\pi}\sigma} \int_{-\infty}^{x} e^{-\frac{(t-\mu)^2}{2\sigma^2}} dt$$

正态分布的概率密度曲线呈对称的钟形,对称轴为 $x = \mu$,且当 $x = \mu$ 时取得最大值 $f(\mu) = \frac{1}{\sqrt{2\pi}\sigma}$。此时的概率分布函数 $F(\mu) = 0.5$,且当 σ 越小时,图形越尖,从而使得随机变量 X 落在 μ 附近的概率越大。反之,当 σ 越大时,图形越扁平,从而使得随机变量 X 落在 μ 附近的概率越小。正态分布的概率密度曲线,如图 2-1 所示。

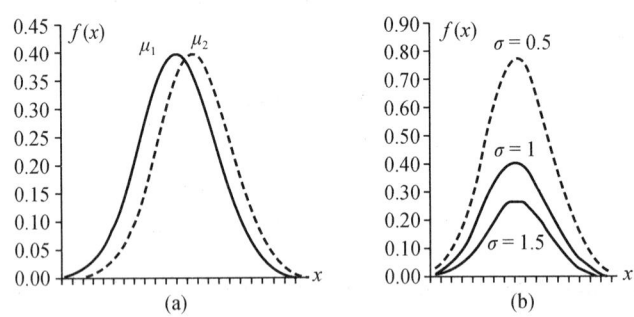

图 2-1 正态分布的概率密度曲线图

特别地,当 $\mu = 0$ 且 $\sigma = 1$ 时,称 X 服从标准正态分布并记为 $X \sim N(0, 1)$。这时的概率密度和分布函数分别另记为 $\varphi(x)$ 和 $\Phi(x)$,且有:

$$\varphi(x) = \frac{1}{\sqrt{2\pi}} e^{-\frac{x^2}{2}}$$

$$\Phi(x) = \frac{1}{\sqrt{2\pi}} \int_{-\infty}^{x} e^{-\frac{t^2}{2}} dt$$

因正态分布的概率密度函数关于 $x=\mu$ 对称,故当 $\mu=0$ 时,标准正态分布 X 的概率密度函数 $\varphi(x)$ 和 $\Phi(x)$ 将分别满足 $\varphi(-x)=\varphi(x)$,$\Phi(-x)=1-\Phi(x)$。更进一步地,若 $X \sim N(\mu,\sigma^2)$ 而非标准正态分布,则可通过线性变换 $Z=\dfrac{X-\mu}{\sigma}$ 将其转化为标准正态分布,即 $Z \sim N(0,1)$。

除均值和方差外,正态分布还可以用偏度和峰度两个参数进行描述。偏度表示概率密度曲线相对于平均值的不对称程度,具体计算公式如下:

$$\gamma = E\left[\left(\frac{E-E(X)}{\sqrt{D(X)}}\right)^3\right] = \frac{E[(E-E(X))^3]}{(D(X))^{3/2}}$$

从另一个角度来看,偏度刻画了概率密度函数曲线尾部的相对长短,如图 2-2 所示。因此,当 $\gamma>0$ 时(称为正偏态),这时的概率密度曲线呈现右侧长尾;当 $\gamma<0$ 时(称为负偏态),这时的概率密度曲线呈现左侧长尾;而当 $\gamma=0$ 时,正态分布的概率密度曲线左右对称。

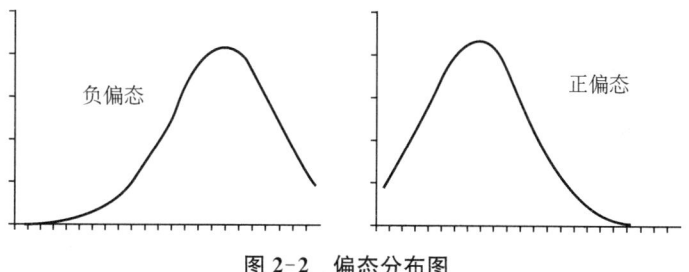

图 2-2 偏态分布图

峰度描述的是概率密度分布曲线在平均值处峰值的高低,具体计算公式如下:

$$\delta = E\left[\left(\frac{E-E(X)}{\sqrt{D(X)}}\right)^4\right] = \frac{E[(E-E(X))^4]}{(D(X))^2}$$

直观来看,峰度反映概率密度分布曲线尾部的厚薄。正态分布的峰度为 3,当峰度大于 3 时,我们称之为厚尾分布,表示尾部衰减的速度不如正态分布那么快;当峰度小于 3 时,我们称之为薄尾分布,表示尾部衰减的速度比正态分布更快。不同峰度大小下的概率分布函数,如图 2-3 所示。

运用偏度和峰度可以快速检查样本分布是否呈现正态分布。在金融风险管理实践中,可以

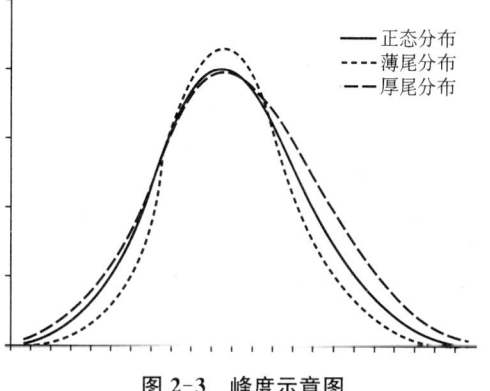

图 2-3 峰度示意图

观察到收益率等金融数据通常呈现厚尾特征,这对于金融风险管理决策有着重要的参考意义。

4. 其他常用概率分布

除正态分布外,在金融风险管理过程中,其他常用的分布还包括 t 分布和广义误差分布。

假设 $X \sim N(0,1)$,$Y \sim \chi^2(n)$,且 X 和 Y 相互独立,则称统计量:

$$t = \frac{X}{\sqrt{Y/n}}$$

服从自由度为 n 的 t 分布,并记为 $t \sim t(n)$。t 分布又称学生分布,其概率密度函数为:

$$h(t) = \frac{\Gamma[(n+1)/2]}{\sqrt{\pi n}\,\Gamma(n/2)}\left(1+\frac{t^2}{n}\right)^{-(n+1)/2}, -\infty < t < +\infty \quad (2\text{-}3)$$

自由度 n 用于确定 $t(n)$ 的形状,当 n 非常大时,$t(n)$ 近似于标准正态分布;当 n 较小时,$t(n)$ 分布的概率密度函数呈现厚尾形状。

$t(n)$ 分布的方差为 $D(X) = \dfrac{n}{n-2}$ $(n>2)$,峰度为 $\delta = 3 + \dfrac{6}{n-4}$。

此外,式(2-3)中的伽马函数 $\Gamma(x) = \displaystyle\int_0^{+\infty} t^{x-1} e^{-t} dt$。

广义误差分布的概率密度函数为:

$$f(x) = \frac{v}{\lambda 2^{(1+1/v)}\Gamma(1/v)} e^{-\frac{1}{2}|x/\lambda|^v}, \lambda = \left[2^{-2/v}\Gamma(1/v)\Gamma(3/v)\right]^{\frac{1}{2}}$$

广义误差分布函数的形状由参数 v 决定,当 $v=2$ 时,呈现正态分布;当 $v<2$ 时,其概率密度函数相对有更大的厚尾。倍数参数 λ 保证了随机变量 X 的方差总值为 1。

自由度等于 6 的 t 分布与 $v=1.3$ 的广义误差分布都是典型的金融数据分布形式。与正态分布相比,这两种分布均具有厚尾特征,如图 2-4 所示。同时,这两种分布也呈现出与正态分布类似的对称性与单峰性,它们同属于椭圆分布的类别。

(二) 分位数

假设连续型随机变量 X 的分布函数为 $F(x)$,概率密度函数为 $f(x)$。若对于任意正数 α $(0 < \alpha < 1)$,满足条件:

$$P\{X \leqslant x_\alpha\} = F(x_\alpha) = \int_{-\infty}^{x_\alpha} f(x) dx = \alpha$$

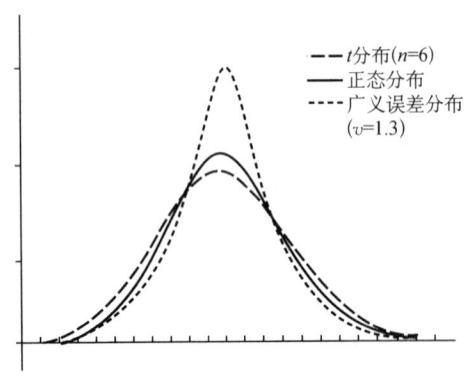

图 2-4 t 分布($n=6$)、广义误差分布($v=1.3$)、正态分布对比图

则称 x_α 为此分布的 α 分位数。如图 2-5 所示，α 分位数 x_α 将概率密度曲线下的面积分为两部分，左侧面积正好等于 α，右侧面积为 $1-\alpha$。

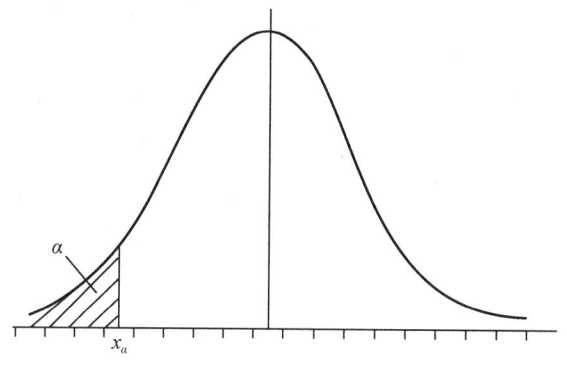

图 2-5　分位数示意图

在金融风险管理过程中，分位数衡量的是向下的不利风险。例如，假设某一投资组合的收益率概率密度曲线如图 2-5 所示，则 α 分位数 x_α 表示其收益率小于或等于 x_α 的概率为 α。又如，假设某投资组合的市值为 P，则 $1-\alpha$ 的概率下该投资组合的损失不会超过 $|Px_\alpha|$。

我们通常分别用 Z_α、$t_\alpha(n)$ 来表示标准正态分布、$t(n)$ 分布的 α 分位数，这些常见分布的分位数可在统计表中轻易找到。表 2-3 给出了几种标准正态分布和 $t(6)$ 的部分分位数值。

表 2-3　　　　　　　　标准正态分布与 $t(6)$ 分布的常用位数表

标准正态分布						
α	0.5	0.1	0.05	0.025	0.01	0.001
x_α	0	−1.282	−1.645	−1.96	−2.326	−3.09
$t(6)$ 分布						
α	0.2	0.15	0.1	0.005	0.025	0.01
x_α	−0.906	−1.134	−1.439	−1.943	−2.446	−3.142

（资料来源：盛骤，等. 概率论与数理统计[M]. 北京：高等教育出版社，2013.）

（三）时间序列数据

虽然正态分布、t 分布和广义误差分布的概率密度函数已知，但在实际金融风险管理工作中，某一随机变量的总体分布特征并未可知，这时就需要对所研究的随机变量进行重复独立的观察，并对观察值进行分析，以推断出该随机变量的总体分布特征及其参数大小。

在金融市场中，所观察到的数据经常是某一个变量在不同时点上的一系列数值，我们将这样的一列数称为时间序列数据。例如，某一只股票在 2000—2021 年的年度收益率便是这样一个时间序列数据,其中每一年度的收益率均是一个随机变量,且每一期得到的数值仅是来自某一总体分布的样本观测值。推断收益率这一随机变量总体分布的第一步便是利用观察的时间序列数据去构建合适的统计量,然后再根据这一随机变量建立随机模型,也就是选择合适的概率分布函数并估计其相应的参数。因在金融市场中,金融风险管理关注最多的便是金融资产的收益率水平,下面将以股票收益率这一随机变量为例来展示这一过程。

1. 收益率的计算

收益率包括算术收益率 r_t 和几何收益率 R_t 两种。假设某一股票在 $t-1$ 时刻的价格为 P_{t-1},在 t 时刻的价格为 P_t,且在 $t-1$ 到 t 时刻期间的股利收入为 D_t。则 $t-1$ 到 t 时刻该股票的算术收益率 r_t 和几何收益率 R_t 分别为:

$$r_t = \frac{P_t - P_{t-1} + D_t}{P_{t-1}}$$

$$R_t = \ln \frac{P_t + D_t}{P_{t-1}}$$

对于一般的金融资产而言,收益仅仅来自其价格的升水,而不存在股息收入,这时我们只需令 $D_t=0$ 即可。相应的算术收益率 r_t 和几何收益率 R_t 相应可以转化为 $r_t = \frac{P_t - P_{t-1}}{P_{t-1}}$ 和 $R_t = \ln \frac{\ln P_t}{P_{t-1}}$。

值得注意的是,与算术收益率相比,几何收益率更具有经济学上的意义。这是因为在金融风险管理过程当中,常常假设资产收益率服从正态分布。若使用算术收益率,将可能造成资产价格出现为负的现象,这对于股票等资产来说将毫无意义,而使用几何收益率则可以有效避免这一现象的发生。

在一些其他资产情形,几何收益率也有其方便之处。例如,在外汇交易市场中,几何收益率可表示为 $x = \ln \frac{S_t}{S_{t-1}}$。若假设 S_t 代表英镑兑美元的汇率,则对于英国投资者来说,x 代表以英镑表示的美元资产收益率,而反过来的 $y = -x = -\ln \frac{S_t}{S_{t-1}} = \ln \frac{S_{t-1}}{S_t}$ 则代表以美元表示的英镑资产收益率水平,且 x 和 y 这两个收益率有着一致的分布。然而,当使用算术收益率表示时,将不具有这一良好性质。

此外,使用几何收益率还具有更好的可拆分性和可拓展性。例如,若假设 $\ln(EUR/BP)$ 代表以欧元 EUR 表示的英镑 BP 收益率,则根据对数函数的性质很容易得到:

$$\ln(EUR/BP) = \ln(EUR/US) + \ln(US/BP) = \ln(US/BP) - \ln(US/EUR)$$

这一拆分说明:欧元在英镑上的收益率可以由美元在英镑上的收益率和美元在欧元上的收益率计算而得。

又如,资产在$[t-2, t]$内的几何收益率可以表示为$R_{t-2, t} = \ln \frac{P_t}{P_{t-2}}$。根据对数函数的性质,这一收益率可以拆分两个时期几何收益率之和,即:

$$R_{t-2, t} = \ln \frac{P_t}{P_{t-1}} + \ln \frac{P_{t-1}}{P_{t-2}} = R_t + R_{t-1}$$

对于算术收益率而言,这一拆分性质基本上难以得到满足。当然,尽管几何收益率比算术收益率有着更明显的优势,但当股票的算术收益率的绝对值较小时,根据微积分中的无穷小量之间的等价关系可知:

$$R_t = \ln \frac{P_t}{P_{t-1}} = \ln \left(1 + \frac{P_t - P_{t-1}}{P_{t-1}}\right) \sim r_t = \frac{P_t - P_{t-1}}{P_{t-1}}$$

因此,当股票的算术收益率的绝对值较小时,它和几何收益率在数值大小上相差无几。但如果股票的算术收益率出现异常高或低时,则两者相差甚远。

2. 样本估计

在金融风险管理过程中,收益率等随机变量的总体分布往往是未知的,这就需要我们对该随机变量进行多次重复独立观察后,通过对其进行分析来统计推断出该随机变量分布特征及其参数大小。

对一个随机变量所构造的统计量个数越多时,对该随机变量总体分布的掌握程度将更深刻。基于样本观测值,我们很容易测算出该随机变量的样本均值、方差、偏度和峰度,进而加深对总体分布特征的认识。

若$X_1, X_2, \cdots, X_n$表示收益率X的n次观测值,则可根据$X_1, X_2, \cdots, X_n$构建出收益率X的样本均值$\overline{X}$,并以此来代替随机变量X的总体均值μ。基于观测值$X_1, X_2, \cdots, X_n$所构建的样本均值$\overline{X}$为:

$$\hat{\mu} = \overline{X} = \frac{1}{n} \sum_{i=1}^{n} X_i$$

基于观测值$X_1, X_2, \cdots, X_n$构建样本方差S^2以估计总体方差σ^2,即:

$$\hat{\sigma}^2 = S^2 = \frac{1}{n-1} \sum_{i=1}^{n} (X_i - \overline{X})^2$$

经过计算以后可得:

$$\hat{\sigma}^2 = S^2 = \frac{1}{n-1} \sum_{i=1}^{n} X_i^2 - \frac{n}{n-1} \sum_{i=1}^{n} \overline{X}^2$$

进一步地,基于观测值$X_1, X_2, \cdots, X_n$还可构建样本偏度与峰度的估计值$\hat{\gamma}$和$\hat{\delta}$,并以此去估计总体的偏度γ和峰度δ,即:

$$\hat{\gamma} = \frac{\frac{1}{n-1}\sum_{i=1}^{n}(X_i - \overline{X})^3}{S^{\frac{3}{2}}} \qquad (2-4)$$

$$\hat{\delta} = \frac{\frac{1}{n-1}\sum_{i=1}^{n}(X_i - \overline{X})^4}{S^2} \qquad (2-5)$$

若 X_1，X_2，$\cdots$，X_n 和 Y_1，Y_2，$\cdots$，Y_n 分别是来自总体 X 和 Y 的一组观测值，则可构建样本协方差的估计值 $\hat{\sigma}_{ij}$ 以估计总体之间的协方差 $Cov(X，Y)$，即：

$$\hat{\sigma}_{ij} = \frac{1}{n-1}\sum_{i=1}^{n}(X_i - \overline{X})(Y_i - \overline{Y})$$

值得注意的是，在进行样本的方差、偏度、峰度和协方差估计时，需要将样本容量 n 调整为 $n-1$ 以得到总体的无偏估计量。

3. 假设检验

统计推断的另一项重要内容是假设检验。在实践中，我们大部分时间都不知道某一随机变量服从什么类型的分布，这就需要根据样本观测值来进行检验。虽然随机变量的分布类型众多，但在研究与金融风险相关的随机变量时，往往先考察其是否服从正态分布。已有研究结果表明，在对正态分布的检验过程中，以"偏度和峰度检验法"较为有效。根据前面对正态分布偏度和峰度的相关结论可知，当随机变量 X 服从正态分布时，其偏度 $\gamma=0$，峰度 $\delta=3$。

可以证明：若总体 X 服从正态分布且当 $n \to \infty$ 时，式(2-4)和式(2-5)中的偏度估计量 $\hat{\gamma}$ 和峰度估计量 $\hat{\delta}$ 均服从正态分布，且有：

$$\hat{\gamma} \sim N\left(0, \frac{6}{n}\right)$$

$$\hat{\delta} \sim N\left(3, \frac{24}{n}\right)$$

若令 $\sigma_1 = \sqrt{\frac{6}{n}}$，$\sigma_2 = \sqrt{\frac{24}{n}}$，则在总体 X 服从正态分布且当 $n \to \infty$ 时，可以得到新的统计量 $\frac{\hat{\gamma}}{\sigma_1} \sim N(0,1)$，$\frac{\hat{\delta}-3}{\sigma_2} \sim N(0,1)$。因此，我们只需根据观测值先估计样本的偏度 $\hat{\gamma}$ 与峰度 $\hat{\delta}$，然后再检验 $\frac{\hat{\gamma}}{\sigma_1}$ 和 $\frac{\hat{\delta}-3}{\sigma_2}$ 是否服从标准正态分布，以此来判断总体 X 是否服从正态分布。

例如，为了分析人民币兑美元汇率的月度收益率分布情况，我们对1984—2013年的收益率数据进行了观测，据此得到样本偏度的估计值 $\hat{\gamma}$ 为 0.145，样本峰度的估计值 $\hat{\delta}$ 为

4.287。根据这一数据,能否在5%的临界水平下判定人民币兑美元汇率的月度收益率服从正态分布呢?对于这一问题而言,其原假设为:

H_0:人民币兑美元汇率的月度收益率服从正态分布。

在这一问题中,样本观测值个数 $n=30\times12=360$ 个。因此,在5%的临界水平(或95%的置信水平)下,偏度 $\hat{\gamma}=0$ 的拒绝域将为 $P\left\{\left|\dfrac{\hat{\gamma}}{\sqrt{\dfrac{6}{n}}}\right|>z\right\}=1-95\%=5\%$,而峰度 $\hat{\delta}=3$ 的拒绝域为 $P\left\{\left|\dfrac{\hat{\delta}-3}{\sqrt{\dfrac{24}{n}}}\right|>z\right\}=1-95\%=5\%$,即 $\dfrac{\hat{\gamma}}{\sqrt{\dfrac{6}{n}}}>Z_{0.025}=1.96$,且 $\left|\dfrac{\hat{\delta}-3}{\sqrt{\dfrac{24}{n}}}\right|>Z_{0.025}=1.96$。将 $n=360$, $\hat{\gamma}=0.145$ 和 $\hat{\delta}=4.287$ 代入后,得到:

$$\dfrac{\hat{\gamma}}{\sqrt{\dfrac{6}{n}}}=\dfrac{0.145}{\sqrt{\dfrac{6}{360}}}=1.123<1.96,\quad \left|\dfrac{\hat{\delta}-3}{\sqrt{\dfrac{24}{n}}}\right|=\dfrac{4.287-3}{\sqrt{\dfrac{24}{360}}}=4.984>1.96$$

由此可见,原假设 H_0 被拒绝,即人民币兑美元汇率的月度收益率并未服从正态分布。

4. 时间集聚性分析

对金融风险进行衡量时,首先需要确定风险的样本时间段,我们可以选择天、周、月、年等不同风险分析时间段。然而,当观测值的时间段与风险统计分析的需求不一致时,就需要在不同时间段之间进行转换。例如,当观察到的数据是月度数据而要分析的是季度风险或年度风险大小时,就需要将基于月度数据所得到的统计分析结果转换成季度或年度统计推断结果。这种将基于不同样本时间段观察值所得到的统计推断进行相互转换的方法在数理经济学中被称为时间聚集性分析。

1) 独立同分布时的时间聚集性分析

假设 X_{t1}, X_{t2}, $\cdots$, X_{tn} 是随机变量 X 在时期 t 内的 n 个样本观测值,它们是独立同分布(independent and identically distributed, i.i.d)的。从而我们有:

$$E(X_{t1})=E(X_{t2})=\cdots=E(X_{tn})=\mu$$
$$D(X_{t1})=D(X_{t2})=\cdots=D(X_{tn})=\sigma^2$$
$$Cov(X_{ti},X_{tj})=0\ (i\neq j)$$

其中,$E(\cdot)$ 表示随机变量的数学期望,$D(\cdot)$ 表示随机变量的方差。于是,在时间间隔 $t=t_1+t_2$ 内,我们有:

$$E(X_t)=E(X_{t1}+X_{t2})=E(X_{t1})+E(X_{t2})=2\mu$$
$$D(X_t)=D(X_{t1}+X_{t2})=D(X_{t1})+D(X_{t2})+2Cov(X_{t1},X_{t2})=D(X_{t1})+D(X_{t2})=2\sigma^2$$

更进一步地，若 $T = \sum_{i=1}^{n} t_i$，则有：

$$E(X_T) = E(X_{t1}) + E(X_{t2}) + \cdots + E(X_{tn}) = n\mu \quad (2-6)$$

$$D(X_T) = D(X_{t1}) + D(X_{t2}) + \cdots + D(X_{tn}) = n\sigma^2 \quad (2-7)$$

从而得到 T 期内的标准差 $\sqrt{D(T)} = \sqrt{n}\sigma$。

从式(2-6)与式(2-7)可以看出，在金融风险管理中，若随机变量 X 在连续时间间隔内的分布是相互独立的，那么该随机变量的期望将随着时间的延长而呈线性增长，其波动率将随着时间的延长而呈平方根增长。显然，这一假设在完全有效市场中是成立的。根据有效市场假定，在完全有效的市场中，资产的当前市场价格反映了所有相关的信息，各期的价格不仅不会产生相互影响，而且价格变化是无法事先预料的。

考虑到金融风险管理中常以年度为单位来对各项指标进行分析，经常需要在年度与其他日、月、季度等时间段之间进行随机变量统计结果的互换。因此有：

$$\mu_y = 4\mu_s = 12\mu_m = 252\mu_d$$

$$\sigma_y = 2\sigma_s = \sqrt{12}\sigma_m = \sqrt{252}\sigma_d$$

其中，y 为年度数据，s 为季度数据，m 为月度数据，d 为日数据（一年按 252 个工作日来计算）。

例如，某一长期风险投资的月收益率为 0.5%、标准差为 5%，则其年度收益率为 6%、年度标准差为 17.3%。

2）相关时的时间聚集性分析

事实上，在时间序列模型当中，随机变量之间很难满足独立同分布的假定，而是呈现出前后关联性特征。为了简化分析，这里仍假定随机变量观测值序列 X_{t1}，X_{t2}，$\cdots$，X_{tn} 来自同一个总体，但前后期之间存在一定的关联性。这种关联性可以通过一阶自回归的建模方法来加以近似描述，即：

$$X_t = \rho X_{t-1} + \mu_t$$

这里 ρ 为自相关系数。在独立同分布假定下，我们可以求得 $\rho = \dfrac{Cov(X_t, X_{t-1})}{\sigma^2}$。

当时间段出现聚集时，如 $T = t_1 + t_2$，我们有：

$$E(X_T) = E(X_{t1} + X_{t2}) = E(X_{t1}) + E(X_{t2}) = 2\mu$$

然而，对于更长时间段 T 内的方差 D 而言，将不再是按照式(2-7)中的规律进行简单的线性相加，而是将自相关系数 ρ 纳入方差的计算当中。具体计算公式如下：

$$D(X_T) = D(X_{t1} + X_{t2}) = \sigma^2 + \sigma^2 + 2Cov(X_{t1}, X_{t2}) = (2 + 2\rho)\sigma^2$$

由此可见，当自相关系数 $\rho < 0$ 时，时间聚集后的方差将减小；当自相关系数 $\rho > 0$ 时，则更长时间段内的方差将更大。

更一般地,若 $T = \sum_{i=1}^{n} t_i$,则有:

$$D(X_T) = D(\sum_{i=1}^{n} X_{t_i}) = [n + 2(n-1)\rho + 2(n-2)\rho^2 + \cdots + 2\rho^{n-1}]\sigma^2 \qquad (2-8)$$

基于式(2-8)对不同期数 n 和自相关系数 ρ 进行数值模拟的结果,可以得出风险随样本观察时间段的变化,如图 2-6 所示。

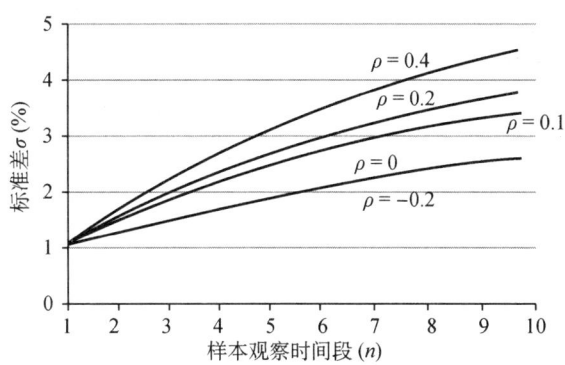

图 2-6　风险随样本观察时间段变化图

三、金融风险度量的结构框架

金融风险度量的结构框架先后大致经历了三个不同的发展阶段,它们分别是均值—方差结构框架、风险价值结构框架和一致性风险度量框架。

(一) 均值—方差结构框架

均值—方差结构框架源于 1952 年马科维茨发表的《资产组合选择》。在该文中,马科维茨提出使用风险资产的均值与方差或标准差来研究投资组合的资金最优分配问题。从此以后,以分析"均值—方差"为基本框架的投资组合理论最终演变成为现在投资组合理论的基础。

在该框架下,理性的投资者将按照以下原则选择最优投资组合,即在既定的风险水平下选择最大预期收益的投资组合,或在既定的预期收益下选择风险水平最低的投资组合。基于上述逻辑假定,我们可以得到投资有效边界曲线 AB。投资组合可行集,如图 2-7 所示。

在确定投资组合的有效边界后,接下来便是确定整个投资组合中的无风险资产与风险资产资金配置比例。如图 2-8 所示,资产配置线将经过无风险收益率 F 点,并且与投资有效边界曲线 AB 相切,其斜率即为相应的单位风险报酬率$(r_p - r_f) \div \sigma_p$,这一单位风险报酬率有时又被称为夏普比例。因此,在引入无风险资产后,投资组合的可行集得到了极大拓展,有效边界也随之发生变化。当允许引入无风险资产来确定投资组合时,有效边界将转变成

射线 FM。此时,所有投资者拥有相同的风险投资组合(即 M 所代表的风险投资组合,又称为市场组合)。不同投资者仅依据对风险的厌恶程度不同在市场风险投资组合与无风险资产之间进行不同的资金分配。

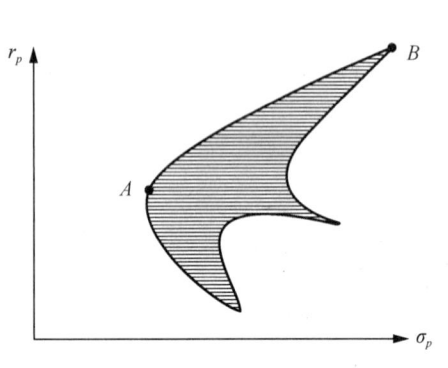

图 2-7 投资组合可行集

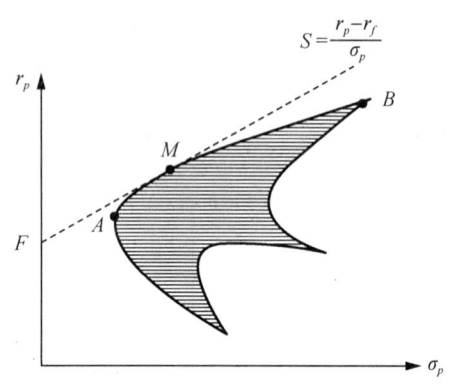

图 2-8 最优投资组合的确定

上述结论表明:均值—方差结构框架不仅能够测度单个资产风险的大小,而且能够指导投资者在不同的风险资产之间进行组合选择。这似乎说明方差(或标准差)是对风险进行测度的一个比较理想的指标。然而,这一测度方法的最大问题在于:因为只有正态分布才能仅利用均值和方差这两个参数就能确定分布函数的特征,所以这里必须假定风险资产投资收益是服从正态分布的。否则,当风险资产的收益不是服从正态分布时,仅用均值和方差来描述风险资产收益率分布函数的形状或特征往往会产生较大的偏差,而需要其他更多的参数来共同刻画收益率分布函数形状。这意味着两个均值和方差均相同的分布,其形状特征仍可能不同,从而具有不同的风险特征,仅基于均值和方差这两个参数将无法对风险进行准确把握和度量。

具体而言,根据"二、金融风险度量的统计学基础"中对正态分布的参数特征分析可知,正态分布的偏度为 0,峰度为 3。如果某一资产收益率的均值和方差与正态分布相同,但是偏度和峰度与正态分布不一样,则会出现不同的尾部特征和对称性特征。这时,若仍用正态分布来描述该风险资产的收益率特征将导致错误的结论。图 2-9 描述了与正态分布有着相同均值和方差的 Gumbel 分布函数与 t 分布函数形状图,它们与正态分布所形成的风险存在明显差异。因此,当风险资产收益率的分布函数出现有偏或厚尾等特征时,继续使用均值—方差结构框架将可能产生重大的风险估计失误。

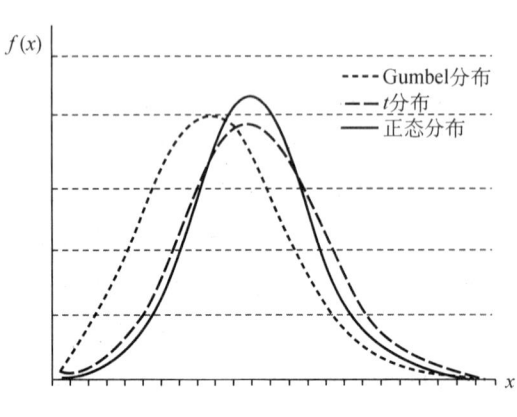

图 2-9 Gumbel 分布、t 分布与正态分布

(二) 风险价值结构框架

风险价值(value at risk，VaR)又称结构价值，是指处于风险之中的资产价值，即在给定的置信水平下，风险资产或投资组合在未来特定一段时间内可能遭受的最大损失。用数学语言可以表述为：

$$P\{L > VaR\} = 1 - c \tag{2-9}$$

或

$$P\{L \leqslant VaR\} = c \tag{2-10}$$

式(2-9)与式(2-10)中的 $P\{\cdot\}$ 为概率；L 为资产损失；VaR 为风险价值；c 为置信水平。

例如，某投资组合的日 VaR 在 95% 的置信水平下为 100 万元，这意味着在市场正常运行的情况下，该投资组合一天内损失超过 100 万元的概率只有 5%。20 世纪 90 年代初，J.P.摩根公司主席要求其风险管理部门每天出具报告说明未来 24 小时内该公司所有交易组合的风险和潜在损失。为此，J.P.摩根公司风险管理部门开始尝试开发一个系统，并使用单一指标测度该公司各项交易组合以及公司总体的风险，这个指标便是 VaR 的雏形。随后，G30 集团发布了题为《衍生产品的实践和规则》的报告，该报告中率先提出了风险价值 VaR 这一名词。1994 年，J.P.摩根公司将其计算 VaR 的风险计量模型公之于众。从此以后，VaR 方法便开始为各金融机构所广泛使用。迄今为止，该方法已经成为金融风险测度特别是市场风险测度的最主要办法。

与传统的风险测度方法相比，VaR 方法具有以下优势：

(1) 更具可比性。传统的风险测度方法大多只能适用于特定资产类型。例如，久期与凸性只适用于固定收益类型证券的风险测度，投资组合理论只能用于股票及其类似资产的风险测度。与之不同的是，VaR 方法能够适用于任何类型的风险资产及其组合的风险测度，并仅用一个统一的标准就能对不同类型风险资产及其组合的风险大小进行直观的测度与比较。通过 VaR 方法，金融机构还可以直观地比较不同风险业务部门、不同交易人员以及不同交易组合之间的风险水平。

(2) 更具全面性。许多传统的风险测度方法一般一次只能考虑一种风险因素，或是将多个风险因素简单地合并为一个风险因素。例如，资本资产定价模型就将不同资产的风险收益率合并为一个单一的市场收益率来进行处理。与之不同的是，VaR 方法既可以同时考虑所有起作用的风险因素，也可以测度投资组合乃至整个金融业务部门的总体风险水平。

(3) 更具直观性。方差等风险测度方法只能告诉我们何种情况下会发生何种事情，但并未指出其具体的可能性。VaR 方法却可以直观地提供某一特定风险所造成的损失大小及其发生的概率信息，因此更直观、简单有效，而且更易于理解。

正是因为 VaR 方法具有的这些优势，决定了其容易被风险管理部门理解、认可和接受，

从而具有极高的实用性。根据使用需求的不同,VaR方法可以被广泛运用于以下三种情形:

(1) 信息沟通—被动性需求。VaR方法简单易懂,既可以用于风险管理人员之间的交流,也可以用作风险管理人员与非专业人士(如股东)等其他利益相关者之间的沟通。因此,股东或公司管理层便可以利用VaR方法快速决定是否能够接受投资当前的风险水平。不仅如此,越来越多的金融机构也开始注重在其财务报表中披露VaR信息。

(2) 控制风险—防御性需求。VaR方法具有简单的可比性,从而可被用于对金融资产交易员或业务部门头寸上限的设定。当交易组合或整个业务部门的VaR超过限定水平时,就必须对交易仓位或资产品种进行调整,直至VaR满足要求为止,以实现对风险的有效控制。

(3) 管理风险—主动性需求。VaR方法有助于投资组合的管理人员比较和选择投资组合,并进行投资、对冲、交易和组合决策管理。同时,VaR方法也可以用于更好地平衡风险与收益的关系。如果金融机构仅按照利润数据向资产管理或交易人员发放薪酬,而无视取得这一利润背后的风险高低,将可能导致交易人员出现过度承担风险的行为,使用经VaR方法风险调整后的业绩指标对其进行综合评价将能够更有效地防范此类事情的发生。

(三) 一致性风险度量框架

虽然VaR方法较均值—方差方法取得了较大的进展,但VaR方法所能度量的是超出置信水平以外的风险事件(即尾部事件)不发生时可能遭受的最大损失。但当尾部的小概率事件真实发生时,实际损失将超过VaR值,也就是说VaR值并不能告诉我们这时的实际损失将有多大。因此,具有相同VaR值的不同投资组合实际上可能产生截然不同的风险结果。这意味着,当投资组合存在较小概率会出现巨大损失时,仅依据VaR值进行风险决策可能会导致投资者错误判断而使其暴露在超额损失的风险之中,并导致严重的后果。从这个角度来说,VaR方法也不是一个最佳的风险度量方法。

为了对金融风险进行更精确的度量,在风险价值结构框架的基础上,阿茨诺等人于1999年提出了一致性风险度量框架。对于任意两个价值为 ω_1, ω_2 的投资组合,ρ 应满足以下四个条件:

(1) 单调性:若 $\omega_1 \leqslant \omega_2$,则有 $\rho(\omega_1) \leqslant \rho(\omega_2)$。

(2) 同质性:若 $h > 0$,则 $\rho(h\omega) = h\rho(\omega)$。

(3) 位移不变性:$\rho(\omega + k) = \rho(\omega) - k$。即若投资组合增加数量为 k 的现金,其风险相应减少 k。

(4) 次可加性。$\rho(\omega_1 + \omega_2) \leqslant \rho(\omega_1) + \rho(\omega_2)$。

合理的风险度量方法必须满足一致性条件,其中最重要的是条件(4)的次可加性。它表明当多个资产组合在一起时,风险将被分散或者至少不会增加。然而,基于分位数的VaR方法并不能满足这一要求。假设有两个投资组合 P_1, P_2,它们的收益结果都只存在两种可能,分别是在97%的概率下不发生亏损和在3%的概率下亏损1 000元。因此,在95%的置信水平下,这两个投资组合的VaR都等于0,即$VaR(P_1) = VaR(P_2) = 0$。若P_1和P_2相互独立,则同时持有P_1和P_2且不发生亏损的概率为94.1%(97%×97%),损失1 000元的概率则为5.8%(97%×3%×2),而损失2 000元的概率为0.09%(3%×3%)。根据VaR的定义可知,在95%的置信水平下,$VaR(P_1+P_2) = 1 000 > 0 = VaR(P_1) + VaR(P_2)$。因此,此时VaR不符合此可加性。

事实上,只有在投资组合收益服从正态分布等椭圆分布时,VaR才具有次可加性。一般情形下的VaR并不满足次可加性,所以不能满足一致性条件,这说明VaR方法不是最好的风险度量方法。因此,有必要寻找另外一些能满足一致性条件的风险度量方法作为替代,其中较为常用的便是预期损失法和谱风险测度法。

1. 预期损失法

预期损失是在一定置信水平下,因超过VaR值这一临界损失的风险事件而导致的收益或损失X的平均值或期望,即:

$$ES_c = -E[X \mid X \leqslant -VaR_c(x)] \tag{2-11}$$

式(2-11)中,VaR_c表示置信水平为c时的VaR值。

若收益的分布函数是离散型的,则预期损失可表示为:

$$ES_c = \frac{1}{1-c} \sum_{a=c}^{1} X_a P_a$$

其中,X_a表示置信水平为a时的VaR值,P_a表示置信水平为a时出现最大损失的概率。

若收益的分布函数是连续型的,则预期损失可表示为:

$$ES_c = \frac{1}{1-c} \int_c^1 VaR_p \, dp$$

现假设P_1,P_2是任意两个投资组合,$ES_c(P_1)$与$ES_c(P_2)$分别是两者置信水平为c时的预期损失,即最坏情况时的均值。根据预期损失的定义,当将P_1,P_2组合在一起时,只有当P_1,P_2所有最坏情况同时发生时,新组合P_1+P_2的预期损失才会达到P_1与P_2的预期损失之和,否则$ES_c(P_1+P_2) < ES_c(P_1) + ES_c(P_2)$。由此可见,预期损失满足次可加性,而且容易证明预期损失也满足一致性要求的其他条件。因此,预期损失是一种满足一致性条件的风险度量方法。

与VaR值一样,ES的值会随着置信水平的提高而上升。根据定义可知,在相同的置信水平下,预期损失ES大于临界损失VaR值。

假设投资收益服从标准正态分布,在不同置信水平下,单位投资的VaR与ES分别如表2-4和图2-10所示。

表 2-4　　　　　　　　　　标准正态分布下的 VaR 与 ES 对照表

置信水平	90%	95%	97.5%	99%	99.9%	99.99%
VaR	1.282	1.645	1.960	2.326	3.090	3.719
ES	1.755	2.063	2.338	2.665	3.367	3.957

(资料来源:陆静.金融风险管理[M].北京:中国人民大学出版社,2015.)

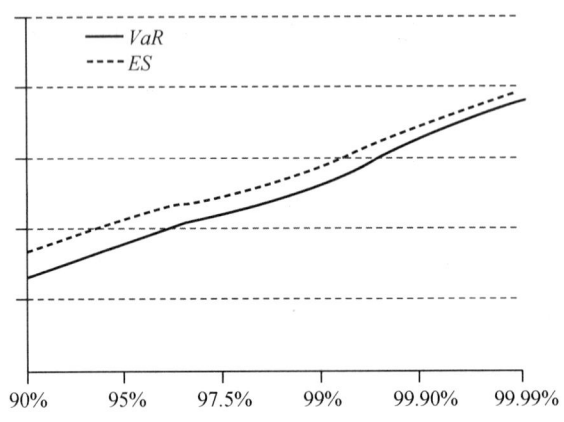

图 2-10　标准正态分布下的 VaR 与 ES 对比图

从表 2-4 可以看出,在标准正态分布假设下,VaR 与 ES 之间的差别随着置信水平的增加逐渐缩小,且 VaR 与 ES 的比值收敛于 1。在其他分布下,VaR 与 ES 相差可能更远。表 2-5 展示了自由度为 6 的 t 分布下,VaR 与 ES 的对比结果。在 97.5% 的置信水平下,一单位投资的 ES 为 3.256,超过其 VaR 数值的 33%。而在标准正态分布情况中,在 97.5% 的置信水平下,ES 只比 VaR 高出 19%。

表 2-5　　　　　　　　自由度为 6 的 t 分布下 VaR 与 ES 对照表

置信水平	50%	90%	95%	97.5%	99%	99.9%
VaR	0.000	1.440	1.943	2.447	3.143	5.208
ES	0.919	2.187	2.711	3.256	4.033	6.416

(资料来源:陆静.金融风险管理[M].北京:中国人民大学出版社,2015.)

除保持 VaR 所具有的整洁性、简洁性等优点之外,ES 与 VaR 相比还具有以下优势:①VaR 仅仅告诉我们最坏损失高于 VaR 值的概率,而 ES 告诉我们最坏的损失到底会有多少。②ES 是一致性风险测度,满足次可加性,但 VaR 不满足次可加性,从而使得基于 ES 的风险管理比基于 VaR 的风险管理在一般的条件下更可行。③ES 的次可加性使得在使用 ES 测度投资组合最优化问题时总是能够得到唯一的最优解,这是 VaR 无法做到的。

2. 谱风险测度法

在 VaR 与 ES 的基础上,我们还可以定义更一般的风险测度方式,即谱风险测度 M_φ,

它表示从 0 到 1 所有置信水平下 VaR 的加权平均值。这里 M_φ 的定义为：

$$M_\varphi = \int_0^1 \varphi(p) VaR_p \, \mathrm{d}p \tag{2-12}$$

式(2-12)中的 $\varphi(p)$ 为风险频谱函数或风险规避函数。

事实上，ES 与 VaR 均是 M_φ 的特例。当风险频谱函数 $\varphi(p)$ 取如下形式时，M_φ 就是置信水平为 c 时的 ES。

$$\varphi(p) = \begin{cases} 0, & p < c \\ \dfrac{1}{1-c}, & p \geqslant c \end{cases}$$

这时，投资者对超过置信水平的所有风险事件损失赋予了同样的权重 $\dfrac{1}{1-c}$，并对其他事件赋予了权重 0。而 VaR 代表的投资者对置信水平为 c 时的最大损失赋予的权重为 1，而对其超出置信水平的所有风险事件损失赋予的权重为 0。

当 $\varphi(p)$ 满足以下条件时，M_φ 将符合一致性风险测度要求。

(1) 非负性：即对于任意的 $p \in (0, 1]$，有 $\varphi(p) > 0$。

(2) 规范性：$\int_0^1 \varphi(p) \mathrm{d}p = 1$。

(3) 弱递增性：对于任意的 $p \in (0, 1]$，$p_1 < p_2$，有 $\varphi(p_1) \leqslant \varphi(p_2)$。

条件(3)表明投资者要求对较高的损失赋予较大的权重，反映了投资者风险规避的特性。这一特性体现了 ES 与 VaR 作为风险测度方法的不足之处。ES 对超出置信水平的所有风险事件赋予同等权重，这意味着在风险分布的尾部，投资者持风险中性态度；而 VaR 则对超出置信水平的所有风险事件赋予的权重为 0，这意味着在风险分布的尾部，投资者仍持风险偏好态度。

四、金融风险度量的代表性理论

纵观金融风险度量方法的历史演进脉络发现，金融风险度量的代表性理论先后经历了均值—方差理论、均值—半方差风险度量理论、灵敏度分析法与持久期理论以及风险调整资本收益率法。

（一）均值—方差理论

均值—方差理论，即投资组合理论，于 1952 年由马科维茨在《资产组合选择》一文中提出，他运用概率论与二次规划的方法来解决投资组合的选择问题。均值—方差理论是现代组合资产管理理论产生的标志，也是现代金融学的开端。该理论的基本思想是用均值描述期望收益，用方差描述风险，故称为均值—方差理论。投资决策的目标是在风险一定的前提下选择最佳投资组合使收益最大化，或者在收益一定时选择风险最小的投资组合。

均值—方差理论的基本方法和模型如下所述：假设投资者选择 J 种证券进行投资，它们的收益率为随机变量 $r_j(j=1,2,\cdots,J)$，且有：

$$R_j = E(r_j)$$
$$\sigma_j^2 = VaR(r_j)$$

再假设 ω_j 为第 j 种证券在投资组合中所占的权重，σ_{ij} 为证券 i 与证券 j 的协方差。则证券投资组合的总收益 R_p 与总风险 σ_p^2 分别为：

$$R_p = \sum_{j=1}^{J}\omega_j R_j$$
$$\sigma_p^2 = VaR\left(\sum_{j=1}^{J}\omega_j R_j\right) = \sum_{j=1}^{J}\sum_{i=1}^{J}\omega_i\omega_j\sigma_{ij}$$

因此，在不允许卖空的条件下，马科维茨投资组合模型可以转换为如下的二次规划：

$$\sigma_p^2 = VaR\left(\sum_{j=1}^{J}\omega_j R_j\right) = \sum_{j=1}^{J}\sum_{i=1}^{J}\omega_i\omega_j\sigma_{ij}$$

s.t.

$$\sum_{j=1}^{J}\omega_j R_j \geqslant R_0 \tag{2-13}$$

$$\sum_{j=1}^{J}\omega_j R_j = 1 \quad 0 \leqslant \omega_j \leqslant 1, j=1,2,\cdots,J$$

式(2-13)中的 R_0 为最低收益率水平。

马科维茨投资组合模型以资产收益的正态分布为假设前提，但法玛等人对美国证券市场投资收益率分布情况进行研究，以及对包含期权的投资组合收益率进行研究时，基本否定马科维茨投资组合模型所赖以成立的收益率正态分布这一前提假设。更进一步地，特维尔斯基和卡尼曼等学者经过对风险心理学的研究发现，损失和盈利对风险确认的贡献度是不同的，他们指出风险的方差度量对正离差与负离差的平等处理有悖于投资者对风险的真实心理感受。正是因为方差中的正负离差对投资者的风险感受度各异，于是便衍生出均值—半方差风险度量模型。

（二）均值—半方差风险度量理论

在现实生活中，对投资者而言，只有当实际的投资收益率低于期望收益率时，才产生投资风险。因此，人们更多关心的是投资收益率低于期望收益率的情形。然而，马科维茨投资组合模型则是将风险收益与风险损失进行统一考虑，不能单一反映出风险损失的大小。在这样的启发下，欧德里和苏丽文于1991年提出用证券收益率的半方差度量投资风险，即投资收益率低于某个期望收益率的概率模型，简称为均值—半方差模型（E-SV 模型）。

设 X 为一随机变量，h 为一实数，记：

$$(X-h)^- = \min(X-h, 0)$$
$$(X-h)^+ = \max(X-h, 0)$$

则 $E[(X-h)^-]^2$ 与 $E[(X-h)^+]^2$ 是随机变量 X 的两个半方差,分别记为 $D_h^-(X)$ 和 $D_h^+(X)$,并把 $\sigma_h^- = \sqrt{D_h^-(X)}$ 和 $\sigma_h^+ = \sqrt{D_h^+(X)}$ 分别称为随机变量 X 的两个半标准差。

根据定义可知,半方差 $D_h^-(X)$ 考虑的是随机变量 X 对于 h 的左偏差程度。若记 $Cov_{h1,h2}(X,Y) = E(X-h_1)(Y-h_2)$ 为随机变量 X、Y 关于 h_1、h_2 的协方差,则把式(2-14)与式(2-15)称为 X、Y 关于 h_1、h_2 的两个半协方差,并分别记为 $Cov_{h1,h2}^-(X,Y)$ 和 $Cov_{h1,h2}^+(X,Y)$。

$$Cov_{h1,h2}^-(X,Y) = \frac{D_{h1}^-(X)D_{h2}^-(Y) + 0.5D_{h1}^-(X)D_{h2}^+(Y) + 0.5D_{h1}^+(X)D_{h2}^-(Y)}{D_{h1}(X)D_{h2}(Y)} \quad (2-14)$$

$$Cov_{h1,h2}^+(X,Y) = \frac{D_{h1}^+(X)D_{h2}^+(Y) + 0.5D_{h1}^-(X)D_{h2}^+(Y) + 0.5D_{h1}^+(X)D_{h2}^-(Y)}{D_{h1}(X)D_{h2}(Y)} \quad (2-15)$$

因此,均值—半方差模型的矩阵形式可表述为:

$$\min D_h^-(r_p) = X^T Q_h^- X$$
$$\text{s.t.} \quad X^T E_n = 1, X^T R = R_0, X \geq 0$$

其中,$Q_h^- = (Cov_h^-(r_i, r_j))_{n \times n}$。

均值—半方差模型虽然更接近人的心理风险感受,但它的缺点也很明显。从上文中的表述可以看出,均值—半方差模型中对证券组合证券的风险表达式非常繁琐,其复杂程度远远超过马科维茨的方差风险度量表达式,这为实际计算带来了巨大困难并限制其被广泛使用。不仅如此,同均值—方差模型一样,均值—半方差模型也没有给出风险损失的具体期望值。

(三) 灵敏度分析法与持久期理论

与上述两种方法不同,灵敏度分析法是利用金融资产的价值对其市场因子的敏感度来间接测算金融资产市场风险的方法,这些市场因子包括利率、汇率、股指以及大宗商品价格等。若用 $\chi_i(i=1,2,\cdots,n)$ 来表示这些市场因子,则金融资产的价格与市场因子的关系可以用函数表示为 $P = P(\chi_1, \chi_2, \cdots, \chi_n)$。金融资产市场价值的变化是由市场因子的变化引起的,从而有:

$$\frac{\Delta P}{P} = \sum_{i=1}^{n} D_i \Delta \chi_i \quad (2-16)$$

其中,D_i 代表资产价值对市场因子的敏感度水平。

显然,根据式(2-16)可知,灵敏度分析法将金融资产价值的变化表达为市场因子的一阶线性近似的形式,因此它不适用于对价值变化与市场因子呈现非线性特征的金融资产风险测度等。尽管灵敏度分析法具有过于简单而难以描述复杂金融资产风险变化特征的最大缺点,但由于其概念简洁直观而成为测量市场风险的出发点,同时也是 VaR 和 CVaR[1] 等风险

---

[1] CVaR 即条件风险价值,是于 1997 年提出的一种较 VaR 更优的风险计量技术,其含义为在投资组合的损失超过某个给定 VaR 值的条件下,该投资组合的平均损失值。

度量方法的基础。

值得注意的是,当对不同的金融资产和市场因子进行分析时,一般会采用不同类型的灵敏度分析工具,如针对利率性金融资产的久期灵敏度分析工具、针对股票的 Beta 灵敏度分析工具,以及针对金融衍生产品的 Delta、Gamma、Vega、Theta 和 Rho 灵敏度分析工具等。在这些方法中,久期分析法就是一种极为常见的灵敏度分析法,下面将对这一方法进行简要介绍。

久期是一种针对利率性金融资产价格变化进行分析的有效手段,它能够比较准确有效地测算出利率变化对债券和存贷款价格的影响。久期这一概念最早由麦考利于1938年提出,其基本公式可表述为:

$$D = \sum_{t=1}^{T} tW_t, \quad W_t = \frac{CF_t/(1+y)^t}{P_0} \tag{2-17}$$

式(2-17)中的 D 为久期,t 为产生现金流的时期,W_t 为 t 期的时间权重,T 为债券成熟期,CF 为现金流,y 为债券到期收益率,P_0 为债券期初价格。

久期本质上是一个时间概念。根据定义可以看出,久期是息票债券对未来产生现金流的时间加权,其权重则是当期现金流占债券当前价格的比重。它反映的是债券对利率风险的敏感度,即未来的利率波动对债券价格的影响大小。影响债券久期的因素主要有债券的到期期限长短、息票率即到期收益率水平。久期的大小与债券期限成正比,与到期收益率和息票率成反比。

(四) 风险调整资本收益率法

风险调整资本收益率法是国际上银行业用来考察资本配置效率的核心技术手段,它是由信孚银行开发的风险管理系统。风险调整资本收益率(RAROC)是收益与 VaR 值的比值,其含义是单位风险下的最大收益;其中心思想是将风险带来的未来可预计的损失量化为银行当期的成本,并据此对银行当期的盈利进行调整。具体定义如下:

$$\text{RAROC} = \frac{\text{净收益} - \text{VaR}}{\text{经济成本}}$$

例如,某投资者投资股票冒着股价下跌1元的风险,如果 RAROC>1,那么该股票投资是可行的;如果 RAROC<1,那么该股票投资将不可取。由此可见,采用这种方法的银行在对其资金使用进行决策的时候,并不仅仅以盈利的绝对水平作为评判标准,而是以资金投资风险基础上的盈利贴现值作为依据。

我们知道,在进行一项投资时,风险越大其预期收益或亏损也将越大。如果投资产生亏损,将会侵蚀银行资本,严重时可能还会导致银行倒闭。这就要求,一方面银行对投资亏损而导致的资本侵蚀十分敏感;另一方面,银行承担这个风险是为了收益,问题的关键便在于如何在风险与收益之间寻找一个合适的平衡点,这便是风险调整资本收益率法的宗旨所在。

此外,风险调整资本收益率也常用于进行投资业绩评估。如果交易员从事高风险的项目投资,那么即使当其利润较大时,如果 VaR 值也较大,则所得到的风险调整资本收益率将不会很高,其业绩评价也就不会很高。事实上,巴林银行倒闭、大和银行亏损等事件的发生都可归因于对交易员的业绩评价不合理(即在对交易员考核的过程中,只考虑到其获得盈利的水平而无视其在获得该盈利的同时所承担的巨大风险)。当用风险调整资本收益率来进行业绩评估时,可以比较真实地反映交易员的经营业绩,并对其过度投机行为进行限制,以避免大额亏损现象的发生。

五、金融风险度量的方法

金融风险管理的核心内容便是金融风险度量,只有对金融风险进行准确的度量,才能确定风险危害的严重程度,并决定是否需要采取必要的措施。虽然迄今为止已经发明了多种金融风险度量方法,但各种方法均具有一定的针对性。例如,目前被广泛使用的 VaR 法主要适用于对金融市场风险的测量,其对于信用风险、流动性风险等就很难加以定量研究。因此,有必要对现有的金融风险度量方法进行合理划分与归类,厘清其内在逻辑与层次关系,以便有针对性地选择最佳金融风险度量方法对各种不同风险进行合理有效的度量。

总体而言,金融风险度量方法可以分为定性与定量两种。当一些影响因素难以量化或影响因素过多而难以使用严格的数学模型进行描述时,一般只能采用定性分析法对其进行度量。定性分析法主要有经验判断法、专家调查法等。定量分析法则主要是通过构建数学模型来对金融风险大小进行量化的度量,常用的定量分析法有均值—方差法、均值—半方差法以及信用矩阵法。

(一) 经验判断法

经验判断法主要是根据个人以往的经验来对金融风险进行主观判断分析。这种方法适用于涉险资产金额较小、涉及的风险因素较多、很难使用或者没有必要使用定量分析法或其他复杂的定性分析法来对风险作出准确计量的情况。例如,证券市场中的大多数中小散户在进行投资时,不可能对所投资的证券使用定量或者其他复杂的定性方法来进行风险度量,投资者个人仅仅凭借以往的经验以及对未来的一些基本判断作出大致且较为模糊的风险判断。这种方法最主要的特点就是主观随意性很强,不同的人作出的风险大小估计结果差异较大,且判断结果比较粗糙,仅仅是对风险大小的一种感性认识。

(二) 专家调查法

专家调查法是指将专家们各自掌握的较为分散的经验和专业知识汇聚成专家组的经验与知识,从而对金融风险大小作出主观的预测。专家调查法又可以进一步分为专家个人判断法、专家会议法和德尔菲法。

1. 专家个人判断法

专家个人判断法与定性分析法中的经验判断法有许多相似之处,主要区别在于判断主体的知识结构与知识层次存在差异,从而将会导致判断结果出现巨大差异。一般而言,专家对于金融风险的判断更加接近现实。这种方法的优点在于能够最大限度地发挥专家个人的能力,主要缺点在于判断结果容易受到专家自身知识面宽度、广度、所拥有的信息量多寡以及专家个人偏好与投资经历的影响,从而使得判断结果具有一定的片面性。

2. 专家会议法

专家会议法是指将一定数量的专家集中在一起,通过讨论和辩论的形式相互启发、取长补短。由于参加会议的专家人数较多,拥有的信息量明显大于个人的信息量,且考虑的因素也会更加全面,从而比较容易得出更为准确的结论。这种方法最大的缺点在于,面对面的专家讨论会相互影响,使得某些专家不愿意发表自己的真实想法而难以得出正确的结论。

3. 德尔菲法

德尔菲法是在专家个人判断法与专家会议法基础上发展起来的一种专家调查法。它主要采用匿名函询的方式,通过一系列调查征询表对专家进行调查,再通过一定的反馈机制来取得尽可能一致的意见并给出最后的金融风险水平。该方法最大的优点是简单易行、操作费用低,且适用于复杂的社会经济等各个领域。但该方法以专家的主观判断为基础,容易受到专家自身知识结构、心理偏好等因素的影响,从而使得预测效果不够精确、稳定。

上述两种方法均属于定性分析法。考虑到影响金融风险的因素十分复杂,单纯使用定性分析法往往达不到预期的效果,因此在实际的金融风险度量过程中,通常会采用定性与定量相结合的方法以便作出对金融风险大小较为准确的判断。在定量分析法中,"四、金融风险度量的代表性理论"已经对均值—方差法和均值—半方差法进行了较为详细的介绍,这里仅对信用矩阵法作进一步的介绍。

(三) 信用矩阵法

信用矩阵法又称信用矩阵系统方法,主要用于度量信用风险。近年来,一些大银行认识到信用风险是非常重要的金融风险,于是开始关注信用风险度量问题。在开发出来的信用矩阵系统模型中,以 J. P. 摩根的 Credit Metrics 模型和瑞士信贷银行金融产品部(CSFP)的 Credit Risk＋模型最为引人注目。关于这两个模型的具体形式及其运用问题,我们将在第三章加以详细介绍。

第三节　金融风险预警

随着各种金融危机爆发的频率越来越高,全球金融稳定与金融安全面临着空前的考验。因此,建立一个积极有效的金融风险预警机制对整体金融风险进行监测,以便有效防范和降低金融风险发生的可能并消除潜在金融危机所带来的巨大破坏性影响,已成为金融风险管理工作的重要任务之一。自改革开放以来,中国的经济得到了快速发展,但同时也存在一系列风险隐患,如金融法规不健全、金融监督不到位、投机氛围严重、市场准入机制不完善等。特别是加入世界贸易组织以后,中国的资本市场逐渐放开以实现与世界接轨,从而进一步加大了中国的潜在金融风险。只有建立一套合理的金融风险预警机制,才能及时对各种金融风险进行监测以防范金融危机的爆发、维护国家的金融安全与稳定,从而确保金融业的健康稳定发展。

一、金融风险预警的主要方法

金融风险预警属于经济预警思想的范畴。经济预警思想最早出现在19世纪末20世纪初,而其正式被提出却是在20世纪30年代。在西方各国经历了全面而深刻的经济危机后,经济学家们便开始了经济预警方面的研究。经济预警就是基于当前和历史信息,利用各项先行指标的发展趋势来预测未来的发展状况,从而对风险的强弱程度作出定性和定量的判断,并告知监管部门及决策人员尽可能及时地采取应对措施以规避风险、减少损失。经济预警具有先觉性、动态性特征。

金融风险预警则是以现实中的金融活动为对象,在一定的经济金融理论指导下,采用一系列的科学预警方法、技术、指标以及预警模型来对整个金融运行过程进行监测,并针对获得的警情和警兆发布相应警示的金融决策支持系统。金融风险预警工作的开展主要包括预警方法选择、预警指标体系构建和预警模型设计三个方面,这里就常用的金融风险预警方法进行介绍。

(一) 景气指标预警法

景气指标预警法是最早出现的金融风险预警方法,其基本原理是结合经济发展的各个方面,选择一组能够充分反映经济发展状况的敏感性指标;将这些指标进行数据处理后,通过适度修正来形成一个综合性指标。景气指标分为先行指标、同步指标和滞后指标三种。通常情况下,在对金融风险进行预警时,主要采用先行指标。

景气指标预警法的优点在于可以正确地评价当前宏观经济的状态和经济形势的变化,在发生较为严重的经济形势转化或转折前及时发出预警信号。但该方法的主观性强,很难准确地把握所有的重要信息。在预警的过程中,通常对一组指数的变化,很难分清引起变化的具体因素是什么,从而不利于对具体的经济变量进行调控。

(二) 指标体系评分预警法

指标体系评分预警法主要是将相互关联的一组金融预警指标建立成一个指标群,并对其进行数据处理。在此过程中,最重要和最困难的工作就是如何确定各指标的权重,这是因为指标权重的大小将直接关系到预警方法或模型的灵敏性。目前对于指标权重的设定及量化方法主要有层次分析法和多层次模糊综合判断法两种。

指标体系评分预警法的优点在于可以将各方面因素按照影响程度的大小进行排序,从而做到"抓大放小",并筛掉一些影响比较小的指标。但其缺点在于需要大量的时间来对各个影响因素进行筛选,而且指标体系的构建过程非常复杂,需要付出高昂的人力成本和时间成本。

(三) 模型预警法

随着对金融风险预警机制设计研究的深入,模型预警法逐渐成为进行金融风险预警重要且广泛的方法之一。其基本思想为:从经济学原理出发,以警情指标为因变量、以警兆指标为自变量,通过利用计量经济学方法来建立警情预测模型。KLR信号法是最为常见的模型预警法之一。KLR信号法首先根据所要预警的对象的历史数据来确定与预警对象有显著关联的一系列变量,然后根据历史数据为每一个选定的先行指标确定一个安全的取值范围。如果先行指标取值超过这一范围,就意味着危机出现,从而发出一个危机信号;危机信号越多则代表着危机发生的可能性越大。

二、金融风险预警指标体系的构建

金融风险预警指标体系是指用来进行金融风险预警活动的一系列相互联系、相互依存的指标所组成的体系。该指标体系具有科学性、联系性、实用性和可行性的特征。一个完整的金融风险预警指标体系既要具有较好的代表性,又要具有较好的可操作性;既要能对长期的金融风险进行预警,又要能够对中短期的金融风险进行预警。

建立金融风险预警机制离不开预警指标的设计。恰当地选择指标并编制指标体系不仅能够正确评价当前金融运行状况,而且能准确预测未来发展态势并及时反映金融风险调控效果。一般而言,金融危机爆发前都会存在明显的金融风险累积,而这种风险的累积能通过经济、金融指标的异常波动表现出来,这为金融风险预警指标的设计提供了现实基础。在金融体系运行过程中,金融风险常常会通过一些指标率先暴露出来,金融危机的出现常常会以一系列金融指标值的恶化为先兆。因此,构建金融风险预警指标体系可以让其充分发挥出"报警器"功能,以便相关部门及时采取化解金融危机的对策,从而避免金融危机的爆发或降低金融危机对国民经济产生的不利影响。

(一) 国外金融风险预警指标借鉴

国外学者对金融风险预警指标体系的构建主要包括两个层次,即金融机构经营状况的微观金融指标和宏观经济状况指标。在金融机构经营状况的微观指标构建方面,自1929年以来,美国金融管理当局建立了CAMELS评价体系,又称为"骆驼评价体系"。该评价体系是对金融机构的资本充足率(capital adequacy)、资产质量(asset quality)、管理水平(management)、盈利性(earnings)、流动性(liquidity)和市场风险敏感度(sensitivity)六项指标进行分析评判来确定其经营安全性和稳定性的一种综合指标体系。在宏观经济状况指标方面,不同学者分别从金融危机与金融稳健监测角度设计了相关指标体系,这些指标主要包括国内信用总量、通货膨胀率、实际经济增长率、货币增长率、实际汇率水平、财政赤字水平等。各单位机构及学者们提出的国外金融风险预警指标,如表2-6所示。

表 2-6　　　　　　　　　　　　国外金融风险预警指标

微观金融指标	
Altman	Z-Score 模型
Edwards	中央银行国外资产/基础货币①、净国外资产、对,公共部门的国内贷款/总信贷、信贷增长、财政赤字/GDP②、经常项目/GDP
Collons	国际储备/GDP、真实 GDP 增长率、通货膨胀率等
Frankel & Rose	主要集中在外债方面:公共部门负债/总负债、国外直接投资/总负债、信贷增长率等
Honohan	不良贷款
Kaminsky & Reinhart	汇率、同业拆借利率、存款占 M2 的比率、股票总市值等
Gonzalez-Hermosillo	不良贷款和资本充足率
Hawkins & Klau	国内贷款/GDP、负债增加/GDP、负债/国内对私人部门信贷
Lehar	银行规模、资产收益率、股票价值、长期债务等
Davis & Karim	实际 GDP 增长、贸易条件变化、实际利率、通货膨胀率、M2/外汇储备、私人部门信贷/GDP、银行流动性储备/银行总资产、真实国内信贷增长等
Gagnon	政府证券回报、汇率、消费物价、真实 GDP、经常项目等
Barrell et al.	资本充足率、流动性比率、资产价格
宏观经济状态指标	
IMF	金融稳健指标(FSIs)、宏观审慎指标(MPIs)
世界银行	金融部门评价(FSAs)、与 IMF 建立的金融部门评价的综合评价规划框架(FSAP)、国家信贷风险部门的风险评价模型
BIS	金融压力指数、外部脆弱性指数、银行体系脆弱性指数
Goldstein etal.	贸易条件、进口、出口、国际储备、真实利率对趋势的偏离、国外和国内存款真实利率的差异、M1、货币乘数、国内信贷对 GDP 的比率、存款真实利率、贷款/存款利率、商业银行存款存量、广义货币/总国际储备、产出指数、股指、常项目差额等
Hakkio & Keeton Duca & Peltonen	金融困境指数

(资料来源:朱淑珍,等. 金融风险管理[M]. 北京:北京大学出版社,2020.)

(二) 我国金融风险预警指标体系构建

与世界各国一样,我国在构建金融风险预警指标体系时,也应遵循规范性原则、系统性原则、灵敏性原则、可操作性原则以及互补性原则。

---

① 表 2-6 中的"/"代表比值。
② GDP 是 Gross Domestic Product 的缩写,是指国内生产总值。

一个完整的金融风险预警系统至少要包括三个层次的审慎指标,即微观审慎指标、宏观审慎指标和市场审慎指标。因为金融机构的稳健是整个金融体系稳健的基础,所以反映金融机构运行状况的微观审慎指标将成为金融安全预警系统的核心指标。又因宏观经济的平衡是金融系统稳健运行的根本保证,如果宏观经济平衡被打破,就会容易导致金融风险甚至金融危机的产生,所以宏观审慎指标是金融安全预警系统的基础指标。因为微观审慎指标和宏观审慎指标都是通过改变市场参与者的预期和行为来发挥作用的,所以市场审慎指标可被认为是两者的中间性指标。

1. 微观审慎指标

根据微观金融企业经营风险的独特规律和风险预警指标体系的设置原则,对金融企业经营风险大小进行评判的指标体系应包含五个层次,分别为资本充足性指标、资产质量指标、盈利能力指标、管理质量指标和流动性风险指标。这些指标的设计总体上沿用了"骆驼评价体系"的思路,具体而言:

(1) 资本充足性指标。资本充足水平是衡量金融机构稳健与否的重要标准之一,资本充足率风险是指由于资产的质量恶化、呆滞、受损等因素而引起的资不抵债、破产倒闭的风险。因此,金融机构自有资本的充足程度在预警系统中占有重要的地位。资本充足性指标一般应包括资本充足率、资本占总资产的比例以及核心资本充足率这三项。

(2) 资产质量指标。我国目前国有商业银行不良贷款占贷款总额的比例较高,这对国有商业银行的发展产生了较大阻碍。因此,银行资产质量问题一直是我国政府重点关注的对象,应当成为现阶段我国金融监管当局预警指标设计与监测的重点。衡量银行资产质量的指标主要包括不良贷款率、银行不良资产分布情况、贷款欠息率、贷款展期率与贷款集中程度等。

(3) 盈利能力指标。盈利能力水平一般可以通过资产利润比、资产收益率这两个通用指标来进行衡量。

(4) 管理质量指标。管理质量的好坏一般难以被量化衡量。不过也可以通过将某些量化指标作为参考,如人均收益、金融机构的进入和退出数量、支出结构等,来帮助衡量管理质量的好坏。此外,还应将金融机构违规事件发生数量、涉案金额等作为重要的参考标准。

(5) 流动性风险指标。流动性风险是指由于金融企业负债在总资产中的比例过高、资产负债的结构期限失衡、资产流动性偏低所引起的支付危机和挤兑风险。一般可以用存贷比、流动资产比例和备付金比例等指标来对流动性风险进行衡量。

2. 宏观审慎指标

宏观审慎指标的选取既要能够反映宏观经济的总体特征,又要能够准确地反映金融市场的微小变化,从而能够对宏观经济环境的变化作出很好的诠释,并对金融危机的发生具有很高的敏感性。宏观审慎指标主要包括以下五个层次:

(1) 失业率指标。失业率是反映宏观经济总体情况的重要指标之一。当失业率上升到一定水平时，就会严重扰乱社会稳定、阻碍经济发展，进而给金融稳定带来巨大的压力。

(2) 通货膨胀率指标。通货膨胀率直接反映一个国家的物价上升水平，这一指标与货币危机的发生存在直接的联系。国际上普遍认为正常的通货膨胀率水平为2%～3%。

(3) 国际收支平衡指标。一般认为，一个国家在一定时期内国际收支的平衡状况和外汇储备多少可以作为评判该国金融稳定性的主要指标。国际收支出现较大顺差，就会导致国内承受巨大的通胀压力；反之，则会容易导致国内经济衰退。常用的国际收支平衡指标包括经常项目逆差占GDP之比、外汇储备指标和外债结构指标。

(4) GDP增长率指标。这一指标通常用实际GDP的增长率来表示。实际GDP等于名义GDP除以平减指数，用以刻画国家经济增长速度。

(5) 广义货币M2增长率指标。M2增长率＝M2÷GDP。金融风险水平的提高和金融深化都可能引起M2增长率的快速提高。因为广义货币的快速增长一方面意味着储蓄存款在快速增长，另一方面也意味着银行的不良贷款数量在增加，所以该项指标的数值并非越大越好。

3. 市场审慎指标

市场审慎指标主要反映市场的波动性，它容易受到利率、汇率、股价指数，以及证券化率水平高低等因素的影响。

(1) 利率。如果金融机构资产和负债对利率变动的敏感程度不一致，就可能诱发利率风险。我们可以从潜在利率风险和现实利率风险两个角度对综合利率风险进行考察。对潜在利率风险的考察可以采用利率敏感性大小、消费物价指数等指标来进行；对现实利率风险的考察则可以采用存款综合利率指数、贷款综合利率指数等指标来进行。

(2) 汇率。汇率反映的是货币的对外价值。如果汇率频繁波动则不利于对外贸易的稳定发展，进而会对国内的物价产生不良影响并直接影响到金融系统的稳定性。随着我国经济对外开放程度的不断深化，汇率波动对我国宏观经济产生的影响将越来越大，其对金融风险预警指标的重要性也日益突出。

(3) 股价指数。股价指数被誉为国民经济景气程度变化的"指示器"和"晴雨表"。如果股价指数出现巨大波动，则有可能酝酿着金融危机的发生。

(4) 证券化率。证券化率是指一国各类证券总值与该国GDP的比例(即股票市价总值除以GDP)。证券化率的高低与一国总体经济中证券市场的重要性密切相关。证券化率主要用来对该国证券市场的发育程度进行衡量。

三、金融风险预警模型

金融风险预警模型是以计量经济学分析方法为基础，通过构建计量模型来实证分析预警指标(自变量)与金融风险警情(因变量)之间直接和间接的函数关系。大量研究表明，基于模型的预警方法比非模型方法的准确性要高得多。随着人们对金融风险研究的逐步深入,金融风险预警模型得到不断发展。

在已有的金融风险预警模型中,影响范围广、可操作性强且得到广泛认可的三种经典模型分别为 FR 模型、STV 模型,以及 KLR 模型。近年来,人们提出了更多的现代模型,如人工神经网络模型、VaR 预警模型以及压力测试模型。

(一) 经典模型

经典的金融风险预警模型主要包括 FR 模型、STV 模型和 KLR 模型等。

1. FR 模型

FR 模型是弗兰克尔和罗斯于 1997 年建立的单位概率模型。基于 105 个发展中国家在 1971—1992 年的季度数据,弗兰克尔和罗斯利用单位概率模型来估计金融危机发生的概率。他们将货币危机定义为货币贬值至少 25%,并至少超出上年贬值率的 10%。如果用 Y 表示货币危机,X 表示危机的各种引发因素向量,β 表示 X 所对应的参数向量。那么,就可以用引发因素 X 的联合概率分布来衡量货币危机 Y 发生的概率。A 表示危机发生,B 表示危机未发生。FR 模型可表述为:

$$Y = \begin{cases} 1 & A : P\{Y=1\} = F(X, \beta) \\ 0 & B : P\{Y=0\} = 1 - F(X, \beta) \end{cases}$$

这里的 X 包括 GDP 增长率、国内信贷增长率、国外利率、政府财政赤字/GDP①、经济开放程度等诸多指标。根据 FR 模型可得结论:当经济增长越低、国内信贷增长越高、外商直接投资与外债比越低、国际市场利率水平越高、外汇储备越少以及实际汇率越被高估时,发生危机的可能性更大。

FR 模型的优点在于:首先,该模型可以很轻易地对危机发生的概率进行预测;其次,该模型可以实现对全部的变量进行同时考虑;最后,该模型属于非线性模型,能够很容易地识别预警指标超出阈值时所产生的影响。当然,FR 模型也存在诸多缺陷:一是没有将国别因素纳入研究范围,而仅仅以名义汇率贬值程度来确定危机发生与否,同时也没有考虑通货膨胀因素。二是估计中使用的是年度数据,限制了实用性。三是对于银行危机和传染效应很难作出识别。

2. STV 模型

STV 模型又称横截面回归模型,由萨克斯、托尼尔和维拉斯科于 1997 年创立。他们认为实际汇率贬值、国内私人贷款增长率、国际储备多寡是判断一个国家发生金融危机与否的重要指标,然后选取 20 个新兴市场国家的横截面数据为样本来分析 1994 年墨西哥货币危机在 1995 年产生的影响。研究结果表明,在一国国际储备较低、经济基本面较脆弱、实际汇率被高估、银行体系脆弱的情况下,该国经济会遭受严重的攻击。STV 模型的具体形式如下:

$$IND = \beta_1 + \beta_2 RER + \beta_3 LB + \beta_4 RER \cdot DLR + \beta_5 LB \cdot DWF + \beta_6 RER \cdot DWF + \beta_7 LB \cdot DEF + \varepsilon$$

---

① "政府财政赤字/GDP"中的"/"代表比值。

在上述模型中,IND 表示 1994 年 11 月—1995 年 4 月加权的储备下降百分比和汇率贬值百分比的总和;ERE 表示汇率变化水平,用 1986—1989 年和 1990—1994 年实际汇率贬值率来衡量;LB 表示一国银行体制的脆弱性,用 1990—1994 年对私人部门贷款的增长率来衡量;DLR 表示外汇储备水平,用外汇储备/$M2$[①]来衡量;DWF 表示经济基本面脆弱性。

STV 模型最大的优点就是考虑了金融危机的传染性,且相对于 FR 模型来说,研究方法也有所改进。不仅将国别差异纳入了考虑范围、使用的是月度数据,而且数据处理方法简单,避免了多重估计的问题。此外,STV 模型还对一个国家发生银行危机、货币危机和外债危机的可能性进行了综合分析,有效克服了 FR 模型的局限性。然而,STV 模型只是一个线性回归模型,其结果的准确性让人质疑,从而限制了其在实际研究中的应用。

3. KLR 模型

KLR 模型又称信号分析模型,是 1997 年由卡明斯基、利松多和莱茵哈特创立的模型。该模型用到的是研究经济周期转折的信号理论,其核心思想是首先通过研究货币危机发生的原因来确定哪些变量可能用于货币危机的预测,然后再运用历史数据进行统计分析以确定与货币危机有显著关联的变量,并以此作为货币危机发生的先行指标。在确定这些先行指标后,仍需为每一个选定的先行指标确定一个安全阈值。当某项指标的阈值被突破时,就意味着该指标发出了一个危机信号。发出的危机信号越多,则表示某一国家在未来一段时间内爆发危机的可能性越大。这里的阈值是使噪音—信号比率(错误信号与正确信号之比值)达到最小的临界值,一旦一国经济中相对应的指标变动超过了临界值,则可以认定在 24 个月内将发生货币危机。在该方法中,各个指标阈值大小的选择至关重要。一旦阈值定得太紧,则会降低错误信号的数量,从而使得除最为严重的危机外,它将不能预测出其他的危机;相反,如果阈值定得太松,则模型将过于敏感并预警出所有的危机,从而容易发出错误的预警信号。

经过卡明斯基等人的研究发现,预测货币危机的有效指标包括出口、实际汇率对一般趋势的偏离、广义货币对外汇储备的比例、产出和股票价格,而国内外实际存款利差、借款与贷款利差、进口、银行存款等指标对货币危机的发生并不具有预测能力。

由于信号分析法选取的是一些先导指标,信号一般在货币危机发生前 1~2 年内就会发出,便于货币管理当局提前采取应对措施。基于噪音—信号比率达到最小的阈值确定方法也提高了指标预测效果的稳健性,货币管理当局可以直接观察信号是否突破阈值并收集突破信号的多寡,以判断危机是否将会发生,从而使得该模型非常简单实用。毋庸置疑,KLR 模型也有一定的不足。一方面,由于 KLR 模型先导指标的选择及其阈值的确定均基于历史数据,随着经济形势的不断演化,这些阈值的实用性值得商榷。而且更为重要的是,现在和将来出现的一些新的货币危机又会不断对先行指标的阈值产生修正作用,使新的阈值可能不再能够有效识别出曾经发生过的危机,这种自我更新与循环的阈值确定方法是 KLR 模型

---

① "外汇储备/$M2$"中的"/"代表比值。

的固有缺陷而无法避免。另一方面,KLR模型没有考虑变量中包含的重复信息,当多个包含重复信息的指标发出预警信号时,可能会增加错误预警的概率。

(二) 现代模型

随着社会科学的发展以及人们对金融风险认识的加深,新的金融风险预警模型不断被提出。其中,运用较为广泛的有人工神经网络模型、VaR预警模型和压力测试模型等。

1. 人工神经网络模型

人工神经网络是人工智能领域重要的研究成果之一。徐剑锋等人将人工神经网络模型应用于金融风险预警系统的构建当中,他们通过对传统BP(black propagation)神经网络模型进行改进,验证了此方法在金融预警方面的可行性。在对建立的风险预警BP神经网络模型进行训练检测后,得到一个可行的金融风险预警模型。该模型的主要计算步骤包括以下四步:①将连续权重设为一个比较小的随机数以避免网络过早进入饱和状态。②选取一个模式输入网络并计算网络输出值。③计算输出值与期望值的误差,然后利用反向传播的方式调整权重。④对集中训练的每个模式重复上述过程,直到整体误差令人满意为止。

2. VaR预警模型

VaR是指在一定置信水平下,资产在未来一定期间内所可能损失的最大值,它可以把各种资产组合以及金融机构总体的市场风险具体化为一个简单的数值,这让使用者能十分清楚地了解其资产在某段时间内所面临的最大风险。受该思想的启发,布莱赫尔和舒马赫使用该风险价值分析法来对中央银行的清偿力和风险敞口进行分析。在他们的模型中,所考虑的风险暴露因素包括汇率的波动性、国际市场利率和国家风险。虽然他们并没有使用数据来估计这个模型,但在模型中应用于中央银行的方差—协方差风险价值分析法已被开发出来。近年来,VaR方法被引入银行风险管理领域,在金融风险控制、机构业绩评估以及金融监管等方面均得到广泛运用。

3. 压力测试模型

1995年,国际证监会组织指出:压力测试是假设市场出现最不利的情形时,分析其对资产组合的影响效果。巴塞尔委员会则将压力测试定义为金融机构用来衡量潜在但可能发生异常损失的模型。鉴于第十章将会对该方法进行详细介绍,这里仅就进行压力测试的一般步骤加以简单描述。

实施一次压力测试一般来说需要经过六个具体步骤,分别为确认资料的完整性、正确性及实时性;构建压力情景事件;定义各风险因子;选择执行压力测试的方法;重置压力情景并重新进行资产组合的评价;压力测试结果分析。

在此过程中,压力情景事件是指一些可能对银行的资产质量、盈利能力、资本充足性等产生重要影响的不利条件。它往往由金融机构通过分析历史上的不利事件而产生,或者由相关专家根据经验假设产生。风险因子是对资产组合未来收益产生影响的变量,我国银行业常见的风险因子有违约概率、违约损失率和违约风险暴露这三个。压力测试方法主要包括敏感性分析法和情景分析法。敏感性分析法的主要思想是通过改变模型中的某个或某组特定风险因子来观测模型结果的变化,从而得知相应的资产价值变化;情景分析法则是考虑多个因素变化对资产质量的影响。资产组合的评价是指评价这些不利的情景下银行的损失大小、盈利能力变化等,以此来衡量银行的稳定性和安全性。

压力测试模型的关键在于确定这些不利情况下的情景参数(如 GDP、利率上升、失业率上升、房价下跌、股指下跌等)与风险因子之间的联系,以及风险因子对资产组合价值、损失等的影响大小与方向。

本章小结

金融风险识别是指利用相关知识、技术和方法,对处于经济活动中的经济主体所面临的金融风险的类型、受险部位、风险源、严重程度等进行连续、系统、全面的识别、判断和分析,从而为度量金融风险和选择合理的管理策略提供依据的动态行为或过程。对金融风险的识别需坚持实时动态性原则、科学精准原则、成本收益原则、系统化与常态化原则,具体包括对金融风险类型与受险部位以及对金融风险诱因和严重程度的识别;常见的方法有现场调查法、问卷调查法、专家调查法、组织结构图示法、流程图法、情景分析法和事故树分析法等。

金融风险度量是指对金融风险存在的可能性、风险损失的范围和大小进行估计和衡量,需要以一定的概率、分位数等数理知识为基础。对金融风险的度量大致可以基于均值—方差结构框架、VaR 结构框架、一致性风险度量框架得以进行;其代表性理论包括均值—方差理论、均值—半方差风险度量理论、灵敏度分析理论、风险调整资本收益率理论;具体的方法有经验判断法、专家调查法、德尔菲法和信用矩阵法等。

金融风险预警则是以现实中的金融活动为对象,在一定的经济金融理论指导下,采用一系列的科学预警方法、技术、指标以及预警模型来对整个金融运行过程进行监测,并针对所获得的警情和警兆发布相应警示的金融决策支持系统。常用的金融风险预警方法有景气指标预警法、指标体系评分预警法和模型预警法;所构建的金融风险预警体系包括微观审慎指标体系、宏观审慎指标体系和市场审慎指标体系三大体系;常用的金融风险预警模型则包括经典模型中的 FR 模型、STV 模型和 KLR 模型,以及现代模型中的人工神经网络模型、VaR 预警模型和压力测试模型。

关 键 术 语

金融风险识别　受险部位　风险诱因　风险暴露　正态分布　VaR 模型　E-SV 模型　风险调整资本收益率(RAROC)　FR 模型　STV 模型　KLR 模型　压力测试

本 章 练 习

一、单项选择题

1. 下列各项中,不属于金融风险识别原则的是( )。
   A. 准确性原则　　　　　　　　　B. 系统性原则
   C. 实际考察原则　　　　　　　　D. 成本效益原则

2. 下列各项中,不属于风险清单内容的是( )。
   A. 直接损失　　　　　　　　　　B. 间接损失
   C. 责任损失　　　　　　　　　　D. 表内损失

3. 下列各项中,不属于金融风险识别方法的是( )。
   A. 德尔菲法　　　　　　　　　　B. 幕景分析法
   C. 事故树法　　　　　　　　　　D. VaR 法

4. 马科维茨提出的( )描绘出了资产组合选择的最基本、最完整的框架,是目前投资理论和投资实践的主流方法。
   A. 均值—方差模型　　　　　　　B. 资本资产定价模型
   C. 套利定价理论　　　　　　　　D. 二叉树模型

5. 下列关于 VaR 的说法中,正确的是( )。
   A. 相对 VaR 是以均值作为基准来测度风险
   B. 相对 VaR 度量的是资产价值的平均损失
   C. 绝对 VaR 是以期末价值作为基准来测度风险
   D. 绝对 VaR 度量的是资产价值的相对损失

6. 在各种风险发生前,对风险的类型及其产生的根源进行分析判断,以便对风险进行估算和控制,这一金融风险管理步骤是( )。
   A. 风险识别　　　　　　　　　　B. 风险计量
   C. 风险监测　　　　　　　　　　D. 风险控制

7. 下列各项中,( )是衡量资本风险的关键性指标。
   A. 一级核心资本充足率　　　　　B. 资本充足率
   C. 资本资产比例　　　　　　　　D. 核心资本率

8. 一个投资方案 A,若投资成功将获利 150 万元,若投资失败将损失 50 万元,成功的概率为 60%,则期望收益为( )万元。

A. 150　　　　　B. 70　　　　　C. 90　　　　　D. 20

9. 能反映银行随时支付的准备能力,低于支付值说明支付能力不足,且是流动性关键指标的是( )。

A. 备付金比例　　　　　　　B. 资产流动性比例

C. 存贷比例　　　　　　　　D. 资本充足率

10. 巴塞尔委员会将商业银行的风险划分为信用风险、市场风险、操作风险、流动性风险、国家风险、声誉风险、法律风险、战略风险的依据是( )。

A. 按风险事故　　　　　　　B. 按损失结果

C. 按风险发生的范围　　　　D. 按诱发风险的原因

二、不定项选择题

1. 风险识别方法一般包括( )。

A. 专家调查法　　　　　　　B. 高级计量法

C. 情景分析法　　　　　　　D. 事故树分析法

E. 流程图法

2. 可以用来量化收益的风险或收益率的波动性的指标包括( )。

A. 预期收益率　　　　　　　B. 中位数

C. 方差　　　　　　　　　　D. 标准差

E. 众数

3. 内部控制是由董事会、管理层和其他员工实施的,旨在为实现( )等目标提供合理保证的过程。

A. 经营的有效性和效率　　　B. 财务报告的可靠性

C. 法律法规的遵循性　　　　D. 员工的尽职程度

E. 经营的稳健性

4. 下列关于资本监管的说法中,正确的有( )。

A. 是审慎银行监管的核心

B. 有利于银行资产规模迅速扩张

C. 有利于提高商业银行的国际竞争力

D. 是促使商业银行可持续发展的有效监管手段

E. 是提升银行体系稳定性、维护银行业公平竞争的重要手段

5. 在风险评估时,商业银行通常使用标准化的损失数据收集模板收集数据,并遵循统一的损失数据收集流程与规范。损失数据收集的内容包括( )。

A. 损失的影响程度

B. 总损失数额信息

C. 损失事件发生的时间、发生单位的信息

D. 总损失中收回部分信息

E. 损失时间发生的主要原因的描述信息

三、简答题

1. 什么是金融风险识别？
2. 金融风险识别的任务是什么？
3. 介绍金融风险识别的主要方法。
4. 金融风险预警主要方法有哪些？经典的金融风险预警模型又有哪些？
5. 介绍我国金融风险预警指标体系的构成。
6. 简述金融风险识别的原则和作用。
7. 阐述金融风险识别的诱因。
8. 简述金融风险识别与金融风险管理的关系。
9. 近年来，基金公司"老鼠仓"事件屡禁不止，谈谈该如何防范和控制这类风险事件。
10. 简述金融风险度量的历史沿革及其代表性理论。
11. 简述均值—方差法、均值—半方差法、VaR 法、RAROC 法各自的优缺点。
12. 分析金融风险度量的定性分析法与定量分析法的优劣，并说明理由。

第三章 信用风险

知识导航

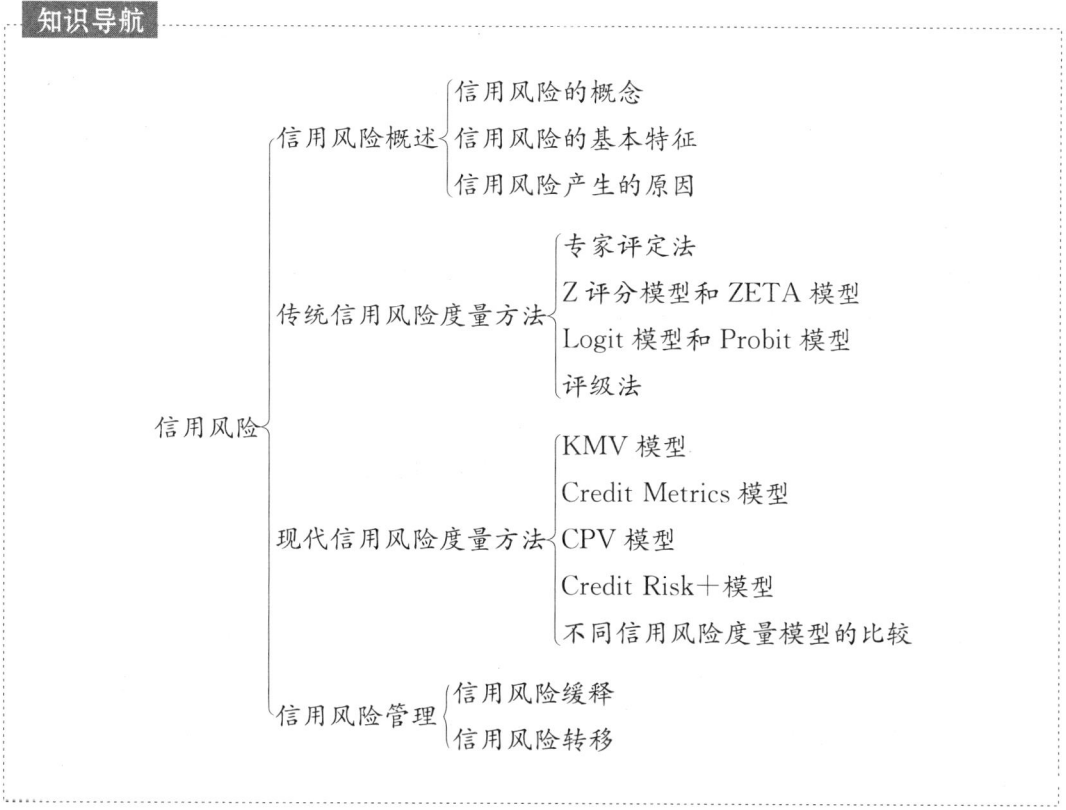

案例导入

海南发展银行的关闭

1998年6月21日,中国人民银行发表公告,关闭刚刚诞生2年零10个月的海南发展银行。海南发展银行成立于1995年8月,是海南省唯一一家具有独立法人地位的股份制商业银行,其总行设在海南省海口市,并在其他省市设有少量分支机构。它是在先后合并原海南省5家信托投资公司和28家信用社的基础上建立和壮大的。海南发展银行成立时的总股本为16.77亿元,海南省政府出资3.2亿元成为其最大股东。海南发展银行关闭前有员工2 800余人,资产规模达160多亿元。

海南发展银行自成立之日起就步履维艰,其不良资产比例大,资本金不足,支付困难,信誉差。1997年年底,按照海南省政府意图,海南发展银行兼并28家有问题的信用社之后,公众逐渐意识到问题的严重性,开始产生挤兑行为。随后几个月的挤兑行为耗尽了海南发展银行的准备金,而其贷款又无法收回。为保护海南发展银行,国家曾紧急调了34亿元资金救助,但只是"杯水车薪"。为控制局面,防止风险蔓延,国务院和中国人民银行当机立断,1998年6月21日宣布关闭海南发展银行。同时宣布从关闭之日起至正式解散之日前,由中国工商银行托管海南发展银行的全部资产负债,其中包括接收并行使原海南发展银行的行政领导权、业务管理权及财务收支审批权;承接原海南发展银行的全部资产负债,停止海南发展银行新的经营活动;配合有关部门实施清理清偿计划。对于海南发展银行的存款,则采取自然人和法人分别对待的办法:自然人存款即居民储蓄一律由中国工商银行兑付;而对法人债权进行登记,将海南发展银行全部资产负债清算完毕以后,按折扣率进行兑付。1998年6月30日,在原海南发展银行各网点开始了原海南发展银行存款的兑付业务。由于公众对中国工商银行的信任,兑付业务开始后并没有出现大量挤兑现象,大部分储户只是把存款转存中国工商银行,现金提取量不多,没有造成过大的社会震动。

(资料来源:易纲.货币银行学[M].上海:上海人民出版社,1999.)

第一节 信用风险概述

一、信用风险的概念

信用风险是一个不断发展的概念,它源于信用过程的不确定性且随着信用交易的扩大而趋于突出与严重。信用风险有广义和狭义之分。广义的信用风险是指所有因客户违约或不守信而给信用提供者带来损失的风险。例如,资产业务中借款人不按时还本付息引起的放款人资产质量的恶化;负债业务中定期存款人大量提前取款形成的挤兑现象;表外业务中交易对手违约导致的或有负债转化为表内实际负债等。狭义的信用风险是指借款人到期不能或不愿意履行借款合约,使得商业银行因借款人未能如期偿还其债务而遭受损失的可能性。由此可见,狭义的信用风险实际上指的是传统意义上的银行信贷违约风险。

随着金融产品的不断创新与银行业务范围的扩大,除传统信贷业务外,诸如贷款承诺、证券投资、金融衍生工具等表外业务在商业银行资产结构中所占的比重逐渐上升。因此,狭义的信用风险不仅存在于传统的银行信贷违约风险之中,日益上升的表外业务也会给商业银行带来更大的信用风险。考虑到贷款业务目前仍是商业银行的主要业务类型,信贷风险仍然是商业银行信用风险管理的主要对象。本章将重点对商业银行信用风险的基本特征、度量方法及其管理进行阐述。

二、信用风险的基本特征

(一) 非系统性风险

虽然信用风险会受到诸如经济周期、经济危机、政治不确定性等系统风险因素的影响，但更多还是受到借款人的财务状况、盈利能力、还款意愿，以及商业银行自身操作层面的影响。理论上而言，充分多样化的分散投资有助于降低商业银行的信用风险。

(二) 概率分布的有偏性

信用风险的概率分布并不是对称的而是有偏的。这主要是因为银行信贷会面临违约风险。如果借款人按期履行借款合同，则商业银行能如期收回贷款本金及其事先约定的贷款利息。但是，当借款人违约时，商业银行将面临相对于其贷款所得利息而言要大得多的本金损失，从而造成借款人小概率的违约风险给银行带来的巨大损失与大概率的约定收益之间的不对称，使得信用风险概率的分布曲线向左倾斜并呈现厚尾特征。

(三) "信用悖论"现象

因信用风险更多的是一种非系统性风险，理论上而言，分散化投资有助于商业银行信用风险的降低。然而，在日常信贷业务中，商业银行在搜集新企业客户信息时，需要付出高昂的信息成本，它们更愿意将其授信对象集中于自己的老客户或自身较为熟悉与擅长的专业领域，这极大降低了投资的分散化程度。而且，分散化投资也不利于商业银行获取投资规模效益，进一步强化了信用风险管理中"信用悖论"现象的产生。

三、信用风险产生的原因

(一) 信用活动的不确定性

现实经济生活中到处充满不确定性因素，信用活动的不确定性按其来源的不同可分为内在不确定性和外在不确定性。信用活动的内在不确定性包括企业生产管理能力的变化、企业盈利能力的变化、企业负责人的更迭及其经营理念的更换等；外在不确定性则包括自然灾害、宏观经济周期的波动、政治局势稳定程度的变化、国内外产品与金融市场的冲击等诸多不可控因素。当信用活动的内外部不确定性因素发生变化时，将直接或间接地对借款人的贷款偿还能力产生重要影响，从而容易导致信用风险的产生。

(二) 银行与客户之间的信息不对称

银行与客户之间的信息不对称是引起信用风险的重要因素。逆向选择与道德风险是信息不对称给商业银行带来信用风险的主要渠道。

在信贷合同签订之前，客户，即借款人比商业银行更了解自身的财务状况、项目盈利能力及其风险程度等信息。由于风险较低的投资项目其收益率亦较低，在既定的银行利率水平下，当低风险项目的投资者预期到其信贷成本高于项目盈利能力时，他们将不会选择向银行申请贷款，最终使得愿意申请银行贷款的项目往往是那些风险比较高的项目。为了获得银行贷款审批,这些高风险项目的借款人容易产生粉饰自身业绩的动机,并且经营业绩越差的企业其粉饰财务信息的动机越强。借款人在申请借款时的"以次充好"使得商业银行贷款的平均风险水平上升、呆账坏账增加。这种信息不对称导致的"事前"逆向选择行为给银行带来巨大的信用风险。

在信贷合约签订后,作为资金的使用者,借款人对资金的实际用途拥有更完备的信息。如果银行希望监控借款人对所借资金的使用情况,必须付出高昂的监督成本。因此,银行经常只能通过借款人的财务信息来间接了解所借资金的用途,这为借款人更换所借资金的用途创造了机会。因高风险投资带来的高回报归借款人所有,银行只能获取合约规定的固定利息,借款人有强烈的意愿将所借资金投资于高风险项目。这种信贷合同签订后的"事后"道德风险进一步增加了商业银行的信用风险。

(三) 银行内部的信息不对称

信息不对称不仅存在于银行与客户之间,商业银行内部的上级行与下级行、管理人员与信贷操作员之间同样存在信息不对称,这种信息不对称也会导致信用风险的发生。受地区差异的影响,在本地银行看来是优质的客户,按照上级行的标准则可能变为劣质客户而不予授信。出于同业竞争压力或业务拓展的需要,抑或是出于信贷业务员对个人利益的考虑,他们有动机隐瞒不利于上级行贷款审批的信息。受信息搜集成本的影响,上级行不可能对每一位贷款申请人进行详实而深入的调查与核实,最终容易导致信用风险的产生。此外,当信贷资金较为短缺时,为了获得更多银行贷款,借款人往往会通过向信贷审批人进行寻租的方式以获取更多的资金支持。信贷审批人选择接受寻租同样会导致信用风险的产生。

第二节 传统信用风险度量方法

对信用风险度量的探索大致经历了三个阶段:第一阶段是在1970年以前,多数金融机构采用的是专家评定法,即根据银行专家的经验和主观分析对信用风险进行评价和度量,主要的分析工具包括5C法、5W或5P法、LAPP法、五级分类法等;第二阶段大约发生在20世纪70年代初至80年代末,这一时期的金融机构多采用基于财务指标的Probit模型、Logit模型、Z评分模型、ZETA模型等来对借款人进行信用评分,据此判断借款人违约风险的高低;第三阶段是在20世纪90年代以后,诸多金融机构基于金融理论与数学工具开发出更多的信用风险定量评价模型,如KMV模型、Credit Metrics模型、Credit Risk+模型等,这些模型以风险价值VaR为基础、以违约概率和预期损失为核心对银行信用风险进行定量评价。前两个阶段所采用的方法通常被称为传统信用风险度量方法,而第三阶段则是基于大量数学工具所提出的定量度量方法,被称为现代信用风险度量方法。此外,在2001年年初巴塞尔委员会公布的《巴塞尔新资本协议草案》中,推出了备受业界关注的信用风险价值内部评级法。随后,美国各大银行开始建立更具结构化的正式评价体系和信用风险度量的内部模型,用以审批贷款、鉴定银行资产组合的有效性、分析呆坏账准备金充足性等。

一、专家评定法

专家评定法又称专家法,是较早应用于商业银行等金融机构的一种常见信用风险度量方法,其最明显的特征就是银行信贷的决策权由该机构经过长期训练、具有丰富经验的信贷人员所掌握,并由他们作出是否贷款的决定。因此,在信贷决策过程中,信贷人员的专业知识水平、主观判断能力以及对其他一些重要因素的权衡与判断是影响信贷决策的决定性因素。

基于专家评定法来评定信用风险时,专家主要通过分析借款人的财务信息、经营能力和经济环境等因素对借款人的资信、品质等加以评判。采用的主要方法包括5C法、5W或5P法、LAPP法、五级分类法等,其中5C法最为常见。5C法的名字来源于考察借款人的5项关键核心指标英文单词的首字母,即 character(品德)、capacity(能力)、capital(资本)、collateral(抵押物)和 condition(经济环境)。

(1) character(品德)。品德主要考察借款人从银行获得贷款后的还款意愿,是对其能否严格履行合约的一种度量。

(2) capacity(能力)。能力即还款能力,主要考察借款人按期偿还合同约定债务的能力水平,更多受借款人财务状况、经营水平等诸多因素的影响。

(3) capital(资本)。资本是指借款人自身的资金积累情况,是否拥有充足的自有资本是反映借款人债务偿还能力的一项重要指标,经常用资金现值加以衡量。

(4) collateral(抵押物)。在申请信用贷款时,借款人一般均需要提供一定的抵押物或由第三方保证人进行担保,以减少银行贷款违约风险。如果发生违约,银行对于借款人抵押的物品拥有要求权。这一要求权的优先性越好,则相关抵押物品的市场价值就越高,贷款的风险损失就越低。

(5) condition(经济环境)。经济环境是借款人自身经营环境与外部环境的总称,容易受借款人所处商业周期阶段的影响。

除5C标准外专家评定法经常也可采用5W或5P的标准来衡量信用风险。其中,5W是指基于 who(借款人)、why(借款用途)、when(还款期限)、what(担保物)和 how(如何还款)对借款人的信用风险高低进行评判;5P则是基于 personal(个人因素)、purpose(目的因素)、payment(偿还因素)、protection(保障因素)和 perspective(前景因素)对借款人的信用风险情况进行评判。LAPP法则是基于 liquidity(流动性)、activity(活动性)、profitability(盈利性)和 potentiality(潜力)来判定借款人违约可能性的高低。

专家评定法的最大缺陷在于主观性太强,当专家们的专业水平参差不齐时,很可能因为专家的主观判断而带来巨大的信用风险。不仅如此,专家评定法还容易导致银行贷款审批时的利益输送、寻租等不利于银行风险管理能力提升的诸多弊端。此外,采用专家评定法还容易导致"信用悖论"现象的发生,造成银行在信贷组合方面出现过度集中的局面,不利于银行信用风险的分散。

二、Z 评分模型和 ZETA 模型

1. Z 评分模型

Z 评分模型由美国纽约大学斯特商学院教授阿特曼于 1968 年提出。该模型根据数理统计中的辨别分析技术,通过对银行过去的贷款案例进行统计分析后,选择一部分最能够反映借款人的财务状况且对贷款质量影响最大、最具预测能力或分析价值的比率,据此进一步设计出一个能最大程度地区分贷款风险度的数学模型,并以此来对贷款申请人的信用风险及资信等级进行评估。Z 评分模型可以用式(3-1)进行表达:

$$Z = 1.2X_1 + 1.4X_2 + 3.3X_3 + 0.6X_4 + 0.999X_5 \tag{3-1}$$

式(3-1)中,X_1 为"营运资本÷总资产"($WC \div TA$),其中营运资本等于流动资产减去流动负债,该指标用以衡量公司在一定总资产规模下的流动性资产数量。

X_2 为"留存收益÷总资产"($RE \div TA$),用以反映公司累积的盈利能力水平。一般而言,当公司的累积盈利能力越强时,公司实力越强,债务违约风险将越低。对于一家年轻公司而言,其累积的利润较少,该指标会偏低,致使其倒闭或债务违约的概率会相对更大。

X_3 为"息税前利润÷总资产"($EBIT \div TA$),用以衡量公司盈利水平。当公司盈利能力较强时,其发生违约的可能性将越低。

X_4 为"股权市值÷总负债账面价值"($MVE \div TL$),用以衡量股东权益占公司总资产的比重。这里的股权市值既包括优先股市值,也包括普通股市值。该比例越高时,公司破产的可能性越低。

X_5 为"销售收入÷总资产"($S \div TA$),即公司资产周转率水平,用以反映公司资产运营能力的高低。

通过把借款人财务指标代入式(3-1)后,可计算出其 Z 值水平。当 Z 值越大时,意味着借款人的资信水平越高;反之,则意味着其违约风险越高。根据阿特曼的测算结果,他认为,当 $Z < 1.81$ 时,借款人会违约;当 $Z \geq 2.99$ 时,借款人会如期履约;而当 $1.81 \leq Z < 2.99$ 时,被称为是"未知区域"或"灰色区域",这时将难以对借款人的违约情况作出准确判断。

在后来的模型修正中,阿特曼将式(3-1)所述模型中的 X_4(权益市值÷总负债账面价值)用 X_4'(权益账面价值÷总负债账面价值)进行代替后,得到非上市公司的 Z' 计分模型:

$$Z' = 0.717X_1 + 0.847X_2 + 3.107X_3 + 0.420X_4' + 0.998X_5$$

借款人 Z' 得分高低与其履约或违约可能性高低的判定与基于式(3-1)的模型的标准相同。

2. ZETA 模型

ZETA 模型又称为信用风险模型。该模型是 1977 年阿特曼、海德曼和纳拉亚男在他们原有 Z 评分模型的基础上,将变量由 5 个增加到 7 个后的第二代信用评分模型。该模型不仅适应范围更宽,而且对不良借款人的辨认精度也大大提高。ZETA 模型的 7 个变量分别为:①资产收益率,等于息税前利润÷总资产。②收益稳定性程度,用公司资产收益率在 5~10 年内波动的标准差进行衡量。③债务偿付能力,等于息税前利润÷总利息支出。④累计盈利能力,等于留存收益÷总资产。⑤流动性,即流动比例,等于流动资产÷流动负债。⑥资本化程度,等于普通股权益÷总资产,其中普通股权益用公司 5 年内的平均市场价值加以衡量。⑦企业规模,等于企业总资产的对数。

虽然因涉及商业机密问题,ZETA 模型 7 个变量的系数无法公开,但其基本模型如下:

$$ZETA = \alpha_1 X_1 + \alpha_2 X_2 + \alpha_3 X_3 + \alpha_4 X_4 + \alpha_5 X_5 + \alpha_6 X_6 + \alpha_7 X_7$$

由此可见,Z 评分模型和 ZETA 模型均是对借款人信用风险程度高低的线性分辨模型。虽然这两个模型均有简单易操作的优势,但同时存在以下缺陷:①两个模型都依赖于财务报表的账面数据,而忽视日益重要的各项资本市场指标,这就必然削弱预测结果的可靠性。②两个模型缺乏对违约和违约风险的系统认识,理论基础比较薄弱,从而难以令人信服。③两个模型都假设在解释变量中存在着线性关系,而现实的经济现象是非线性的,因而也削弱了预测结果的准确程度,使得违约模型不能精确地描述经济现实。④两个模型都无法计量企业的表外信用风险。另外,两个模型对某些特定行业的企业(如公用企业、财务公司、新公司以及资源企业、自然人等)也不适用,因而它们的使用范围受到较大限制。

三、Logit 模型和 Probit 模型

Logit 模型和 Probit 模型用于预测在某一时期存活的企业在 1 个月或 1 年等一段时期结束时仍然存活的概率人小。这两个模型均以一系列财务指标为基础来预测企业在未来一段时间内破产或违约的概率,商业银行则根据自身风险偏好程度来设定其风险警戒线,并据此进行信用风险定位与决策。

这两个模型均旨在改进线性模型的预测值可能落在区间(0,1)之外的缺陷,即假设事件发生的概率服从某种累计概率分布时,研究者希望模型预测值落在区间(0,1)之内。若假设事件发生的概率服从累计正态分布,称为 Probit 模型;若假设事件发生的概率服从累计 Logistic 分布,则称为 Logit 模型。这两种模型在特定的历史时期均得到了相当广泛的应用。

四、评级法

评级法仍然是一种定性的信用风险评价方法,它一般在遵循独立、客观、透明和权威性原则基础上,由外部信用评级机构来完成。除了国际知名的穆迪、标准普尔和惠誉这三家评

级机构,大公、中诚信、联合资信、鹏元等国内资信评级机构纷纷出现。信用评级的对象不仅可以是各类债券,也可以是对个人、公司乃至一个国家的信用状况。按信用评级主体的不同,信用评级可分为外部机构进行的外部信用评级和《巴塞尔协议》中要求的商业银行内部评级。

(一) 外部评级法

外部评级法可以为相关经济主体带来诸多便利与好处。对于借款人而言,外部信用评级可以有效扩大其融资渠道、降低融资成本并获得稳定的资金来源;对于投资者而言,通过信用评级机构报告的信用评级结果可以迅速了解债务人的信用风险等级,降低信息收集与处理成本。

信用评级的内容应包含债务人的债务偿还能力、债务偿还意愿、债务偿还的保障条件等重要内容。虽然各家评级机构所采用的分类标识符有所不同,但大致可按如表 3-1 和表 3-2 所示的标准,分别对债务人的长短期信用等级加以分类。

表 3-1　　　　　　　　　　　　长期信用评级

等级	简　释
AAA	最高等级,债务人偿还债务能力极强
AA	债务人偿还债务能力很强
A	债务人偿还债务能力易受到负面因素干扰,但偿还能力较强
BBB	债务人目前有足够偿债能力,但在不利状况下偿债能力较弱
BB	相对于其他投机债务,违约可能较低。持续的不利条件可能会导致债务人没有足够能力偿还债务
B	比 BB 级更容易发生违约,短期债务人仍有能力偿还债务
CCC	目前有可能违约,债务人须依托有利商业、金融和经济条件才能履约。不利条件下可能会违约
CC	目前违约可能性很高
C	濒临破产,债务清偿能力极低
D	债务已经违约

(资料来源:王勇,等.金融风险管理[M].北京:机械工业出版社,2014.)

表 3-2　　　　　　　　　　　　短期信用评级

等级	简　释
A-1	最高等级,短期债务偿还能力较强
A-2	相对于 A-1 而言,该等级的偿债能力易受外部条件影响,但债务人偿债能力依旧令人满意
A-3	该等级的短期债务具有足够的偿还保障,但不利的经济条件或外部环境的变化有可能削弱债务人的偿债能力
B	短期债务具有显著的投机特征。债务人当前仍具有偿债能力,但持续的重大不确定性会导致债务人没有足够能力偿还债务

(续表)

等级	简　释
C	短期债务当前可能违约,债务人必须依托有利的商业、金融和经济才能履约
D	短期债务已处于违约状态

(资料来源:王勇,等.金融风险管理[M].北京:机械工业出版社,2014.)

(二) 内部评级法

内部评级法(IRB)是《巴塞尔协议》中有关商业银行信用风险管理的方法。《巴塞尔协议》包括最低资本要求、监管当局的监督检查和信息披露三大支柱性条款。在确定商业银行最低资本要求时,巴塞尔委员会允许商业银行选择依靠外部信用评级机构结果的标准法,同时也支持商业银行的内部评级法。标准法适用于业务复杂程度不高的一般性商业银行,因内部评级法须以先进的评级模型为基础,并通过对数据的收集、处理与挖掘、模型优化与调整等手段来实现商业银行的内部评级量化分析,一般更适用于风险管理水平较高的国际大银行。值得注意的是,准备申请或正使用内部评级法的银行必须满足巴塞尔委员会所要求的一些最低标准。这些最低标准包括信用风险等级的有效细分、信用风险评级的完整性与及时性、对信用评级系统和评级过程需进行有效监督、评级的标准和原理具有科学性、公司治理与监督、内部评级使用范围、风险量化能力、风险要素内部评估有效性、租赁识别、股权风险暴露的计算及其及时的信息披露等十一项基本要求。

由于《巴塞尔协议》对基于标准法的银行风险加权资产计提比例给出了明确的规定,这里仅对内部评级法加以重点介绍。在计算信用风险时,内部评级法涉及风险敞口的分类、风险要素、风险权重和资本充足率四个方面的内容。

1. 风险敞口的分类

内部评级法要求银行必须根据业务的风险特性将其资产分为公司、主权、银行同业、零售、项目融资和股权六大类,对于任何不属于这六大类的业务一律划归为公司业务。在实践过程中,巴塞尔委员会虽然允许一些银行在采取内部评级法时与其分类标准有所不同,但在不同时间内必须保持前后一致。

2. 风险要素

风险要素的确定与计算是内部评级法的重中之重,是计算商业银行风险加权资产的重要依据。内部评级法所确定的风险要素包括违约概率(probability of default,PD)、违约损失率(loss of given default,LGD)、违约风险敞口(exposure at default,EAD)和有效期限(effective maturity,EM)四个方面。

1) 违约概率

违约概率是指借款人在未来一段时间内发生违约的可能性。《巴塞尔协议Ⅲ》对内部评级法中的违约概率给出的定义为:对于公司和银行同业业务敞口,违约概率设为借款人内部评级一年期违约概率与0.03%中的较大者;对于主权业务敞口,违约概率是借款人内部评级

1年期的违约概率。影响违约概率的因素有借款人自身经营管理与财务方面的,也有行业因素和宏观经济环境变迁等,而且不同的影响因素对借款人违约概率的影响程度各异。由此可见,违约概率模型的构建与测算是内部评级法中的核心与关键部分。

2) 违约损失率

违约损失率是指预期违约损失占违约敞口的比例。由于银行难以准确地预测违约损失率,并且不同银行之间的预测结果往往存在较大差异,使得银行之间对违约损失率的可比性较低。因此,在对银行测算违约损失率进行深入调查的基础上,巴塞尔委员会提出了内部评级法违约损失率测算的初级法与高级法。初级法中,违约损失率由监管当局统一制定;高级法中,由银行自身来确定每一笔风险敞口所对应的违约损失率水平。

3) 违约风险敞口

违约风险敞口是指因债务人违约所导致的可能承受风险的信贷余额,所有违约风险敞口均按扣除特别准备金后的净值计算。与计算违约损失率相同,对违约风险敞口的测算也分为初级法和高级法。在初级法当中,违约风险敞口根据银行监管当局的相关规定来估算;在高级法当中,违约风险敞口由商业银行自行决定,但必须符合监管当局的监管要求。

4) 有效期限

在其他风险因素不变的情况下,期限越短,风险越低。因此,巴塞尔委员会将信用期限作为影响信用风险的一项重要因素,并且规定在初级法下,信用期限由监管当局确定且平均授信期限为3年;在高级法下,银行可以根据期限调整模型来自行确定风险敞口的有效期限。

3. 风险权重

风险权重是违约概率 PD、违约损失率 LGD 和有效期限 EM 的连续函数,且与贷款组合中的资产间相关系数 ρ 有关。风险加权资产等于各项风险资产的风险权重乘以其违约风险值,一般分两步来进行:先计算敞口的基准风险加权资产额,由单项风险值乘以风险权重而得;然后根据资产的风险集中度对基准风险加权资产进行调整,得出风险加权资产总额。对于每一个风险敞口,风险权重由一个连续的函数给出,其含义就是违约时单位风险敞口的损失率,代表某项资产对总的风险加权资产的贡献度。因不同资产业务敞口的历史损失大小及其关联性存在较大差异,其风险权重函数的确定也有所不同。在内部评级法中,公司业务、主权业务和银行同业业务的风险加权资产计算方法相同,现以它们为例加以说明:

$$\text{风险加权资产} = \text{监管资本要求 } K \times EAD \times 12.5$$

其中:
$$K = LGD \times N\left[\frac{G(PD)}{\sqrt{1-\rho}} + \frac{\sqrt{\rho}}{\sqrt{1-\rho}} \times G(0.999) - PD \times LGD\right]$$
$$\times \frac{1}{1-1.5\times(PD)} \times [1+(EM-2.5)\times b(PD)]$$

$$\rho = 0.24 - 0.12 \times \frac{1-e^{-50\times PD}}{1-e^{-50}}$$

$$b(PD) = [0.11852 - 0.05478 \times \ln(PD)]^2$$

其中，ρ 代表相关度，$b(\cdot)$ 代表期限调整系数，都与 PD 有关；EM 为风险资产到期期限，即某一风险敞口的剩余到期日。$G(\cdot)$ 表示标准正态随机变量累积分布函数的反函数，$N(\cdot)$ 代表标准正态分布函数。

在计算违约概率 PD、违约损失率 LGD、违约风险敞口 EAD 和有效期限 EM 时，内部评级法中的初级法和高级法之间有所不同，具体情况如表 3-3 所示。

表 3-3　　　　　　　　　　IRB 初级法和高级法之间的区别

数据	IRB 初级法	IRB 高级法
违约概率 PD	银行提供的估计值	银行提供的估计值
违约损失率 LGD	委员会规定的监管指标	银行提供的估计值
违约风险敞口 EAD	委员会规定的监管指标	银行提供的估计值
有效期限 EM	委员会规定的监管指标或由各国监管当局自行决定允许采用银行提供的估计值	银行提供的估计值

4. 资本充足率

商业银行的资本充足率必须满足《巴塞尔协议》规定的要求，其计算公式为：

$$资本充足率 = \frac{合格资本}{信用风险加权资产 + 12.5 \times (市场风险资本要求 + 操作风险资本要求)}$$

其中，12.5 是资本充足率 8% 的倒数。

第三节　现代信用风险度量方法

随着世界金融市场的迅速发展以及金融脱媒、金融产品证券化的日益盛行，传统的信用风险度量方法慢慢地无法真实反映借款人的实际状态，新的信用风险度量方法不断涌现。其中较为有影响力的现代信用风险度量模型主要有 KMV 模型、Credit Metrics 模型、CPV 模型和 Credit Risk＋模型等。

一、KMV 模型

自从莫顿提出运用期权定价理论对风险债券和贷款等非交易性信用资产进行观测和估值后，莫顿的思想和模型得到了不断推广和扩展，其中最著名的就是 KMV 公司发展的信用监控模型，因此简称 KMV 模型。该模型以期权定价理论为基础，通过计算借款人预期违约概率来对所有股权公开交易的公司和银行的违约可能性作出预测，是对传统信用风险度量方法的一次重要革命。

(一) 模型基本原理

KMV模型的基本思想为：借款人的资产价值变动是驱动信用风险产生的根本性原因，只要能确定借款人资产价值变动所遵循的规律，就能对其违约概率进行估计。在构建KMV模型时，一是将公司股权看成是以公司资产价值为标的的资产、以公司债务账目价值为执行价格、以负债还款期限为到期日的看涨期权；二是公司股票价值波动率与公司价值之间存在长期函数关系。在这里，公司所有者相当于持有违约或不违约的选择权。当债务到期时，如果公司资产的市场价值超出其负债价值，他们会选择偿还债务并将剩余部分留作利润；但当公司资产价值小于其负债水平时，他们即使出售全部资产也不能偿还全部债务，故而选择违约。

KMV模型较适用于上市公司，且必须建立在公司股票被正确估价的基础之上。如果公司股票不能被正确估价或股票市场处于极其动荡时期，基于该模型得出的结论将可能产生较大偏差。理论上而言，当公司资产价值逐渐接近其债务面值时，公司违约概率逐渐上升；当公司资产价值不足以偿还其债务时，公司将违约。在实践中，虽然当公司资产价值接近债务面值时，有一些公司会选择违约，但更多的公司仍会选择偿还部分债务，因为长期债务的债权人仍会给公司以喘息的机会，并希望公司能起死回生、渡过难关。

(二) 模型基本假设

(1) 假设公司资产价值大于其债务面值时不会违约，而当其资产价值小于或等于其债务面值时才会选择违约。

(2) 为简单起见，假设公司只通过股权价值 S_t 和一种零息债券进行融资。该债券的市值为 B_t，到期日 T 时刻的本息和为 D。因此，公司在时刻 t 的资产价值 V_t 满足 $V_t = S_t + B_t$。

(3) 公司资产价值服从几何布朗运动，即：

$$\frac{dV_t}{V_t} = \mu dt + \sigma_v dW_t$$

其中，μ 和 σ_v 分别表示公司资产收益率的期望收益率与标准差；$dW_t = \varepsilon\sqrt{dt}$，$W_t$ 为标准布朗运动；ε 服从均值为0，方差为1的标准正态分布。因此有：

$$V_t = V_0 e^{\left(\mu - \frac{\sigma_v^2}{2}\right) + \sigma_v \varepsilon \sqrt{t}}$$

其中，V_0 表示初始点 $t = 0$ 时的公司资产价值，V_t 表示时刻 t 的资产价值。

(4) 假设市场无摩擦、交易可以连续进行。不仅没有交易成本和卖空限制，而且存在足够多的无风险资产。

(三) KMV模型估计的步骤

通过KMV模型来计算借款人的违约概率包含三部分内容，相应的计算包括三个步骤：估计公司资产的价值及其波动性、计算违约距离 (distance to default, DD) 和估计违约概率 (expected default frequency, EDF)。

步骤一:估计公司资产的价值及其波动性。

为了得到公司资产价值及其波动性的估计值,KMV 模型将银行的贷款违约问题转化为借款公司所有者偿还债务的激励问题,并假设公司资产市值与其股权市值之间、资产市值的波动程度与其股权市值的波动程度之间存在稳定的结构性关系。

在图 3-1 中,假设公司借款金额为 OB,当公司期末资产的市场价值为 OA_2 时,公司会偿还贷款;且当公司期末的资产市值越大时,股权所有者所拥有的公司资产剩余价值越大。但是,当公司期末的资产市值下降到 OB 以下时,公司的股权所有者将无力偿还贷款,债务违约将发生。正是因为有了"有限责任制"的保护,公司所有者拥有违约与履约的选择权。如果经营状况较差,公司所有者可以选择执行"违约"期权;如果经营状况较好,公司所有者可以选择执行"履约"。

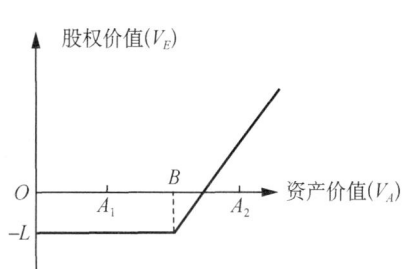

图 3-1 股权价值与资产价值关系曲线

由此可见,对于一家进行了债务融资的公司而言,其所有者的报酬函数可以被看成他们购买了股票看涨期权时的报酬函数,公司所有者所持股权的价值也就可以被表示为一份看涨期权的价值。因此,公司股权的价值可以借助 Black-Scholes 期权定价公式表达为:

$$V_E = V_A N(d_1) - e^{-r(T-t)} X N(d_2) \quad (3-2)$$

其中:
$$d_1 = \frac{\ln(V_A/X) + (r + \sigma_A^2)(T-t)}{\sigma_A \sqrt{T-t}}$$

$$d_2 = d_1 - \sigma_A \sqrt{T-t}$$

$$N(d) = \int_{-\infty}^{1} \frac{1}{\sqrt{2\pi}} e^{-\frac{x^2}{2}} dx$$

其中,V_A 和 V_E 分别表示公司资产市场价值与股权市场价值;T 为到期日;σ_A 表示公司资产市值波动率;X 为违约边界。

式(3-2)中有公司资产市场价值 V_A 与其波动率 σ_A 两个未知数,进一步对该式两边求微分后,可得到式(3-3)。具体计算步骤如下:

$$\Delta V_E = \left(N(d_1) + V_A \cdot \frac{1}{\sqrt{2\pi}} e^{-\frac{d_1^2}{2}} \cdot \frac{1}{\sigma_A \sqrt{T-t}} \cdot \frac{X}{V_A} \cdot \frac{1}{X} \right) \Delta V_A$$

$$- \left(e^{-r(T-t)} \cdot X \cdot \frac{1}{\sqrt{2\pi}} e^{-\frac{d_2^2}{2}} \cdot \frac{1}{\sigma_A \sqrt{T-t}} \cdot \frac{X}{V_A} \cdot \frac{1}{X} \right) \Delta V_A$$

经过化简后可得:

$$\Delta V_E = N(d_1) \cdot \Delta V_A$$

从而有：

$$\frac{\Delta V_E}{V_E} = N(d_1) \cdot \frac{V_A}{V_E} \cdot \frac{\Delta V_A}{V_A},$$

即：

$$\sigma_E = N(d_1) \cdot \frac{V_A}{V_E} \cdot \sigma_A \tag{3-3}$$

因此，可以得到 σ_E 和 σ_A 之间的一个函数关系式。将式(3-2)和式(3-3)联立方程，可以解出公司资产市场价值 V_A 与其波动率 σ_A 这两个未知数。

步骤二：计算违约距离。

为了计算公司违约距离 DD，首先需要确定公司违约实施点(default point，DP)。

根据上面的分析可知，在现实生活中，因为长期债权人会为公司提供喘息的机会，所以即使公司资产价值逼近其债务面值时，仍然有大多数公司并不发生实际的违约。根据 KMV 公司的调查与研究发现：公司违约实施点 DP 一般会等于其流动负债＋50%的长期负债。

定义公司市场净值等于公司资产市值减去违约实施点，则违约距离 DD 等于公司市场净值除以资产价值波动的一个标准差，即：

$$DD = \frac{V_A - DP}{V_A \sigma_A} \tag{3-4}$$

步骤三：估计违约概率。

在公司资产价值服从几何布朗运动的前提假设下，将式(3-4)计算出来的违约距离 DD 代入累积标准正态分布函数 $\Phi(\cdot)$ 中时，可以得出公司在理论上的预期违约概率 $EDF = \Phi(-DD)$。在实践工作中，当具备较多的公司违约与不违约历史数据时，经验 EDF 的计算一般可用在期初违约距离为 DD 的所有公司中，期末实际发生违约的公司占比来加以测算，即：

经验 EDF＝期初违约距离为 DD 且期末发生违约公司数÷期初违约距离为 DD 的公司总数

在计算出公司违约概率 EDF 后，根据历史数据得出平均损失率 $E(LGD)$ 及其对应的方差 σ_{LGD}^2 及其预期损失 EL。在 LGD 服从 β 分布的模型假设下，根据历史平均损失率与方差可得到 β 分布的具体参数，进而得出置信水平为 α 时的非预期债务损失 UL，即：

$$EL = EAD \cdot EDF \cdot E(LGD)$$
$$UL = EAD \cdot EDF \cdot \beta^{-1}(\alpha) - EL$$

（四）模型评价

所有的信用风险管理模型都是建立在一定的前提假设基础上的。由于模型假设的局限性，任何现代信用风险管理模型都具有各自的优缺点。

1. KMV 模型的优点

（1）KMV 模型是建立在现代公司财务理论与期权定价理论基础上的一种信用监控模型，所得出的预期违约概率具有较强的说服力。

（2）KMV 模型是一种具有前瞻性的方法，它以股票市场价格实时行情为基础，而非依赖于历史数据来计算 EDF，更能反映公司当前信用状况并对其进行监测，预测能力更强、更及时、更准确。

（3）KMV 模型所计算出来的 EDF 指标是对公司违约概率的一种定量度量，EDF 指标的高低不仅可以直接反映不同公司之间的违约风险高低，而且还可以反映同一家公司不同时期违约风险的变化情况，更有利于商业银行对信贷产品的定价与监控。

2. KMV 模型的缺点

（1）KMV 模型一般适用于对上市公司的信用风险进行评估，而对于非上市公司信用风险的评价能力有限。

（2）KMV 模型没有对公司长期债务的不同类型加以分辨，可能造成对公司违约实施点的误判，进而降低模型估计结果的准确性。

（3）KMV 模型的一个关键假设是公司资产价值服从对数正态分布，但现实中的公司资产价值一般呈现非对数正态分布特征，从而导致对公司信用风险水平的误判。

（4）KMV 模型以默顿模型为基础，而默顿模型的一个基础性假设便是公司的债务结构一旦确定下来后便保持不变。但现实中的公司债务结构往往是经常发生调整的，这就降低了 KMV 模型对公司信用风险评估的准确程度。

二、Credit Metrics 模型

Credit Metrics 模型是由 J. P. 摩根、瑞士银行、KMV 公司以及美洲银行等多家金融机构于 1997 年共同开发的信用风险度量模型。它不仅能够识别银行贷款、私募债券等传统信贷产品的信用风险，而且也适用于互换类金融衍生工具风险的识别。Credit Metrics 模型以资产组合理论、VaR 理论等为基础，所考察的风险影响因素比较全面、计算精确度较高，不仅在诸多大银行中得到广泛使用，而且也备受金融监管当局的认可。

（一）模型假定

Credit Metrics 模型先通过考察债务人一定时期内（一般为 1 年）违约、信用等级转移及其信用价差变化等因素来确定信用资产组合的市场价值及其波动情况，再根据债务人期末可能出现的信用等级所对应的信用资产组合价值建立信用资产组合价值分布，最后基于期末资产价值分布得到一定置信水平下的信用资产 VaR。在此过程中，Credit Metrics 模型的基本假定包括以下六个方面：

（1）市场风险与信用风险无关。在该模型中，唯一的变量是债务人的信用等级，信用资产未来市场价值与风险完全由其远期利率分布曲线决定。

(2) 债务人信用等级迁移服从马尔科夫过程,同一信用等级的债务人具有完全相同的信用等级转移矩阵和违约概率,且实际违约概率等于历史平均违约概率。

(3) 风险期限一般固定为 1 年。

(4) 不同债务人信用等级的联合分布以两个债务人资产回报率的联合分布进行估计,资产回报率的联合分布以所有者权益的收益率联合分布来代替。

(5) 模型中所指的违约不仅包含到期不能完全偿还债务的情形,同时也包含因信用等级下降所导致的债务市场价值的下跌。

(6) 违约发生时损失的资产部分等于"风险敞口×(1－回报率)",即违约并不代表所有的资产全部损失。

(二) 模型计算步骤

Credit Metrics 模型的计算一般包括四个步骤。为简单起见,这里仅对单一债务情形时的违约概率加以阐述。进一步假设公司以发债的形式进行债务融资,该债券还有 n 期到期,共包含 m 个不同的等级。

步骤一:确定债务未来各个不同信用等级出现的概率,单笔债务信用等级的变化由信用转移矩阵决定。

步骤二:确定各信用等级出现时的债务市场价值,债务市场价值由通过贴现其未来现金流计算而得,即:

$$P_j = \sum_{k=1}^{n} \frac{M_{jk}}{(1+y_{jk})^k} \quad (3-5)$$

式(3-5)中的 P_j 代表信用等级 j 出现时的债务市场现值;M_{jk} 表示信用等级为 j 时债券第 k 年净现金流量;y_{jk} 为信用等级为 j 时债券第 k 年的固定收益率水平。

步骤三:根据历史资料计算信用等级迁移概率 c_j,计算一年期债务期末的期望收益与方差,即:

$$E(P) = \sum_{j=1}^{m} P_j c_j$$

$$\sigma_P^2 = \sum_{j=1}^{m} c(P_j - E(P))^2$$

步骤四:在得到债务的期望收益和方差后,进一步计算债务损失程度的大小。在计算债务损失程度大小时,既可基于债务价值的理论正态分布来计算,也可以基于债务价值的实际分布来计算。

方法一:基于债务价值的理论正态分布。在这种情形下,信用等级为 j 的债务预期损失为债务现值 P_j 减去债务期望值 $E(P)$,然后再根据债务价值波动的标准差 σ_P 并通过式(3-6)来计算置信水平为 α 时的非期望损失:

$$UL = N^{-1}(\alpha) \cdot \sigma_P - E(P) \quad (3-6)$$

式(3-6)中的 $N^{-1}(\cdot)$ 为正态分布的反函数。

方法二:基于债务价值的实际分布。在这种情形下,需要借助蒙特卡罗模拟与 VaR 技术来进行计算。将该债务迁移到最低信用等级的概率累加,直至等于或接近给定的水平 $(1-\sigma_P)$,得到与此相对应的债务价值;再将该债务价值减去其期望值就可以得到 VaR 的值,从而得到该债务的非预期损失。

(三) 模型评价

Credit Metrics 模型最大的优势在于其应用范围相当广泛,既可用于对传统信用工具如贷款、债券等的风险度量,也可用于对贷款承诺、金融互换产品、远期产品等现代金融工具的风险度量。不仅如此,借助 Credit Metrics 模型,信用风险管理者可以提高其搜集与处理相关信息的针对性,提升风险识别、度量与管理能力,并对各业务部门的风险管理绩效作出更准确的评估。当然,Credit Metrics 模型也存在一些固有的缺陷与不足,主要包括:

(1) 模型假设信用等级迁移服从马尔科夫过程,但实践证明债务人的信用等级迁移并不是跨期独立的,而是跨期相关的。

(2) 模型中的违约率以历史数据平均水平加以替代,但违约率往往与外部经济环境的变化密切相关,而不是固定不变的。因此,当外部经济环境发生变化时,再以历史数据来替代债务人的当期违约率会降低模型估计结果的准确性。

(3) 模型中只考虑债务人信用风险等级的变化而忽略市场风险变化带来的具体影响,容易导致估计结果产生较大偏误。

(4) 模型通过股权收益率的联合概率分布来确定资产收益的联合概率分布,可能会影响估计结果的准确性。

三、CPV 模型

CPV 模型是 Credit Portfolio View 模型的简称,由麦肯锡公司于 1998 年设计。该模型重点分析的是组合层面而非个体层面的信用风险。在一个组合内部,公司的信用状况具有同质性。CPV 模型认为影响债务人信用风险的因素更多的是宏观层面上的因素,一旦外部宏观经济环境发生变化,整个市场的信用环境都会受到影响,从而形成系统性信用风险。CPV 模型的核心就是通过建模技术来掌握信用风险的周期性动态变化特征。

(一) 模型假设

假设一,信用等级的迁移概率在不同时期是不同的,它会受到国别、经济周期、失业率、GDP 增速以及政府支出等诸多因素的影响。

假设二,宏观经济变量的变化服从二阶自回归过程。

(二) 模型构建与参数估计

记 P_t 为信用等级的迁移概率,根据模型的第一个假设可知,迁移概率 P_t 受到一组宏观经济变量 y_t 的影响,于是有:

$$P_t = f(y_t) \qquad (3\text{-}7)$$

其中,$f'(\cdot) < 0$。进一步假设在 t 时刻影响 y_t 的扰动项为 V_t,即:

$$y_t = g(X_{it}, V_t) \qquad (3\text{-}8)$$

其中,$i = 1, 2, \cdots, n$ 表示影响 P_t 的宏观经济因素个数,$V_t \sim N(0, \sigma^2)$。

继续考虑模型的第二个假设,因宏观经济变量服从二阶自回归,故 X_{it} 由 X_{it-1}、X_{it-2} 和 ε_{it} 决定,从而有:

$$X_{it} = h(X_{it-1}, X_{it-2}, \varepsilon_{it}) \qquad (3\text{-}9)$$

将式(3-8)和式(3-9)代入式(3-7)得到:

$$P_t = f(g(h(X_{it-1}, X_{it-2}, \varepsilon_{it})), V_t) \qquad (3\text{-}10)$$

式(3-10)中的 Vt 和 ε_{it} 可以基于结构性蒙特卡罗模拟方法而得。

若记 P_t^* 为模拟值,P_t 表示无条件概率,如果 $r_t = \dfrac{P_t^*}{P_t} = 1.2$,意味着债务人下一期的违约概率将比历史平均水平要高出 20%。

(三) 模型评价

CPV 模型是唯一将宏观信用风险事件因素纳入信用等级迁移概率的度量模型,有效克服了信用等级迁移概率静态和固定的基本假设导致的估计偏差。但与此同时,CPV 模型也存在以下不足:

(1) 模型忽视微观因素对公司信用风险等级迁移的影响,尤其是公司个体因素对其信用等级迁移的影响,所得估计结果难免有时会失真。

(2) 模型过度依赖对公司信用风险等级迁移矩阵的程序化设定,且影响其信用风险等级迁移概率所倚重的宏观经济因素难免有所遗漏,这些都会直接影响估计结果的准确性与可信度。

(3) 模型估计出来的结果需要以对宏观经济数据的搜集为基础,但现实中所能搜集到的宏观经济数据的完备性有待商榷。当宏观经济变量出现遗漏时,也会降低估计结果的准确性。

四、Credit Risk+模型

Credit Risk+模型是 1996 年由瑞士信贷银行金融产品开发部开发出来的信用风险管理模型,它主要基于保险精算方法来测算债务组合的损失分布。

(一) 模型假设

假设一,期末债务人只出现违约和不违约两种情形。

假设二,债务组合中的每一笔债务违约与否服从泊松分布。

假设三,对于每一个债务组合,其中每一笔债务的违约概率均较小且相互独立。

假设四,该模型的考察期一般为1年。

(二) 模型估计

运用Credit Risk+模型估计信用风险大小时,可分以下三个步骤来进行。

步骤一:确定贷款组合的违约次数概率分布。在模型的基本假设下,一定时期内,某个贷款组合中出现 n 次违约的概率为:

$$P(n) = \frac{\mu^n e^{-\mu}}{n!} \tag{3-11}$$

在式(3-11)中,$P(n)$ 表示考察期内一个组合发生 n 次违约的概率,μ 表示贷款组合在考察期内的期望违约次数。

步骤二:按损失严重程度对贷款组合进行分组。尽管贷款组合的违约次数服从泊松分布,但因违约损失金额不同,整个组合的贷款违约损失金额将不再服从泊松分布。为了克服这一问题,Credit Risk+模型按照每笔贷款损失的严重程度对贷款组合进行分组,被分好的每一组贷款损失额经四舍五入后成为一个整数。

步骤三:将各组的损失汇总后,可以得到整个贷款组合的违约损失概率分布,然后再用 VaR 法算出贷款组合的非期望损失。

Credit Risk+模型分析框架与计算思路,如图3-2所示。

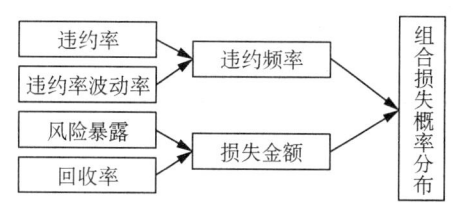

图 3-2 Credit Risk+模型分析框架与计算思路图

(三) 模型评价

Credit Risk+模型既不需要像 Credit Metrics 模型那样对债务人信用等级转移迁移矩阵的假定和计算,也不需要像 KMV 模型那样建立违约风险与企业资产价值之间关系的强假定,而是基于保险精算的思想直接假设债务人违约次数服从泊松分布。因为假设条件简单、计算过程便捷,Credit Risk+模型具有处理能力强、所需估计变量少等优势。该模型同时还能完整地推导出债券、贷款等信用资产组合产品的违约概率与非期望损失。当然,正是因为 Credit Risk+模型的假设简洁,难免也存在一些固有的缺陷与不足:

(1) 该模型假定市场利率是不变的,这意味着信用风险独立于市场风险,与现实情形有些出入。

(2) 该模型实际上要求各频段的违约率是固定不变的,自然也与现实不相符,因为违约概率时刻会受到企业内外部环境的影响而处于不断变化之中。

(3) 为了迎合泊松分布假设的需要,该模型对每笔贷款损失进行了近似处理,然后再将损失分布假设为泊松分布,降低了估计结果的准确性。

(4) 该模型在计算信用资产组合的违约率与非预期损失时,并没有对个体债务人的违约率作出具体假定,而这些正是模型的输入变量。

五、不同信用风险度量模型的比较

KMV 模型、Credit Metrics 模型、CPV 模型和 Credit Risk＋模型是当前国际上最具代表性的信用风险度量模型。虽然表面上看这些模型的理论基础有所不同,但实际上它们之间的计算结果差异并不会相差很大。表 3-4 对这几个模型进行了基本的对比分析。

表 3-4　　　　KMV、Credit Metrics、CPV、Credit Risk＋模型的对比分析

项目	KMV 模型	Credit Metrics 模型	CPV 模型	Credit Risk＋模型
风险定义	违约损失	市场价值	市场价值	违约损失
风险来源	资产价值	资产价值	宏观因素	违约率
信用事件	连续违约概率	信用等级变化或违约	信用等级变化或违约	违约
概率	条件概率	无条件概率	条件概率	无条件概率
波动性	变量	常量	变量	变量
相关性	来自股权	违约过程	来自宏观因素	违约过程
可回收率	不变或随机	频段级内为常量	随机	频段级内为常量
求解方法	分析法	分析或模拟法	模拟法	分析法

(资料来源:张金清.金融风险管理[M].上海:复旦大学出版社,2013.)

第四节　信用风险管理

信用风险的识别、评估、度量和监测只是对风险大小、类别等进行深入的了解,其最终目的在于是否采取以及采取何种技术手段对信用风险进行有效的缓释与控制。在选择采取何种防控方法时,首先需要分析信用风险的性质与大小,包括风险缓释与转移、风险规避、组合管理等。信用风险缓释主要针对那些风险与收益相匹配的中等风险客户,并通过抵押质押、保证、净额结算、金融衍生品等工具转移信用风险;信用风险规避主要针对高风险低收益或低风险低收益的客户,并通过限制客户准入等措施来进行管理;采用组合管理方法则主要针对相关性水平较低且风险可控的客户,并通过分散化效应来抵消特定因素风险。下面主要对信用风险缓释和信用风险转移进行介绍。

一、信用风险缓释

信用风险缓释(credit risk mitigate, CRM)是指商业银行运用合格的抵押质押品、净额

结算、保证和信用衍生工具等方式转移或降低信用风险。信用风险缓释技术被全面有效地用于银行授信业务,其主要功能在于有效降低违约概率 PD、违约损失率 LGD 和违约风险敞口 EAD。尽管很早以前银行就已经采用抵押、担保等信用风险缓释工具,但直到《巴塞尔协议Ⅱ》颁布以后,银行监管机构才将信用风险缓释工具规范化、系统化,并积极鼓励银行有效运用信用风险缓释工具来降低信用风险。迄今受到认可的信用风险缓释工具包括:抵质押交易、表内净额结算、保证与担保、信用衍生工具这几种,现就前两种进行详细介绍。

(一)通过抵质押交易缓解信用风险

银行开展授信业务时,常用的抵质押品可分为金融质押品、应收账款、商用或居住用房地产以及其他抵质押品,以提高贷款偿还的可能性。抵质押品并不能确保银行贷款得到如期如数偿还,因为银行一旦被迫处置抵押物时,这些抵质押品的现金价值往往会受到侵蚀,只能按照清算价值进行变卖或转让。加上资产处置过程中存在的处置费用等成本,往往使得该笔贷款会由盈利变为亏损,只是损失的金额有所减少而已。不仅如此,诸如金融资产、房地产等抵质押品本身的价值极其容易发生变动,《巴塞尔协议Ⅱ》建议使用"价值折扣"的方式来调整金融资产抵质押品的价值,具体的折扣比例大小取决于抵质押品的类型、交易合同、抵押物的流动性及其重新定价的频率等。

(二)运用表内净额结算缓释信用风险

表内净额结算是指银行使用交易对象的债权(银行存款)来对该笔债务(银行贷款)作扣减。《巴塞尔协议Ⅱ》规定:在标准法下,如果银行在法律上具有可执行贷款和存款净额结算的安排,符合条件时可以进行表内净额结算,据此重新计算净风险敞口资本要求。这些条件包括:①无论交易对象是无力偿还贷款还是破产,银行有合法的权利确保净额结算协议的实施。②任何情况下都能确定同一交易对象在净额结算合同下的资产和负债。③在净头寸基础上监测和控制相关敞口。④监测和控制后续风险,在净头寸基础上监测和控制相关敞口。

二、信用风险转移

信用风险转移(credit risk transfer,CRT)是指金融机构(一般是指商业银行)通过各种金融工具将信用风险转移给其他银行或金融机构的信用风险管理举措。在信用风险转移市场出现以前,商业银行在贷款发放后只能持有到贷款违约或到期日,所赖以降低信用风险的举措主要是贷前审查、贷后监督、降低贷款集中度等。信用风险转移市场出现后,商业银行可以根据自身管理的需要对信用风险进行转移,从而可以采取更加主动灵活的信用风险管理模式。常见的信用风险转移工具包括贷款销售、资产证券化、信用衍生产品等。

融资型信用风险转移和非融资型信用风险转移是信用风险转移的两种主要形式。

融资型信用风险转移是指行为主体在向金融市场或其他金融机构转移信用风险的同时,实现自身的资金融通。例如,工商企业可以通过办理保理业务或福费廷业务将应收账款违约时的信用风险转移给专业性的金融机构;商业银行可以采取贷款出售、贷款资产证券化等手段将信用风险向外部市场转移。保理业务是为以赊销方式进行销售的企业设计的一种金融业务,企业通过将应收账款的票据卖给专门办理保理业务的金融机构来获得现金;贷款出售是指商业银行将贷款视为可销售的资产将其出售给其他机构;贷款资产证券化是指商业银行将贷款转化成以资产所产生的现金流为担保的证券,通过向特定机构出售该证券来实现资产的流动变现。

非融资型信用风险转移是指不是以融资为目的的信用风险转移手段,包括信用担保、信用保险和信用衍生品等主要形式。信用担保是指通过双边合约的形式,当债务人不能履约时,担保人作为信用风险的承担者来承担相应的支付和偿还义务。信用保险是指企业通过与保险机构签订额外一份保险合同并支付一定保费,从而确保在指定的信用风险范围内获得信用损失补偿。信用衍生品是一种双边金融合约安排,合约双方同意互换事先商定的或者是根据具体公式计算出来的现金流,该现金流的确定依赖于预先设定的在未来一段时间内信用事件的发生。

本 章 小 结

信用风险有狭义和广义之分。狭义的信用风险是指借款人到期不能或不愿意履行借款合约,使得商业银行因借款人未能如期偿还其债务而遭受损失的可能性,实际上就是传统意义上的银行信贷违约风险。信用风险源自信用活动的不确定性、银行与客户之间的信息不对称以及银行内部的信息不对称,属于非系统性风险,且呈现概率分布的有偏性与"信用悖论"现象。

对信用风险进行度量的传统方法主要有专家评定法、Z 评分模型法、ZETA 模型法、Logit 模型法、Probit 模型法和内外部评级法;对信用风险进行度量的现代方法则包括 KMV 模型、Credit Metrics 模型、CPV 模型和 Credit Risk+模型等,且每种方法均有其相应的优缺点。

通常可以通过信用风险缓释和信用风险转移的方法对信用风险进行有效管理,以尽量降低信用风险。信用风险缓释可以通过抵质押交易或运用表内净额结算等主要手段得以进行,而信用风险转移则可以通过融资型信用风险转移和非融资型信用风险转移这两种方式得以进行。

关 键 术 语

信用风险 5C 法 5W 法 5P 法 LAPP 法 Z 评分模型 ZETA 模型 Logit 模型 Probit 模型 外部评级法 内部评级法 违约概率 违约损失率 风险敞口 有效期限 KMV 模型 Credit Metrics 模型 Credit Risk+模型 CPV 模型 信用风险缓释 信用风险转移

本 章 练 习

一、单项选择题

1. 商业银行不能通过( )的途径了解个人借款人的资信状况。
   A. 查询人民银行个人信用信息基础数据库
   B. 查询税务部门个人客户信用记录
   C. 从其他银行购买客户借款记录
   D. 查询海关部门个人客户信用记录

2. 下列关于客户风险外生变量的说法中,错误的是( )。
   A. 一般来说,对于信用等级较高的客户偶然发生的风险波动,应给予较大的容忍度
   B. 对单一客户风险的监测,需要从个体延伸到"风险域"企业
   C. 商业银行应定期复查单一借款人或交易对方的评级
   D. 授信管理人员应降低对评级下降的授信的检查频率

3. 下列关于信用风险的表述中,错误的是( )。
   A. 只有违约才能导致信用风险
   B. 相较于信用风险,市场风险数据更容易获得
   C. 信用风险范围不仅限于贷款业务
   D. 信息不对称可以引发信用风险

4. 与单一法人客户相比,( )不是集团法人客户的信用风险具有的特征。
   A. 财务报表真实性较好　　　　　B. 连环担保普遍
   C. 风险识别难度大　　　　　　　D. 贷后监督难度大

5. 在债项评级中,违约损失率的估计公式为"贷款损失÷违约风险敞口"。下列相关表述中,正确的是( )。
   A. 违约风险暴露是指债务人违约时的预期表内项目暴露
   B. 只有客户已经违约,才会存在违约风险暴露
   C. 违约损失率是一个事后概念
   D. 估计违约损失率的损失是会计损失

6. 在过去的很长一段时间内,国际银行业都是通过专家评定法来对客户进行信用风险评级,这类5C法不考虑的因素是( )。
   A. 债务人资本实力　　　　　　　B. 债务人还款能力

C. 信贷专家的主观估计 D. 贷款抵押品

7. 下面有关违约概率的说法中,错误的是( )。

   A. 违约概率是指借款人在未来一定时期内不能按合同要求偿还贷款本息或履行相关义务的可能性
   B. 《巴塞尔新资本协议》中,违约概率被具体定义为借款人1年内的累计违约概率与3%比较中的较高者
   C. 计算违约概率时,参考数据样本至少覆盖5年期限,同时必须包括违约率相对较高的经济萧条时期
   D. 在违约概率估计过程中,参考数据样本覆盖期限越长越好

8. 在经济资本的配置中,以违约概率和风险敞口的乘积作为加权因子,根据因子大小来分配经济资本的方法属于( )。

   A. 预期损失分配法 B. 损失变化分配法
   C. 矩阵分解法 D. 非预期损失分配法

9. 下列模型中,不属于信用评分模型的是( )。

   A. 线性概率模型 B. Probit 模型 C. Logit 模型 D. 死亡率模型

10. 下列有关信用衍生产品的说法中,错误的是( )。

    A. 信用衍生产品是允许转移信用风险的金融合约
    B. 信用衍生品的基本功能——违约保护在买方和卖方之间是相同的
    C. 信用衍生产品的交割可采取实物或现金两种方式
    D. 信用衍生产品既可以用于对冲掉全部的违约风险,也可用于对冲信用质量下降的风险

11. 采用保险业中的精算方法来得出债券或贷款组合损失分布的信用风险模型是( )。

    A. Credit Risk+ B. Credit Monitor
    C. Credit Metrics D. Credit Portfolio View

12. Credi Metrics 的核心思想是( )。

    A. 组合价值的变化不仅要受到资产违约的影响,而且也受到资产等级变化的影响
    B. 公司特有的资产分布及其资本结构决定了公司的信用质量特征
    C. 债券或贷款的违约遵从泊松过程,与公司的资本结构无关
    D. 信用质量的变化是宏观经济因素变化的结果

二、不定项选择题

1. 下列各项中,属于企业信用分析的5Cs系统的分析范围的有( )。

   A. 借款人的个人品德
   B. 企业的资本金

C. 借款人未来现金流量的变动趋势

D. 借款人提供的抵押品价值

E. 借款的利率水平

2. 下列关于客户评级或评分的验证的说法中,正确的有(　　)。

   A. 这些验证是监管部门的责任

   B. 随着客户的发展变化及数据的积累,验证方法要适时调整、不断改进

   C. 对于不同银行应该采用统一的方法

   D. 内容包括客户违约风险区分能力验证和违约概率预测准确性验证

   E. 验证是商业银行优化内部评级体系的重要手段

3. 信用评分模型在分析借款人信用风险过程中,存在的突出问题包括(　　)。

   A. 信用评分模型是一种向后看的模型,无法及时反映企业信用状况的变化

   B. 信用评分模型对历史数据的要求相当高,对于多数新兴商业银行而言,所收集的历史数据极为有限

   C. 无法全面地反映借款人的信用状况

   D. 信用评分模型无法提供客户违约概率的准确数值

   E. 方法过于机械死板,太依赖于数理方法,而忽视了一些定量性的、需要基于经验进行判断的因素

4. 运用信用评分模型进行信用风险分析的基本流程包括(　　)。

   A. 根据经验或相关性分析,确定某一类别借款人的信用风险的相关变量,模拟出特定形式的函数

   B. 利用历史数据进行回归分析,得出各相关因素的权重以体现其对这一类借款人违约的影响程度

   C. 将同类的潜在借款人的相关变量代入函数式算出数值,作为决策是否贷款的标准

   D. 在使用模型的过程中,不断根据新获得的数据对模型进行修正

   E. 不断利用数字模拟对模型进行压力测试和修正

5. 计算商业银行特定客户的信用风险,需要以下哪些变量(　　)。

   A. 违约概率　　　　　　　　　B. 违约损失率

   C. 违约风险敞口　　　　　　　D. 期限

   E. 行业风险指数

三、简答题

1. 简要说明信用风险度量的发展历程。

2. 信用风险与信贷风险有何区别?

3. 简要说明专家评定法的优缺点。

4. 5C法的主要内容是什么？适用于哪些贷款申请人？其局限性在哪？

5. 简要说明 KMV 模型。

四、计算题

1. 假设某企业的总资产 4.5 万元，流动资产 8 万元，流动负债 8.5 万元，息税前利润 3 万元，留存收益 2 万元，股票总市值 2 万元，长期负债 20 万元，销售收入 60 万元，则该企业的 Z 值为多少？

2. 某机构有 10 笔贷款，假设风险暴露频段值为 $L=4$ 万元，可将这 10 笔贷款划分为两个频段，其中 3 笔位于 v_1 频段，其余 7 笔位于 v_2 频段。在每一个频段内，贷款违约的平均数目 $\lambda=2$，且违约数服从泊松分布。

  (1) 求 v_1、v_2 频段内对应于不同违约数目的违约率与违约损失分布。

  (2) 求出不同频段内预期损失和 99％ 置信水平下对应的未预期损失。

  (3) 求出两笔贷款组合可能的违约概率及其对应的损失分布。

  (4) 求出两笔贷款组合的预期损失与 99％ 的置信水平下对应的未预期损失。

3. 某公司当前资产市值为 3 000 万元，资产预期增长率为每年 20％，资产波动性预期为 15％，公司 1 年后的违约临界值为 900 万元，求其违约距离。

五、案例分析题

2012 年 9 月，借款人金某向银行申请个人经营贷款 1 笔，借款金额 1 200 万元，期限为 1 年期，借款用途为其所任职的地暖管材公司(以下简称 A 公司)日常经营购进生产原材料，借款人在该公司任总经理职务。为确保该笔贷款的顺利申请，借款人金某提供其个人担任法人的商贸公司(以下简称 B 公司，注册资金 500 万元)的厂房及用地，作为该笔贷款的抵押物，向银行提供担保。抵押物位于大兴区物流包装基地，建筑面积 7 000 平方米，房屋及土地的总评估价值为 2 400 万元，目前带有 10 年以上的租约，年租金约为 260 万元，承租方为汉拿山餐饮集团。由于该厂房需要作为该笔贷款的抵押物，因此借款人出具了承租方签署的放弃第一顺位回购权的承诺函，承诺若该厂房因借款人出现违约情况，银行需要处置该抵押物时，放弃优先收购该厂房的权利。

在经过现场调查及相关审批后，银行原则上同意发放该笔贷款，但是要求在厂房抵押的基础上追加某担保公司作为连带责任保证人，在接到担保公司的担保函后才能发放该笔贷款。担保公司接到该笔担保申请后，经过现场调查，基本认可了该笔贷款的用途及抵押物情况，准备与借款申请人签订相关委托担保合同，向中信银行出具贷款担保函，协助银行完成后续放款手续。

但是在与借款人面签担保合同时，担保公司业务人员发现该借款人所携带的用款企业 A 公司的公章，与之前预留印鉴不符。经过相关部门鉴定核实确认为私刻的假公章。经过询问借款人得知,因 A 公司法人为外籍人士,长期不在本市,公章随身携带。为了方便开展业务,配合银行早日发放贷款,才私刻公章,并无骗贷意图。但是这种信用风险已经引起了担保公司方面的重视,随即提高了反担保措施的等级,要求在抵押物的基础上,将借款人所属 B 公司的 99% 股权,暂时转让到担保人名下,在发生借款人违约的情况下,能以最快速度处置抵押物,维护自己的权益。如果借款期限内借款人未出现违约情况,则贷款到期后,再将股权转回至借款人的 B 公司名下。

但是在到工商部门办理手续时,却得知国家政策刚刚发生变动。以往进行股权转让的操作时,只需向工商登记注册部门提供相关资料及股权转让协议即可办理。但是 2012 年 10 月 1 日之后,办理股权转让手续必须按税务部门的规定先到地税部门缴纳个人所得税后,才能到工商部门办理后续手续。具体计税依据要根据资产评估公司出具的企业资产评估报告来认定。如果该笔业务按照此程序办理的话,预计缴纳的税费约为 800 万元,借款人肯定无法接受。

经过与借款人的沟通,担保方提出了另一种担保方式,即将 B 公司 100% 的股权进行质押;并收押 B 公司的公章、财务章、人名章,如有用章需要,借款人必须经担保人同意后才能使用;同时要求实际用款企业 A 公司提供针对该笔贷款的连带责任保证;并对抵押物进行了强制执行公证。通过上述反担保措施,担保方将违约后的资产处置风险降到了最低,同时在不影响企业正常经营的情况下,满足了借款人的用款需求,使该笔贷款最终通过银行顺利发放。

就上面的案例说说你对该案例贷款发放过程中风险管理的看法,并提出你的建议。

第四章　金融市场风险管理

知识导航

金融市场风险管理
- 金融市场风险概述
  - 金融市场风险的概念
  - 金融市场风险的类别
- 金融市场变量波动率计算
  - 波动率的定义
  - 交易天数与波动率
  - 监测日波动率
  - 指数加权移动平均模型估测日波动率
  - GARCH(1,1)模型估测日波动率
- 风险价值
  - VaR 的定义
  - VaR 的参数选择
  - VaR 的计算
  - 边际 VaR、递增 VaR 与成分 VaR
  - VaR 与预期亏损
- 基于历史模拟法的 VaR 计算
  - 基本原理与计算步骤
  - 应用实例
  - 优点与缺陷
- 利用 VaR 进行市场风险控制
  - VaR 作为信息披露工具
  - VaR 作为风险控制工具

案例导入

中航油事件

2003 年下半年,中国航油公司(新加坡)股份有限公司(以下简称中航油)开始交易石油期权(option),最初涉及 200 万桶石油,选择做空,中航油在交易中获利。

2004 年第一季度,油价攀升导致公司潜亏 580 万美元,于是决定延期交割合同,期望油价能回跌;交易量也随之增加。

2004年第二季度,随着油价持续升高,公司的账面亏损额增加到3 000万美元左右。公司因而决定再延后到2005年和2006年才交割合同;交易量再次增加。

2004年10月,油价再创新高,公司此时的交易盘口达5 200万桶石油;账面亏损再度大增。

2014年10月10日,面对严重资金周转问题的中航油,首次向母公司呈报交易和账面亏损。为了补加交易商追加的保证金,公司已耗尽近2 600万美元的营运资本、1.2亿美元银团贷款和6 800万元应收账款资金。账面亏损高达1.8亿美元,另外已支付8 000万美元的额外保证金。

2014年10月20日,母公司提前配售15%的股票,将所得的1.08亿美元资金贷款给中航油。

2014年10月26日和28日,公司因无法补加一些合同的保证金而遭逼仓,蒙受1.32亿美元实际亏损。

2014年11月8日至25日,公司的衍生商品合同继续遭逼仓,截至2014年11月25日的实际亏损达3.81亿美元。

2014年12月1日,在亏损5.5亿美元后,中航油宣布向法庭申请破产保护令。

(资料来源:豆丁.中航油事件[EB/OL].(2012-02-24)[2022-12-20]. https://www.docin.com/p-347805299.html.)

第一节 金融市场风险概述

自20世纪70年代布雷顿森林体系崩溃以来,由于国际金融市场利率、汇率波动的加剧,金融市场风险已经成为各类金融机构无法回避而必须面对的基础性风险。证券价格尤其是衍生品价格瞬息万变,经常发生全球性的剧烈波动,直接影响到投资者的资产安全。同时,其他各种金融风险事件的背后也时常能发现金融市场风险的影子,这说明金融市场风险往往是其他金融风险的驱动因素。因此,对金融市场风险的认识和考察极为重要。

一、金融市场风险的概念

金融市场风险也常被称为金融资产价格风险,一般简称市场风险。根据1990年 J.P 摩根公司给出的定义,市场风险是指市场条件的改变而引起金融机构收入的不确定性,其中市场条件主要是指资产价格、市场波动、利率、市场流动性等。

国际清算银行定义市场风险为资产负债表表内和表外的资产价格由于股票、利率、汇率、商品价格的变动而发生变化的风险。

金融市场风险较为常见的定义则是来自张金清《金融风险管理》一书,他指出:金融市场风险是指金融市场变量的变化或波动而引起的资产组合未来收益的不确定性,其中金融市场变量也称为市场风险因子,主要包含股票价格、汇率、利率和衍生品价格等。

在相当长的一段时间里,市场风险并没有如同信用风险一样引起各国金融机构和金融监管机构的充分重视,甚至在 1988 年的《巴塞尔协议 I 》中,计算银行资本充足率时对银行资产风险的考虑也只是局限于信用风险,并没有包括市场风险。这是由于当时商业银行以银行贷款等间接融资方式为主,表外业务不太突出,交易账户资产额度在银行总体中占比很小,从而使得各国政府管制相对比较稳定,金融机构面临的利率风险和汇率风险都比较小。

然而,自 20 世纪 70 年代以来,国际金融市场发生了很大变化,金融自由化、全球化、资产证券化等发展趋势对金融领域产生了重大影响。这些变化和影响不仅使得金融机构所面临的市场风险大大增加,而且也对金融机构和金融监管机构的市场风险管理水平和监管力度提出了更高要求。

基于此,巴塞尔委员会在 1996 年 1 月颁布的《资本协议市场风险补充规定》中首次将市场风险纳入资本要求的范围。自此之后,市场风险成为商业银行乃至整个金融业都极为重视的关键风险之一,对其提出的监管指引亦层出不穷且伴随着业务的创新和不断发展。

二、金融市场风险的类别

金融市场风险可以分为利率风险、汇率风险、证券价格风险和大宗商品风险,分别是指利率、汇率、股票价格和商品价格的不利变动带来的风险。其中,利率风险尤为重要,受到商业银行和保险公司的高度重视。

1. 利率风险

利率风险是指市场利率变化导致资金交易或信贷价格波动时,投资者遭受损失的可能性。换句话说,利率风险意味着金融机构将面临潜在的收益减少或者损失。对于金融机构而言,如果持有利率敏感性正缺口,将面临利率下降、净收益或净利息收入减少的利率风险;反之,如果持有利率敏感性负缺口,则面临利率上升、净收益和净利息收入减少的利率风险。目前,我国金融机构面临的利率风险主要存在于债券投资业务中。商业银行、证券公司、基金公司、保险公司以及信托公司等众多金融机构大都获准经营债券投资业务,而债券投资业务面对的货币市场也已成为我国市场化程度最高的金融市场;拆借利率和债券回购利率已经成为我国最为市场化的利率,给参与其中的金融机构带来了一定的利率风险。

2. 汇率风险

汇率风险是指一个经济实体或个人在国际经济、贸易、金融等活动中,以外币计价的资产或负债因外汇汇率的变动而引起价值上升或下跌造成损益的可能性。交易风险、经营风险和折算风险是汇率风险的三种主要类型。其中,交易风险指汇率变化前未清偿的金融债务在汇率变化后结账时,这些金融债务的价值发生变化造成的风险;经营风险是指由未预期汇率变化所引起的公司未来现金流的改变,从而使公司的市场价值发生变化所造成的风险,而公司市场价值的变化又取决于汇率变化对未来销售量、价格和成本的影响程度等;折算风险有时又称为会计风险,是指用外币记账的外国子公司的财务报表转变为用母公司所在国货币重新做账时,导致账户上股东权益项目的潜在变化所造成的风险。

3. 证券价格风险

证券价格风险是指源于股票等有价证券价格变动而导致投资主体亏损或收益的不确定性,狭义的证券价格风险即为股票价格风险。1987年10月19日,纽约股票行市突然崩溃,道琼斯工业股票指数在一天内暴跌了508.32点,跌幅达22.62%,上市的5 000家公司的股票价值总额顷刻间减少了5 000亿美元以上,这一天也因此被称为"黑色星期一"。

4. 大宗商品风险

大宗商品风险则是指源于大宗商品合约价值的变动而可能导致亏损或收益的不确定性。与金融产品不同,商品合约要设定交割的形式和地点,这使得远期合约定价中的运输、储蓄和保险等费用都将成为大宗商品价格的影响因素。不仅如此,大宗商品现货或远期合约套利会受到一定限制,无法做到完全的无成本套利。在汇总风险头寸时,不管是在不同时间之间、不同交割地点之间还是不同交割等级之间,均需要谨慎考虑套利的限制对风险测度的影响。这些方面的错配是商品风险敞口的显著原因,风险管理者应该检查商品风险有没有被那些隐藏风险的交割时间、地点或其他价格因素间的头寸集聚所低估。

第二节 金融市场变量波动率计算

金融市场风险是由市场变量(利率、汇率、股票价格和商品价格)的变化或波动引起的。因为市场变量的波动程度一般由波动率大小来度量,本节将讨论市场变量波动率的计算问题。

一、波动率的定义

某个变量的波动率 σ 定义为这一变量在单位时间内连续复利回报率的标准差。当波动率被用于期权定价时,时间单位通常定义为一年,因此波动率就是一年的连续复利回报率的标准差。然而,当波动率被用于风险控制时,时间单位通常是一天,此时的波动率对应于每天的连续复利回报率的标准差。

定义 S_i 为一个变量在日期 i 结束时的值,则该变量每日连续复利的回报为 $\ln\frac{S_i}{S_{i-1}}$。当 S 波动幅度较小时,由无穷小量之间的等价原理可知式(4-1)成立,即:

$$\ln\frac{S_i}{S_{i-1}} = \ln\left(1+\frac{S_i-S_{i-1}}{S_{i-1}}\right) \sim \frac{S_i-S_{i-1}}{S_{i-1}} \qquad (4-1)$$

因此,日波动率的另外一种定义是变量的日相对变化的标准差,这也是风险管理中常用的定义。

例如，假定一个资产的价格是 60 美元，日波动率为 2%。这意味着一天中资产价格出现一个标准差的变化为 1.20 美元（60×0.02）。如果我们假设资产价格变化服从正态分布，我们有 95% 的把握确信，在一天结束时，资产的价格将在 57.65 美元（60-1.96×1.2）和 62.35 美元（60+1.96×1.2）之间。

二、交易天数与波动率

在计算波动率时，我们应该采用日历天数还是交易天数呢？由于研究人员已经证明交易所开盘交易时的波动率比关闭时的波动率要大很多，当采用历史数据来估计波动率时，分析员常常忽略交易所关闭天数，并通常假定每年有 252 个交易日。

假设 σ 为某一资产的年波动率，σ_{day} 为相应的日波动率。假设连续交易日的回报率相互独立并有相同的标准差，这意味着：

$$\sigma = \sigma_{day}\sqrt{252} \quad \text{或} \quad \sigma_{day} = \frac{\sigma}{\sqrt{252}}$$

因此说明，日波动率大约为年波动率的 6%。

三、监测日波动率

定义 σ_n 为第 $n-1$ 天所估计的市场变量在第 n 天的波动率，相应的方差为 σ_n^2。假定市场变量在 i 天末的价格为 S_i。定义 u_i 为在第 i 天的连续复利收益率（第 $i-1$ 天末至第 i 天末的收益），于是有：

$$u_i = \ln\frac{S_i}{S_{i-1}}$$

一种估计 σ_n 的方法是令其等于 u_i 的标准差，利用 u_i 最近 m 天的观察数据和标准差的一般公式，我们得出：

$$\sigma_n^2 = \frac{1}{m-1}\sum_{i=1}^{m}(u_{n-i}-\bar{u})^2 \tag{4-2}$$

在式（4-2）中，$\bar{u}$ 为 u_i 的平均值：

$$\bar{u} = \frac{1}{m}\sum_{i=1}^{m}u_{n-i}$$

值得注意的是，以下几种变形常常用于风险管理过程中：

（1）u_i 被定义为市场变量在第 $i-1$ 天末与第 i 天末的价格百分比变化：

$$u_i = \frac{S_i - S_{i-1}}{S_{i-1}}$$

这种计算方式与前面计算 u_i 的方式差别不大。

（2）$\bar{u}$ 被假设为零,这种假设的前提是每一天市场变化期望值远远小于市场变化的标准差。

（3）$m-1$ 被 m 代替,这种做法将我们的波动率从偏差估计转换为最大似然估计。以上变形会使得方差公式简化为：

$$\sigma_n^2 = \frac{1}{m}\sum_{i=1}^{m} u_{n-i}^2 \qquad (4-3)$$

式(4-3)实际上意味着：对应 u_{n-1}^2，u_{n-2}^2，…，u_{n-m}^2 所有项的权重相同。因为我们的目标是估计当前波动率 σ_n 的水平,所以将更多权重赋给更近的数据就很有意义,这样做的一种模型为：

$$\sigma_n^2 = \sum_{i=1}^{m} a_i u_{n-i}^2$$

其中,变量 a_i 为第 i 天以前的观察值所对应的权重。当选择这些变量时需要保证在 $i > j$ 时,$a_i < a_j$,也就是我们将更少的权重施予更旧的数据上,权重之和必须为1,即：

$$\sum_{i=1}^{m} a_i = 1$$

在进一步的模型推广中,假定权重选择存在某一长期平均方差,这种推广对应于以下模型：

$$\sigma_n^2 = \gamma \times V_L + \sum_{i=1}^{m} a_i u_{n-i}^2 \qquad (4-4)$$

在式(4-4)中,V_L 为长期方差率,γ 为 V_L 所对应的权重。因为权重之和仍为1,于是有：

$$\gamma + \sum_{i=1}^{m} a_i = 1$$

此模型被称为 ARCH(m) 模型,最先由罗伯特·恩格尔提出。在这一模型中,方差的估计值与长期平均方差以及 m 个观察值有关,观察数据越陈旧所对应的权重会越小。令 $\omega = \gamma \times V_L$,则有：

$$\sigma_n^2 = \omega + \sum_{i=1}^{m} a_i u_{n-i}^2$$

四、指数加权移动平均模型估测日波动率

根据上述思想,在指数加权移动平均模型(EWMA 模型)中,更新波动率的简单公式为：

$$\sigma_n^2 = \lambda \sigma_{n-1}^2 + (1-\lambda) u_{n-1}^2$$

其中，第 n 天波动率 σ_n（在第 $n-1$ 天估计）由第 $n-1$ 天的波动率 σ_{n-1}（在第 $n-2$ 天估算）及最近一天变化率 u_{n-1} 的数据来决定，λ 是介于 0 和 1 之间的某一常数。

例如，假设 λ 为 0.90，对应于第 $n-1$ 天由市场变量所估测的波动率为每天 1%。在第 $n-1$ 天，市场变量增加了 2%，这意味着 $\sigma_{n-1}^2 = 0.01^2 = 0.0001$ 以及 $u_{n-1}^2 = 0.02^2 = 0.0004$，于是，我们得出：

$$\sigma_n^2 = 0.9 \times 0.0001 + 0.1 \times 0.0004 = 0.00013$$

因此，第 n 天波动率 σ_n 的估计为 $\sqrt{0.00013}$，即每天 1.14%。注意 u_{n-1}^2 的期望值为 σ_{n-1}^2，也就是 0.0001。在这一例子中，u_{n-1}^2 所对应的实际值比期望值要大，因此我们对于波动率的估计会逐渐增加。当 u_{n-1}^2 的实际数值小于期望值时，我们对于波动率的估计值会逐渐减小。

五、GARCH(1，1)模型估测日波动率

在 GARCH(1，1)模型中，σ_n^2 由长期平均方差 V_L、u_{n-1} 及 σ_{n-1} 计算得出，GARCH(1，1)模型的表达式为：

$$\sigma_n^2 = \lambda \times V_L + \alpha \times u_{n-1}^2 + \beta \times \sigma_{n-1}^2 \tag{4-5}$$

在式(4-5)中，γ 为对应于 V_L 的权重，α 为对应于 u_{n-1}^2 的权重，β 为对应于 σ_{n-1}^2 的权重。因为权重之和为 1，于是有：

$$\gamma + \alpha + \beta = 1$$

EWMA 模型是 GARCH(1，1)模型对应于 $\gamma = 0$，$\alpha = 1-\lambda$ 及 $\beta = \lambda$ 的特例。

GARCH(1，1)模型的"(1，1)"代表 σ_n^2 是由最近的 u^2 的观察值 u_{n-1}^2 和最新的方差估算 σ_{n-1}^2 所得。在广义模型 GARCH(p，q)中的 σ_n^2 是最近的 p 个 u^2 的观察值及 q 个最新的方差估计而计算所得，而 GARCH(1，1)是到目前为止 GARCH 模型中最流行的一种。

令 $\omega = \gamma \times V_L$，GARCH(1，1)模型则为：

$$\sigma_n^2 = \omega + \alpha \times u_{n-1}^2 + \beta \times \sigma_{n-1}^2$$

当 ω、α 及 β 被估算出后，可进一步由 $\gamma = 1-\alpha-\beta$ 来计算 γ 和长期方差 $V_L = \omega \div \gamma$。为了保证 GARCH(1，1)模型的稳定，我们要求 $\alpha + \beta < 1$，否则赋予长期方差的权重会为负值。

例如，假设某一由每天观测数据估算出的 GARCH(1，1)模型为：

$$\sigma_n^2 = 0.000002 + 0.13 \times u_{n-1}^2 + 0.86 \times \sigma_{n-1}^2$$

这对应于 $\alpha=0.13$，$\beta=0.86$ 以及 $\omega=0.000\,002$。因为 $\gamma=1-\alpha-\beta=0.01$，$\omega=\gamma\times V_L$，得出 $V_L=0.000\,2$，换句话讲，由模型隐含出的每天长期方差平均为 $0.000\,2$。对应的波动率为 $\sqrt{0.000\,2}=0.014$，即每天 1.4%。

假设对应于 $n-1$ 天的日波动率估算值为 1.6%，因此 $\sigma_{n-1}^2=0.016^2=0.000\,256$。又假设 $n-1$ 天市场价格降低 1%，$u_{n-1}^2=0.01^2=0.000\,1$，因此有：

$$\sigma_n^2 = 0.000\,002 + 0.13 \times 0.000\,1 + 0.86 \times 0.000\,256 = 0.000\,235\,16$$

因此，对于波动率的最新估计为 $\sqrt{0.000\,235\,16}=0.015\,3$，即每天 1.53%。

第三节 风险价值

风险价值(VaR)试图对金融机构的资产组合提供一个单一风险度量，而这一度量恰恰能体现金融机构的整体风险。这一最先由 J. P. 摩根提出的概念已经被银行的资产部、基本管理人员以及其他金融机构广泛应用。

一、VaR 的定义

VaR 是 "value at risk" 的缩写，可翻译为风险价值(有时也直译为在险价值)。它是指当市场处于正常波动状态时，对应于某一给定的置信度水平，投资组合或资产组合在未来特定一段时间内所遭受的最大可能损失。用数学语言可以表示为：

$$P(Loss \leqslant VaR) = X \text{ 或 } P(Loss > VaR) = 1 - X$$

其中，P 表示概率测度；$Loss=-(W(t+\Delta t)-W(t))$，表示组合在未来持有期 Δt 内的损失；$W(t)$ 表示组合在当前时刻 t 的价值；X 为置信度水平。

直观上而言，VaR 可以描述为以下事实："我们有 $X\%$ 的把握，在 Δt 时间段，我们的损失不会大于变量 V。"这里的"V"就是交易组合的 VaR，很显然，VaR 是时间展望期 Δt 及置信度 $X\%$ 两个变量的函数。

VaR 可以由交易组合在 Δt 时间内的收益概率分布得出，也可以由损失概率分布得出(对于前者，损失为收益的负值；对于后者，收益为损失的负值)。当采用收益分布时，VaR 等于如图 4-1 所示分布的第 $100-X$ 收益分位数的负值；当采用损失分布时，VaR 等于如图 4-2 所示分布的第 X 损失分位数。例如，当 Δt 为 5 天，$X=97$ 时，VaR 对应于交易组合在 5 天后收益分布中第 3 个分位数的负数；也可将 VaR 看成对应于交易组合在 5 天后损失分布中的第 97 个分位数。

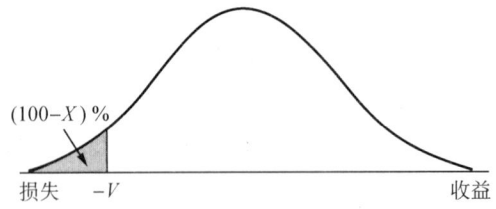

图 4-1 由交易组合在时间 $t+\Delta t$ 的收益概率分布来计算 VaR

注：损失可看作负的收益，置信度为 $X\%$ 时，VaR 的大小为 V。

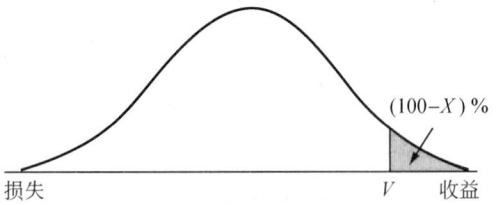

图 4-2 由交易组合在时间 $t+\Delta t$ 的损失概率分布来计算 VaR

注：收益可看作是负的损失，置信度为 $X\%$ 时，VaR 的大小为 V。

二、VaR 的参数选择

VaR 有两个重要参数，分别为资产组合的持有期和置信度。这两个参数对 VaR 的计算和应用都起着重要的作用。

(1) 持有期。因为随着时间延长，资产价格的波动性也必然增加，所以度量 VaR 的一个先决条件是 VaR 的持有时间范围。对度量市场风险而言，一天或一个月可能更为适合。但是，对于度量信用风险而言，由于贷款资产组合的价格在一段时间内波动幅度不大，时间段太短意义不大，故而常常选择半年或一年。

(2) 置信度。置信度 X 也称为置信水平，置信水平越高意味着资产组合的损失小于其 VaR 值的概率越大，即 VaR 模型对于极端事件的发生进行预测时失败的可能性越小。然而，置信度并非越高越好，而是要依赖于对 VaR 验证的需求、内部风险资本需求、监管要求以及不同机构之间进行比较的需要等。

三、VaR 的计算

（一）一般分布中的 VaR

为了更好地理解 VaR 的概念，下面我们推导其数学表达式。设资产组合的初始价值为 W_0，持有至期末 T 的期望收益为 R，其中 R 的数学期望和标准差分别是 μ 和 σ。在给定的置信水平 X 下，资产组合的最低价值为 $W^* = W_0 \times (1+R^*)$。其中，R^* 为对应的最低收益率（一般为负值）。定义相对 VaR 和绝对 VaR，分别用 VaR_R 和 VaR_A 表示。

相对 VaR 是相对于平均值而计算的损失，是资产组合在特定时间内，用预期价值来测度在某置信水平下可能遭受的最大损失，即当确定置信水平后，收益分布的最低值与均值的距离。

$$VaR_R = \frac{预期收益}{损失} - 在某置信水平下可能遭受的最大损失$$

用公式可表达为：

$$VaR_R = E(W_T) - W^* = -W_0(R^* - \mu)$$

绝对 VaR 则是相对于 0 的损失,是某置信水平下可能遭受的损失,与期望值无关。用公式可表达为:

$$VaR_A = W_0 - W^* = -W_0 \times R^*$$

例如,假设 $W_0 = 100$,$\mu = 5\%$,$R^* = -20\%$,则:

$$VaR_R = 100 \times [0.05 - (-0.20)] = 25, VaR_A = -100 \times (-20\%) = 20$$

注意 R^* 是负的,这使得 VaR_R 等于最大可能损失的绝对值和预期收益之和。如果预期收益碰巧为负,则 VaR_R 为最大可能损失的绝对值和预期收益之差。

如果 $\mu = -5\%$,则:

$$VaR_R = 100 \times [-0.05 - (-0.20)] = 15, VaR_A = 20$$

VaR 也可由资产组合值的概率分布推导而得。假定资产未来回报的概率密度函数为 $f(W_T)$,则在一定的置信水平 X 下,价值高于 W^* 的概率 X 为:

$$X = \int_{W^*}^{+\infty} f(W_T) dW_T$$

或者说,价值低于 W^* 的概率为:

$$1 - X = p(W_T \leqslant W^*), 1 - X = \int_{-\infty}^{W^*} f(W_T) dW_T$$

其中,W^* 是在确定的概率水平下(如 95%)的价值分界点。无论分布是离散的还是连续的,抑或是厚尾的还是薄尾的,此表示方式对于任何形式的分布都是有效的。

(二) 正态分布中的 VaR

在正态分布假定下,VaR 的计算可以得到简化。设资产组合的价值 W 服从均值为 μ,标准差为 σ 的正态分布。在标准正态分布下,如果 X 代表某一置信水平(如 99%),组合价值低于 W^* 的概率为 $1 - X$ 时,所对应的收益率 R^* 可以通过式(4-6)加以界定:

$$P(r < R^*) = \int_{-\infty}^{W^*} f(w) dw = \int_{-\infty}^{R^*} f(r) dr = \int_{-\infty}^{a} \varphi(z) dz = P\left(z < \frac{R^* - \mu}{\sigma}\right) = 1 - X \quad (4-6)$$

式(4-6)中,$z = (r - \mu) \div \sigma$,$\varphi(z)$ 表示变量 z 服从标准正态分布 $N(0, 1)$。

在收益变化服从正态分布的情况下,R^* 的推导变得很简单:

由 $P(r < R^*) = P\left(\frac{r - \mu}{\sigma} < \frac{R^* - \mu}{\sigma}\right) = 1 - X$,可知 $\frac{R^* - \mu}{\sigma} = \alpha$,即:

$$R^* = \mu + \alpha\sigma \quad (4-7)$$

将式(4-7)代入式 $VaR = E(W_T) - W^* = -W_0(R^* - \mu)$ 可得:

$$VaR = E(W_T) - W^* = -W_0(R^* - \mu) = -W_0(\mu + \alpha\sigma - \mu) = -\alpha\sigma W_0$$

这就是正态分布假设下 VaR 的一般表达式。此时,只需要参考一下标准累积正态函数表即可。其中,各置信水平 X 对应的临界值 α,如表 4-1 所示。

表 4-1　　　　　　　　各置信水平 X 对应的临界值 α

X	$\alpha = \dfrac{R^* - \mu}{\sigma}$	X	$\alpha = \dfrac{R^* - \mu}{\sigma}$
99.97%	−3.43	99.00%	−2.33
99.87%	−3.00	95.00%	−1.65

于是,在正态分布假设下,根据相对 VaR 和绝对 VaR 的定义,可以得到:

$$VaR_R = -\alpha\sigma W_0, \quad VaR_A = -(\alpha\sigma + \mu)W_0$$

四、边际 VaR、递增 VaR 与成分 VaR

为了更好地理解 VaR,分析人员常常需要进一步计算出边际 VaR、递增 VaR 与成分 VaR。

假定一投资组合有若干组成成分,其中第 i 个成分为 x_i,交易组合的边际 VaR 是指交易组合价格变化同某个组合成分变化的比率。因此,第 i 个成分的边际 VaR 等于:

$$\frac{\partial(VaR)}{\partial x_i}$$

对于一个投资组合而言,边际 VaR 与资本资产定价模型中的贝塔系数存在着密切关系。当一个资产的贝塔系数较高时,这个资产所对应的边际 VaR 往往也会很高;当一个资产的贝塔系数较低时,这个资产所对应的边际 VaR 会很低。当某资产的边际 VaR 为负时,说明增加这一资产的权重会降低投资组合的风险。

第 i 个子交易组合的递增 VaR 衡量的是该子交易组合对 VaR 的递增效应,即交易组合包含此子组合时的 VaR 与不包含此子组合时的 VaR 的差,交易员通常对新交易的递增 VaR 特别感兴趣。

第 i 个子交易组合的成分 VaR 定义为:

$$\frac{\partial(VaR)}{\partial x_i} x_i$$

在计算成分 VaR 时,先令投资于第 i 个子交易组合的数量发生一个较小的相对变化 $y_i = \dfrac{\Delta x_i}{x_i}$,然后重新计算 VaR。假定 ΔVaR 为 VaR 的增量,则成分 VaR 近似等于 $\dfrac{\Delta VaR}{y_i}$。正是因为一个子交易组合的规模相对整个交易组合很小,我们可以认为边际 VaR 在 x_i 减小到 0 的过程中保持不变,于是减小 x_i 到 0 的影响为 x_i 乘以边际 VaR,两者之积就是成分 VaR。

五、VaR 与预期亏损

(一) VaR

因为 VaR 的概念比较容易理解,所以引起人们的极大关注。在应用 VaR 时,事实上等同于用户所关心的"最坏情况会是怎样"的问题。这一问题备受所有高级管理人员的关注,这是因为将各种对于不同种类的市场变量的敏感度压缩成一个数字会使得管理人员的工作变得容易一些。

然而,当采用 VaR 来设定交易风险额度时,也可能会产生我们不想看到的结果。假定一家银行限定的某交易员的交易组合在一定展望期下以及 99% 置信度水平下的 VaR 额度为 1 000 万美元,交易员可以构造一交易组合:该交易组合有 99.1% 的可能每天的损失小于 1 000 万美元,但是有 0.9% 的可能每天的损失为 5 000 万美元。显然,这一交易组合满足了银行所设定的额度。但很明显,交易员承担了银行不可接受的风险。

交易员的这种行为并不是不可能,许多交易员喜欢承担更大的风险,以希望得到更高的回报。如果交易员能够在没有超出额度的情况下承担更大的风险,他们往往会那样去做。赫尔在他的书中曾引用某交易员的一席话:"我还从来没有碰到过一种风险控制系统会使得我的交易无法进行。"上述所列举交易组合价值的概率分布形式如图 4-3 所示。图 4-3 中的 VaR 等同于图 4-1 中的 VaR,但图 4-3 中对应的风险要远大于图 4-1 中对应的风险,这是因为图 4-3 中的分布更有可能出现大的损失。

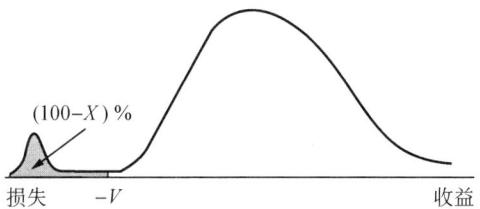

图 4-3 时间 T 内某交易组合价值的概率分布
注:置信度为 X%,交易组合具有和图 4-1 中相同的 VaR,但该图显示出现大额损失的可能性更大。

(二) 预期亏损

预期亏损是另一种风险测度工具,也被称为条件风险价值、条件尾部期望或尾部损失。VaR 测度的目的是展示损失会糟成什么样子,而预期亏损给以下问题提供了答案:"当市场条件变糟而触发损失时,损失的期望值会有多大?"像 VaR 一样,预期亏损也是展望期的时间长度 T 和置信水平 X 两个变量的函数。其中,预期亏损是指在 T 时的损失超出了第 X 分位数条件下损失的期望值。例如,假定 $X=99$,$T=10$ 天,VaR=6 400 万美元,预期亏损为在今后 10 天内损失超出 6 400 万美元以上的平均损失情况。

从风险分散的意义上来讲,预期亏损要比 VaR 有更好的性态。但是,预期亏损比 VaR 更为复杂,也更难以理解。另外,预期亏损的准确性很难得到回顾测试(回顾测试是利用历史数据来检验 VaR 度量可靠性的一种方式)。

虽然 VaR 在某些方面存在缺点,但它已经在监管机构及风险管理人员之中得到了广泛的应用。

第四节 基于历史模拟法的 VaR 计算

本章第三节介绍的 VaR 计算方法均需对风险因子变化及其导致的投资收益的变化分布作出预先预设,本节将介绍一种无须预先假设风险因子变化分布且与前述方法显著不同的 VaR 计算方法——历史模拟法。下面将对这一方法的基本原理与计算步骤进行介绍,并举例对其应用方法作出说明,最后分析该方法的优缺点。

一、基本原理与计算步骤

对于本章第三节所介绍的各种 VaR 计算方法,其本质均为在对金融风险因子的变化分布进行估计后,进一步找到风险因子变化影响下的资产组合的未来收益分布规律,并计算投资组合的风险价值。当基于不同的分布形式与不同的估计方法,VaR 的计算方法也有所不同。当运用历史模拟法来计算 VaR 时,同样需要了解资产组合未来收益的分布情况。历史模拟法通过历史数据来刻画各项风险因子在过去某一时间内的变化情形,并直接将其作为风险因子未来变化的模拟情况,进而得出资产组合未来收益的可能分布。由此可见,历史模拟法不需要预先假设风险因子服从某种特定的概率分布,也不需要对这些分布的参数进行估计,属于非参数估计方法中的一种。

运用历史模拟法来计算 VaR 主要包括以下五个步骤。

步骤一:识别风险因子变量。

假设投资组合的价值 V 受到 n 个风险因子 $f_i(i=1, 2, \cdots, n)$ 的影响,风险因子在 t 时刻的取值为 $f_i(t)$,则投资组合在 t 时刻的价值可表示为:

$$V_t = V(f_1(t), f_2(t), \cdots, f_n(t))$$

令 $t<0$ 表示过去时刻,$t>0$ 表示未来时刻,$t=0$ 表示当前时刻,则当前时刻 $t=0$ 的投资组合价值为:

$$V_0 = V(f_1(0), f_2(0), \cdots, f_n(0))$$

步骤二:选择历史区间并收集历史数据。

历史模拟法需要根据具体要求合理选取历史数据的时间区间,所选择时间区间应足够宽以便具备统计规律并能够反映未来风险因子的变化。考虑到历史数据的可获取性及其所具有的未来模拟价值,时间区间一般不能太过久远。假设选取的历史数据时间区间为 $[-(T+1), -1]$,则在收集风险因子 f_i 在 $[-(T+1), -1]$ 间的历史数据后,得到数据序列 $\{f_i(-T-1), f_i(-T), \cdots, f_i(-1)\}$。这时,风险因子 f_i 在过去时刻的 T 种变化情况可以表示为:

$$\Delta f_i(-t) = f_i(-t) - f_i(-t-1), \quad t=1, 2, \cdots, T$$

步骤三:模拟风险因子的未来变化。

历史模拟法假定风险因子未来变化的分布等同于其历史变化分布,风险因子 f_i 未来时刻的变化情况因此可以用其历史时刻的变化情况进行模拟。于是,f_i 在未来时刻的 T 种可能取值可以表示为:

$$f_i^t = f_i(0) + \Delta f_i(-t), t = 1, 2, \cdots, T$$

步骤四:计算投资组合未来收益分布。

利用步骤三的模拟结果以及投资组合的价值计算公式,投资组合在未来时刻的 T 种可能价值水平为:

$$V^t = V(f_1^t, f_2^t, \cdots, f_n^t), t = 1, 2, \cdots, T$$

因此,投资组合未来时刻与当前时刻相比的价值变化量(即投资组合的收益 ΔV)同样存在 T 种可能取值:

$$\Delta V^t = V^t - V_0, t = 1, 2, \cdots, T$$

步骤五:根据投资组合收益分布计算 VaR。

对投资组合的收益可能值 ΔV^t 从大(利润)到小(损失)进行排序后,可根据 ΔV^t 的排序结果查找到相应置信水平 X 下的 VaR。

二、应用实例

假设某投资者于 2023 年 9 月 1 日买入 1 000 股招商银行的 A 股股票(股票代码 600036),如何利用历史模拟法来计算置信水平 $X=95\%$ 下的每日 VaR 呢?

首先,在证券交易所网站选取招商银行连续 500 个交易日的历史数据(2022 年 8 月 14 日至 2023 年 8 月 29 日),从而得到招商银行 A 股每日涨跌额的 500 个历史数据值,如表 4-2 所示。

表 4-2　　　　　　招商银行 A 股 500 个交易日历史交易数据

t	日期	开盘价(元/股)	收盘价(元/股)	涨跌额(元/股)	收益率
1	2023-08-29	10.53	10.56	0.09	0.86%
2	2023-08-28	10.57	10.47	−0.10	−0.95%
3	2023-08-27	10.56	10.57	−0.03	−0.28%
4	2023-08-26	10.58	10.60	0.02	0.19%
5	2023-08-25	10.72	10.58	−0.13	−1.21%
6	2023-08-22	10.56	10.71	0.11	1.04%
7	2023-08-21	10.72	10.60	−0.12	−1.12%
8	2023-08-20	10.74	10.72	−0.06	−0.56%

(续表)

t	日期	开盘价(元/股)	收盘价(元/股)	涨跌额(元/股)	收益率
9	2023-08-19	10.80	10.78	−0.02	−0.19%
10	2023-08-18	10.80	10.80	0.01	0.09%
...	...	...	...	...	...
491	2021-08-09	10.10	10.08	0.01	0.10%
492	2021-08-08	10.01	10.07	0.07	0.70%
493	2021-08-07	10.01	10.00	−0.01	−0.10%
494	2021-08-06	10.00	10.01	0.01	0.10%
495	2021-08-03	10.02	10.00	−0.01	−0.10%
496	2021-08-02	9.96	10.01	0.04	0.40%
497	2021-08-01	9.92	9.97	0.05	0.50%
498	2021-07-31	9.85	9.92	0.11	1.12%
499	2021-07-30	9.80	9.81	0.06	0.62%
500	2021-07-27	9.62	9.75	0.16	1.67%

历史模拟法假设风险因子的未来变化完全等同于其历史变化，即表 4-2 所列的 500 个历史日收益率都可能在 2023 年 9 月 1 日出现。由于利用历史数据可得到该股票日收益率的 500 个可能取值，当以上一个交易日的收盘价 10.56 元/股来进行计算时，可得到 2023 年 9 月 1 日持有该股票的 500 个可能收益结果，如表 4-3 所示。

表 4-3　　2023 年 9 月 1 日招商银行 A 股的 500 个可能收益取值

i	日收益率第 i 个可能取值	涨跌额(元/股)	收益(10 000 股)(元)	收益大小排序
1	0.86%	0.09	908.2	115
2	−0.95%	−0.10	−1 003.2	390
3	−0.28%	−0.03	−295.7	284
4	0.19%	0.02	200.6	201
5	−1.21%	−0.13	−1 227.8	410
6	1.04%	0.11	1 098.2	98
7	−1.12%	−0.12	−1 182.7	401
8	−0.56%	−0.06	−591.4	325
9	−0.19%	−0.02	−200.6	270
10	0.09%	0.01	95.0	219
...	...	...	...	...

(续表)

i	日收益率第 i 个可能取值	涨跌额(元/股)	收益(10 000 股)(元)	收益大小排序
341	-2.23%	-0.24	$-2\,354.9$	475
…	…	…	…	…
491	0.10%	0.01	105.6	217
492	0.70%	0.07	739.2	133
493	-0.10%	-0.01	-105.6	263
494	0.10%	0.01	105.6	218
495	-0.10%	-0.01	-105.6	264
496	0.40%	0.04	422.4	171
497	0.50%	0.05	528.0	161
498	1.12%	0.12	$1\,182.7$	91
499	0.62%	0.07	654.7	143
500	1.67%	0.18	$1\,763.5$	56

对收益的可能取值从大到小进行排序后,根据 VaR 的定义可知:在 500 个可能的收益取值中,位列第 475 名的损失值为 2 354.9 元,这即为 95% 置信水平下的日 VaR 值。

三、优点与缺陷

如果我们能掌握足够多的历史数据,这时使用历史模拟法来计算 VaR 具有诸多的优点,但该方法同时也存在一定的缺陷。

(一) 优点

(1) 历史模拟法简便易行、直观易懂、计算过程简洁,即使对于没有专业统计知识的人,也可以较快地为使用者掌握和实施。

(2) 历史模拟法是非参数估计方法,既不需要预先就风险因子等变量建立数学模型并拟合其分布形式,也不需要估算均值、方差、相关性等分布参数与数字特征,从而有效减少了模拟风险与参数估计风险。

(3) 历史模拟法不需要假定金融风险因子服从特定的概率分布,对于非对称分布、厚尾、尖峰等分布情况具有同样的适用性。

(4) 历史模拟法可以处理期权等非线性收益投资组合的风险度量问题。

(5) 由于其简单易用,历史模拟法也可用于 VaR 之外的风险测量方法,如灵敏度法等。

(二) 缺陷

(1) 历史模拟法假设风险因子的未来变化完全等同于其历史变化,这一假设与现实情况不完全相符。在现实金融市场中,国内外、宏微观环境瞬息万变,使得金融风险因子的变化趋势也处在动态变化之中,很难确保其未来变化完全是其历史变化的完整再现。因此,运用历史模拟法计算 VaR 的可靠性极度依赖于风险因子历史变化与未来变化的近似程度。

(2) 历史模拟法假设风险因子的过往变化在未来时刻以相同的概率出现,这一假设同样与现实情况不完全相符。一般而言,越久远的过往变化在未来的应用价值越小,概率相同的假设显然容易引起估计偏差。同时,概率相同的假设没有考虑到所选取的历史数据所处特定时期、特殊数值对模拟未来变化时的可能影响。同一金融变量在不同时期有着不同的波动规律,若选取的历史时期处于经济繁荣阶段,可能低估未来风险;而若选取的历史时期处于经济萧条阶段,则可能放大未来风险。

(3) 模拟金融风险因子未来变化需要收集、处理大量连续的历史数据,时间、人力、物力成本较高。同时,对于发展历史较短的新兴市场来说,要收集到足够的历史数据相对而言比较困难。

(4) 运用历史模拟法计算 VaR 的结果对历史数据的选择区间、时间长度、数据质量等较为敏感,计算得到的 VaR 值波动较大、稳健性较差。

第五节 利用 VaR 进行市场风险控制

近些年来,VaR 已发展成为一种主动性的风险管理工具。运用 VaR 工具,各金融机构不仅可寻求风险和收益间的平衡,而且可以运用 VaR 工具进行经济资本配置,还可以运用经济风险调整收益对交易员的业绩进行评价。

一、VaR 作为信息披露工具

目前,VaR 已成为一个披露金融市场风险的标准方法。使用者可以很方便地用 VaR 向股东准确披露风险状况,而且还可以用 VaR 评估高级管理层对交易和投资运营的风险管理状况。

事实上,风险管理披露进步是非常快的。根据银行和证券监管部门的一份报告,美国 1993 年在年报中披露自身 VaR 值的企业不过只有 4 家,到了 1998 年这个数字就上升到了 66 家。当然,这与巴塞尔委员会的大力推动密切相关。巴塞尔委员会宣称:"在一个不断变化和日益复杂的环境中,披露风险状况可以加强监管者维护市场稳定的努力。若具备了有意义的相关信息,投资者、存款人、债权人和交易对手就可以对金融机构加以约束,要求它们更谨慎地从事衍生品交易,并且遵循其经营目标。"由此可知,巴塞尔委员会的基本观点是:关于市场风险的信息披露是股东、债权人和金融分析师进行监督和市场约束的依据。不进行相关信息的披露,市场就会怀疑企业可能状态不佳,从而可能引起企业经营或融资困难。

市场约束的表现方式之一就是对于那些被认为存在更多风险的企业,市场会要求更高的投资回报,这无疑增加了企业的融资成本。另外,若投资者认为其所得到的关于某企业的信息不充分,就会减少该企业的股票交易,进而降低了该企业股票的交易量、加大了交易成本并可能会降低股票价格，对企业不利。

二、VaR 作为风险控制工具

VaR 不仅可以作为信息披露工具，而且可以作为风险控制工具。传统的限制交易风险的手段是对名义交易量的限制，而 VaR 可以作为其补充。

（一）对机构 VaR 值的调整

在一个日益变动的金融环境中，VaR 界限值可以作为机构对风险—收益替代关系进行调整的标准，且其中一个办法就是降低风险暴露头寸。例如，针对当时剧烈波动的利率，美国信孚银行于 1994 年进行了利率风险暴露头寸的大幅调整。该行 1994 年的初始 VaR 值约为 7 000 万美元，到了 2 月份迅速下降 3 000 万美元；在此之后，除一些小幅波动外，其 VaR 水平基本稳定。

美国信孚银行对如此巨大的 VaR 值变化作出的解释为："1994 年年初全球利率水平迅速上升……公司对于这种不利的、不稳定的市场环境所作的反应是在 1994 年第一季度有序地收缩主要市场的业务头寸……利率风险是本年度市场风险来源中最主要的一种，日平均价格波动约为 2 900 万美元。相比之下，公司 1994 年所有市场风险日平均价格波动为 1 000 万美元。"

我们可以从中了解到同期短期利率水平及其波动性情况，即随着利率水平的上升，波动性也在不断增加。因此，美国信孚银行大幅度降低其利率风险暴露头寸，以降低波动性增加带来的风险。由此可见，VaR 值可以作为降低市场风险暴露头寸的一个指标。

（二）对业务部门 VaR 值的调整

在业务部门层面上，VaR 值可用于确定头寸限额，从而决定如何分配有限的资本资源。

VaR 方法的一大优势是它可以作为对不同风险投资活动进行比较的一个标准。传统确定头寸限额的方法是名义交易价值。例如，一个交易员被赋予 1 000 万美元在 5 年期国债上的隔夜头寸，但同样数量的头寸若放在 30 年期国债或国债期货上时，则风险要大得多。因此，名义头寸限额在不同的交易部门间进行比较是没有意义的。然而，VaR 方法却提供了一个通用标准，以此来进行不同类型资产之间的比较，并据此指导头寸限额的设置。

另外，VaR 方法还充分考虑到了相关性问题。上级部门设定 VaR 限额可以低于下级部门 VaR 限额的和，这是分散化投资的结果。以业务部门 A、B 及其下级部门为例，其设定 VaR 限额的情况如图 4-4 所示。业务部门 A 在分散经营下的风险限额为 6 000 万美元，少于其下级部门 A_1、A_2、A_3 的 VaR 之和 7 500 万美元，这就是分散化的好处。

表 4-4 给出了一家面临外汇和固定收益市场风险的公司的总结性头寸报告，这里分别用美元、欧元和日元表示两个业务单位 A、B 所具有的不同外汇头寸，且所有头寸及其风险衡量值都以美元表示，现以此来估计 VaR 和 VaR 限额。

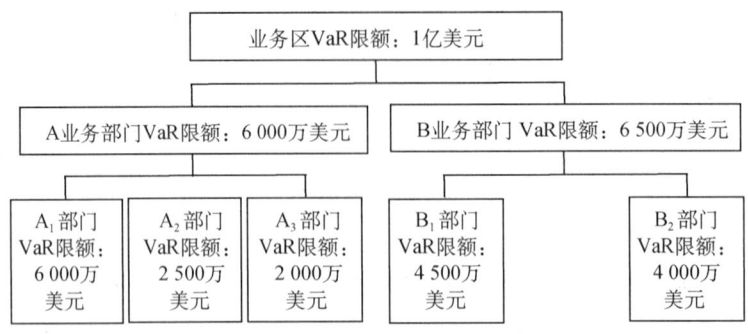

图 4-4 设定 VaR 限额

根据第一组数据,单位 A 在 95% 的置信水平下的日 VaR 是 128 万美元,相应的限额为 200 万美元;单位 B 在 95% 的置信水平下的日 VaR 是 273 万美元,限额为 300 万美元。值得注意的是,在风险分散作用下,这两个部门的总体外汇 VaR 为 194 万美元,明显低于单位 A 和单位 B 各自 VaR 之和(401 万美元);两个业务单位总体外汇 VaR 限额为 400 万美元,同样低于单位 A 和单位 B 各自 VaR 限额之和(500 万美元)。

第二组数据显示了 2 年期债券的头寸。总体利率 VaR 为 81 万美元,低于其限额 400 万美元。

最后一组数据列出了这两个业务单位的 VaR、它们的限额以及总体投资组合的 VaR(仅为 201 万美元)。

因此,该报告大体上描述了头寸和风险的状况。因为它用一个简单的数字(即 VaR)概括企业面临的风险,所以任何超出限额的部分就会很快被公司察觉,进而采取行动。

表 4-4 某公司总结性头寸报告 金额单位:万美元

项目	资产	单位 A	单位 B	总计
外汇头寸	美元头寸	−15 000	12 000	−3 000
	欧元头寸	10 000	8 000	18 000
	日元头寸	5 000	−20 000	−15 000
VaR		128	273	194
限额		200	300	400
利率期权	美元头寸	−30 000	0	−30 000
	欧元头寸	9 000	15 000	24 000
	日元头寸	10 000	−50 000	−40 000
VaR		68	67	81
限额		200	300	400
总体头寸				

(续表)

项目	资产	单位A	单位B	总计
VaR		127	274	201
限额		300	450	500

本章小结

金融市场风险常被称为金融资产价格风险,一般简称市场风险,它是指金融市场变量的变化或波动而引起的资产组合未来收益的不确定性,其中金融市场变量也称为市场风险因子,主要包含股票价格、汇率、利率和衍生品价格等。金融市场风险可以分为利率风险、汇率风险、证券价格风险和大宗商品风险。

市场变量的变化由波动率来度量,某个变量的波动率 σ 定义为这一变量在单位时间内连续复利回报率的标准差。

风险价值是对市场风险进行度量的主要方法,它是指当市场处于正常波动状态时,对应于某一给定的置信度水平,投资组合或资产组合在未来特定一段时间内所遭受的最大可能损失。VaR包含资产组合的持有期和置信度两个重要参数,具体的计算方法有基于历史模拟法的VaR计算、基于正态分布假设的VaR计算等。

VaR是一种主动性的风险管理工具,各金融机构不仅可以运用VaR工具寻求风险和收益间的平衡与经济资本配置,而且还可以运用经济风险调整收益对交易员的业绩进行评价。

关 键 术 语

市场风险 波动率VaR 边际VaR 递增VaR 成分VaR 在险值 预期亏损 基于正态分布假设的VaR计算 基于历史模拟法的VaR计算

本 章 练 习

一、单项选择题

1. 下列关于市场风险的说法中,错误的是( )。
   A. 市场风险中的利率风险分为重新定价风险、收益率曲线风险、基准风险和期权性风险
   B. 市场风险具有明显的非系统性特征
   C. 市场风险与其他风险相比,容易计量
   D. 银行表内外都存在市场风险

2. 下列各项中,属于市场风险的计量模型的是( )。
   A. 基本指标法
   B. 风险中性定价模型
   C. 高级计量法
   D. VaR 模型

3. 市场风险在( )中的汇率和商品价格风险被纳入了资本要求的范围。
   A. 基本账户
   B. 银行账户和交易账户
   C. 交易账户
   D. 银行账户

4. ( )是指金融资产根据历史成本所反映的账面价值。
   A. 名义价值
   B. 市场价值
   C. 公允价值
   D. 市值重估价值

5. 在金融资产交易中,交易双方在公平交易中可接受的资产或债券的价值属于( )。
   A. 名义价值
   B. 市场价值
   C. 公允价值
   D. 重估价值

6. 资产收益率标准差越大,表明资产收益率波动性( )。
   A. 越稳定
   B. 越小
   C. 越大
   D. 越有规律

7. 假设某股票一个月后的股价增长率服从均值为 2%、方差为 0.01% 的正态分布,则一个月后该股票的股价增长率落在( )区间内的概率约为 68%。
   A. (1%,3%)
   B. (0.4%,0.6%)
   C. (1.99%,2.01%)
   D. (1.98%,2.02%)

8. 如果第一个资产组合的预期收益为 8%,标准差为 6%。第二个资产组合的预期收益为 8%,标准差为 3%。那么投资者通常选择哪个资产组合来投资( )。

A. 第一个 B. 第二个
C. 第一个或第二个均可 D. 均不选择

9. 对于商业银行来说,市场风险中最重要的是(　　)。
   A. 利率风险 B. 汇率风险
   C. 股票风险 D. 商品风险

10. A银行持有的某资产组合在持有期为1天、置信水平为98.5%的情况下,计算的风险价值为5万元,则表明该银行的资产组合(　　)。
    A. 在次日交易中有98.5%的可能性其收益会超过5万元
    B. 在次日交易中有98.5%的可能性其损失会超过5万元
    C. 在次日交易中有98.5%的可能性其收益不会超过5万元
    D. 在次日交易中有98.5%的可能性其损失不会超过5万元

11. 假设投资组合A的半年收益率为4%,B的年收益率为8%,C的季度收益率为2%。则三个投资组合的年化收益率依次为(　　)。
    A. C>A>B B. B>C>A
    C. B>A>C D. A>B>C

12. 在市场风险管理过程中,由于利率、汇率等市场价格因素的频繁波动,(　　)一般不具有实质性意义。
    A. 名义价值 B. 市场价值
    C. 公允价值 D. 市值重估价值

13. 下列指标中,可以反映资产收益率波动的是(　　)。
    A. 概率 B. 标准差
    C. 概率密度 D. 分布函数

14. 随机变量x服从正态分布,其观测值落在距均值的距离为1倍标准差范围内的概率为(　　)。
    A. 0.68 B. 0.95
    C. 0.997 3 D. 0.97

二、不定项选择题

1. 市场风险计量方法包括(　　)。
   A. 缺口分析 B. 久期分析
   C. 外汇敞口分析 D. 风险价值
   E. 敏感度分析

2. 下列各项中,属于市场风险的有(　　)。
   A. 利率风险 B. 股票风险

C. 违约风险　　　　　　　　　D. 汇率风险

E. 商品风险

3. 下列关于计算 VaR 值的历史模拟法的说法中，正确的有(　　)。

　A. 考虑了"肥尾"现象

　B. 不能度量非线性金融工具的风险

　C. 通过历史数据构造收益率分布，不依赖特定的定价模型

　D. 风险计量的结果受制于历史周期的长度

　E. 在计量较为庞大且结构复杂的资产组合风险时，工作量十分繁重

4. 商业银行市场风险控制的主要方法包括(　　)。

　A. 资产证券化　　　　　　　　B. 限额管理

　C. 风险对冲　　　　　　　　　D. 经济资本配置

　E. 自我评估

5. 可以用来量化收益率的风险或者说收益率的波动性的指标有(　　)。

　A. 预期收益率　　　　　　　　B. 中位数

　C. 方差　　　　　　　　　　　D. 标准差

　E. 众数

三、简答题

1. 什么是市场风险？它分哪几类？
2. 什么是波动率？它与市场风险有什么关系？
3. 什么是 VaR？它度量市场风险的内在逻辑是什么？
4. 运用历史模拟法计算 VaR 的步骤是怎样的？
5. 简要说明如何运用 VaR 进行信用风险控制。

四、计算题

1. 试推导基于正态分布假设的 VaR 计算公式。
2. 假定某股票的收益率服从正态分布，且日标准差为 8%，某投资者购买了 100 万元的该股票，则在 99% 的置信水平下，样本观察时间段为 1 天、1 周的 VaR 分别是多少？
3. 假定某两项投资的任何一项都有 4% 的概率会触发损失 800 万美元，有 2% 的概率会触发损失 100 万美元，并且有 94% 的概率会盈利 100 万美元，两项投资互相独立。

　(1) 对应于 95% 的置信水平，任意一项投资的 VaR 是多少？

　(2) 将两项投资叠加在一起所产生的投资组合对应于 95% 置信水平的 VaR 是多少？

第五章 利率风险

知识导航

```
                    ┌ 利率风险概述 ┬ 利率风险的基本概念
                    │              └ 利率风险的类别
                    │
                    │              ┌ 重定价模型法
                    │              │ 到期日模型法
                    │              │ 久期模型法
        利率风险 ───┤ 利率风险度量 ┤ 凸度模型法
                    │              │ VaR模型法
                    │              │ 收益分析法
                    │              └ 动态模拟法
                    │
                    └ 利率风险管理 ┬ 利率风险管理工具
                                   └ 利率风险管理策略
```

案例导入

雷曼兄弟公司破产

2008年9月15日,美国第四大投资银行雷曼兄弟公司按照美国公司破产法案的相关规定提交了破产申请,成为美国有史以来倒闭的最大金融公司。

拥有158年历史的雷曼兄弟公司是华尔街第四大投资银行。2007年,雷曼兄弟公司在世界500强排名第132位,2007年年报显示其净利润高达42亿美元,总资产近7 000亿美元。从2008年9月9日开始,雷曼兄弟公司股票价格一周内暴跌77%,公司市值从112亿美元大幅缩水至25亿美元。2008年第一个季度中,雷曼卖掉了五分之一的杠杆贷款,同时又用公司的资产作抵押,大量借贷现金为客户交易其他固定收益产品;第2个季度变卖了1 470亿美元的资产,并连续多次进行大规模裁员来压缩开支。然而雷曼兄弟公司的自救并没有把自己带出困境。同时,华尔街的"信心危机",金融投机者操纵市场,一些有收购意向的公司则因为政府拒绝担保没有出手。雷曼兄弟公司最终还是没能摆脱破产的厄运。

(资料来源:豆丁.外国的金融风险案例经济学案例分析——雷曼兄弟破产[EB/OL].(2020-01-17)[2022-10-01].https://www.docin.com/p-2297324978.)

第一节 利率风险概述

一、利率风险的基本概念

利率风险是指市场利率变化的不确定性给金融机构可能带来的损失。巴塞尔委员会曾在 1997 年发布的《利率风险管理原则》中将利率风险定义为：利率变化使商业银行的实际收益与预期收益或实际成本与预期成本发生偏离，使实际收益低于预期收益，或者实际成本高于预期成本，从而使得商业银行蒙受损失的可能性。

利率风险的产生取决于两个条件：一是市场利率出现波动。二是银行的资产负债期限或总量不平衡。由此可见，商业银行利率风险的大小受市场利率波动程度和资产负债不匹配程度两个因素的影响。由于利率市场化是一国经济发展的必经阶段，市场利率波动具有必然性，使得利率风险是一国经济发展过程中商业银行所不可避免的风险之一。利率风险难以避免的具体原因可归结为以下几点。

（一）市场利率预测与现实不符

作为资本价格，随着利率市场化进程的深入，反映资本价格的市场利率水平将时刻发生波动。作为市场价格的接受者，当商业银行对自身金融产品的定价与市场利率不一致时，其将面临因市场利率波动所带来的利率风险。

（二）行业经营属性导致资产与负债期限不匹配

商业银行通常都是以较低成本的中短期负债来支持收益较高的中长期资产，资产的利息收入减去负债的利息成本的差额便是商业银行所获得的收益。当市场利率发生波动时，这种固有的资产负债期限不匹配现象在所难免地使商业银行陷入利率风险之中。

（三）保持流动性的需要

保持充足的流动性是商业银行稳健经营的基础。通常情况下，商业银行为了保持一定的流动性，需要持有相当于其总资产 20%～30% 的易变现有价证券以满足随时出现的支付需要，这些易变现的有价证券经常是政府短期债券、短期商业票据等。由于这些短期证券利率一般是固定的，市场利率的大幅波动将直接对这些资产的价格产生重要影响。一旦市场利率上升且商业银行需要变现时，它们将会面临抛售时的亏损。

（四）业务结构的变化

在原有业务结构体系下，商业银行传统的主要收入来自净利息收入。然而，随着商业银行竞争程度的加剧，银行业务不断由传统的信贷业务向表外业务、资产管理等新型业务拓展以增加其收入来源。近些年来，一些大型商业银行的非利息收入甚至超过了传统的净利息收入。这些非利息收入业务对市场利率的波动非常敏感，从而使得商业银行现有收入更容易受到市场利率波动的影响。

二、利率风险的类别

在1997年巴塞尔委员会颁布的《利率风险管理原则》中,利率风险按其产生原因的不同分为重新定价风险、基差风险、收益率曲线风险和隐性期权风险四大类。

(一) 重新定价风险

重新定价风险是最主要的利率风险,它产生于银行资产、负债和表外项目头寸重新定价时间(对浮动利率而言)和到期日(对固定利率而言)的不匹配。一般而言,只要资产与负债到期日不匹配,市场利率的波动就会使银行的收益和主要资金价值暴露于不可预测的利率风险中。

通常来说,某一时间段内对利率敏感的资产和对利率敏感的负债之间的差额称为"重新定价缺口"。由于重新定价的不对称是商业银行业务的典型特征之一,所以只要该缺口不为零,则当市场利率发生变动时,就不可避免地会使商业银行面临利率风险。

(二) 基差风险

基差风险也被称为基准风险或基本点风险。当一般利率水平的变化引起不同种类的金融工具的利率发生程度不等的变动时,银行就会面临基差风险。即使银行资产和负债的重新定价时间相同,但是只要存款利率与贷款利率的调整幅度不完全一致,银行就会面临这种基差风险。因此,基差风险的两种主要表现形式为:存贷款利率波动的不一致、短期存贷款利差波动与长期存贷款利差波动的不一致。

即使商业银行的资产与负债期限结构相匹配,且重新定价形式也相同(如均采取浮动利率或固定利率),只要存贷款利率波动的幅度不同,存贷款利差就会不断发生变化,从而同样会给商业银行的收益带来一定的负面影响并导致基差风险的发生。当利率基点的变化导致银行净利差扩大时,基本点的变化对银行是有利的;反之,基本点的变化对银行就是不利的。此外,由于银行各类资产负债利率的定价基础不同,基本点的变化使得不同金融产品间的利率会发生程度不等的变化,从而使得具有相同到期日或重新定价频率的资产、负债以及表外业务之间的收益发生不可预测的变化,同样会给银行带来基差风险。

(三) 收益率曲线风险

收益率曲线原指证券收益率随到期时间的长短而变化的轨迹,后逐渐被引入到对固定收益资产组合内在价值的分析中。收益率曲线风险是指由于收益率曲线变化,也就是不同成熟期之间收益率的变化幅度不同所导致的利率风险。这种风险主要起因于不同期限利率的结构变化,原因在于收益率曲线的意外位移或者斜率的变化会对银行的净利率收入或资产内在价值造成差异性的影响。例如,若银行采取短期债券空头与长期债券多头组合,若收益率曲线平行移动,则对商业银行空头与多头资产的影响上相互抵消。但若收益率曲线变陡,即长期利率上涨较多,则长期债券价值下降较快,而短期债券价值下降慢,很有可能导致这一投资组合的内在价值急剧下降。

(四) 隐性期权风险

隐性期权风险在国内也称为选择权风险,它是指当利率发生变化时,银行客户行使隐含在银行资产负债表表内业务中的期权给银行造成损失的可能性,即在客户行使提前归还贷款本息或提前支取存款的权利时给银行带来的利率风险。

一般而言,当利率出现较大波动时,很可能会促使借款者提前偿还贷款,或存款客户提前从银行取出他们的定期存款。这对于银行来说,无疑是另一种风险来源。当利率变动的速度越快、幅度越大时,这种隐性期权风险对银行净利差的影响就越大。因此,为了有效降低这类风险给商业银行收入带来的不利影响,它们经常会对提前偿还贷款和提前取出定期存款的行为进行惩罚,而且这种惩罚条件一般比较苛刻。但是随着商业银行竞争程度的加深,商业银行近些年来不得不降低对上述提前偿还贷款或提前取出定期存款行为的惩罚金额,并以此作为业务竞争的一种常用策略。

除上述四种主要利率风险类型外,商业银行还经常会面临资产与负债成熟期不匹配风险和净利息头寸风险。资产与负债成熟期不匹配风险是指当商业银行的资产和负债平均寿命周期或存续期不相匹配时,因利率波动给其带来的风险。净利息头寸风险可以被看成是另一种形式的基差风险,当商业银行的生息资产总额超过其有息负债总额时,也就是说该商业银行的生息资产中有一部分是依靠不需要支付利息成本的负债为资金来源时,该商业银行的净利息头寸为正。在这种情况下,虽然商业银行的一部分筹资成本为零,但与这部分无息负债相对应的生息资产利率却是可以变动的。因此,当市场利率下降时,净利息头寸为正的商业银行利差收入也会下降;而当市场利率上升时,商业银行利差收入会上升,从而仍然使其暴露于利率风险当中。

第二节 利率风险度量

对利率风险进行合理准确度量是进行有效利率风险管理的重要前提。目前,重定价模型法、到期日模型法、久期模型法、凸度模型法、VaR模型法、收益分析法、动态模拟法等是利率风险度量的主要方法。

一、重定价模型法

重定价模型又称融资缺口模型,是基于银行账面利率敏感性资产和利率敏感性负债的不匹配加以构建的。该模型是对金融机构一定时期内的账面投资收益与资金成本之间差额的现金流量分析,目前被世界各国的金融机构广泛使用。

(一) 重定价缺口测算

重定价模型的本质就是通过确定某个期间内市场利率变动对净利息收入变动的影响来衡量利率风险大小,故而在该模型中,银行的重定价缺口等于其资产负债表中相同期限范围内的利率敏感性资产与利率敏感性负债之间的差额。若一种资产或负债的利率在下一年可能发生变化,则它是一年期类别利率敏感的,否则就是利率不敏感的。需要注意的是,判断一项资产或负债的利率敏感性是以剩余的到期期限而非合同上注册的存续期作为标准的。在确定了期限类别之后,我们可以通过资产负债表及其附注来识别哪些是利率敏感性资产(负债)。特别地,浮动利率的贷款、存款等都是典型的利率敏感性资产或负债,它们的头寸是利率风险的主要管理对象。

当利率敏感性缺口不为零时,市场利率上升或下降将引起利率敏感性资产的收益或损失与利率变化引起的利率敏感性负债的损失或收益之间的差异,从而影响公司的净利息收入变动。若用GAP(利率敏感性资产和利率敏感性负债之差)来表示重定价缺口,则该缺口可以表示为:

$$利率敏感性缺口(GAP) = 利率敏感性资产(RSA) - 利率敏感性负债(RSL)$$

或:

$$利率敏感性比率 = \frac{利率敏感性资产}{利率敏感性负债}$$

无论是利率敏感性缺口还是利率敏感性比率,它们只是刻画一个问题的两种不同指标而已,本质上是等价的。当利率敏感性缺口等于0时,利率敏感性比率等于1;当利率敏感性缺口为正时,利率敏感性比率大于1;当利率敏感性缺口为负时,利率敏感性比率小于1。

一般来说,重定价模型衡量结果的准确性受其选择的期限长短的影响。若期限越短,则衡量结果越准确;相反,若期限越长,则衡量结果的误差越大。某商业银行A资产负债表,如表5-1所示。下面就该商业银行的资产负债头寸来对商业银行的利率敏感性资产和利率敏感性负债进行举例说明。

表5-1　　　　　　　某商业银行A资产负债表　　　　　　　单位:亿元

资产		负债	
短期消费贷款(1年期)	50	活期存款	20
3个月短期国库券	10	3个月CD存单	30
6个月中期国库券	40	3个月银行承兑汇票	20
长期消费贷款(2年期)	20	6个月商业票据	30
10年期固定利率抵押贷款	30	1年期定期存款	15
30年期浮动利率抵押贷款(每6个月调整1次利率)	50	2年期定期存款	40
		5年期定期存款	25
		所有者权益	
		股本	20
合计	200		200

对于该商业银行来说,其利率敏感性资产(1年期)和利率敏感性负债(1年期)如表5-2

所示。

表 5-2　　　　　某商业银行 A 利率敏感性资产与负债(1 年期)

利率敏感性资产	分类标准	利率敏感性负债	分类标准	非利率敏感性资产	分类标准	非利率敏感性负债	分类标准
短期消费贷款、3个月短期国库券、6个月中期国库券	到期日均小于或等于1年,故在1年之内会重新确定利率	3个月CD存单、3个月银行承兑汇票、6个月商业票据、1年期定期存款	到期日均小于或等于1年,故在1年之内会重新确定利率	长期消费贷款(2年期)、10年期固定利率抵押贷款	到期日大于1年,且利率在到期日之前不进行调整	2年期定期存款、5年期定期存款	到期日大于1年且利率在到期日之前不进行调整
30年期浮动利率抵押贷款(每6个月调整1次利率)	虽然到期日远大于1年,但半年就会调整一次利率	活期存款	市场利率的变化直接影响活期存款的头寸	—	—	—	—

(二) 重定价模型的应用

重定价模型能够直接而简单地指出金融机构每一类别的净利息收入 NII 的暴露情况,通过它可以计算利率变动对金融机构的净利息收入产生影响的大小。对重定价模型的应用具体包括被动管理策略和主动管理策略两种。

1. 被动管理策略

利率敏感性缺口的被动管理策略是指金融机构采用零缺口(完全免疫)或微缺口(部分免疫)的方式避免利率风险,进而获取更大的净利差收入。

情形一:资产和负债的利率变化幅度相同。

当资产和负债的利率变化相同时,若利率水平上升,则资产带来的利息收入和负债产生的利息支出都会上升,金融机构的净利息收入变化取决于资金缺口的大小与方向。如果金融机构当期的重定价缺口为正时,意味着利率敏感性资产大于利率敏感性负债,此时利率上升带来的利息收入增加大于利息支出,净利息收入上升。同理,如果利率下降,利息收入下降幅度大于利息支出,净利息收入下降。总之,金融机构的资金缺口为正时,净利息收入与利率同时变动。因此,金融机构在上升时将获得收益,在利率下降时将面临损失。相反,若金融机构当期的重定价缺口为负,说明利率敏感性资产小于利率敏感性负债。此时,利率上升带来的利息收入增加将小于利息支出,净利息收入则会下降。

净利息收入变化的计算公式可以表示为:

$$\Delta NII = CGAP \times \Delta R$$

其中，ΔNII 为净利息收入变化；$CGAP$ 为累积缺口，等于不同类型不同期限的利率敏感性缺口叠加；ΔR 为利率的改变量。

例如，假设商业银行当期的重定价缺口累积为 10 万美元，那么当利率敏感性资产与利率敏感性负债的利率都上升 1% 时，净利息收入的变化为：

$$\Delta NII = CGAP \times \Delta R = 10 \times 0.01 = 0.1(万元)$$

当利率敏感性资产与利率敏感性负债的利率都下降 1% 时，净利息收入的变化为：

$$\Delta NII = CGAP \times \Delta R = 10 \times (-0.01) = -0.1(万元)$$

这个结果表明，当资金缺口为正缺口时，净利息收入的变化与利率变化方向正相关。为保持该金融机构在利率下降时仍获得收益，应使该金融机构保持负缺口，因此该金融机构应适当减少敏感性资产或者增加利率敏感性负债。

情形二：资产和负债的利率变化幅度不同。

在现实生活中，只有很少数情况下利率敏感性资产与利率敏感性负债的利率变化幅度相同，大多数情况下资产和负债对应的利率变化幅度是不同的。当两者的利率变化幅度不同时，净利息收入的变动完全取决于两者的变动大小差异，其计算公式为：

$$\Delta NII = RSA \times \Delta R_1 - RSL \times \Delta R_2$$

其中，ΔNII 为净利息收入变化，RSA 和 RSL 为对应的利率敏感性资产和负债，ΔR_1 和 ΔR_2 分别为资产和负债的利率变化水平。

利差是指利率敏感性资产与利率敏感性负债的利率差异。当利率上升时，利差增加意味着利率敏感性资产的利率上升幅度大于负债的利率上升幅度，利息收入比利息支出增加得更多，从而使得净利息收入增加；当利率下降时，利差增加则意味着利率敏感性资产的利率下降幅度小于负债的利率下降幅度，利息收入比利息支出减少得更少，从而使得净利息收入增加。因此，只要利率敏感性资产与利率敏感性负债的利差增加，无论利率的变动方向如何，净利息收入都将增加。

例如，某金融机构的利率敏感性资产总计 120 万美元，利率敏感性负债总计为 100 万美元。那么，若利率敏感性资产的利率上升 1%，利率敏感性负债的利率上升 1.5%，则 $\Delta NII = RSA \times \Delta R_1 - RSL \times \Delta R_2 = 120 \times 0.01 - 100 \times 0.015 = -0.3$(万美元)。

当利率敏感性缺口大于 0 时，利率上升引起净利息收入增加，当因此时资产的利率上升幅度小于负债的利率上升幅度，利差减少，利差效应引起净利息收入下降。由于后者的作用大于前者，综合作用下该金融机构的净利息收入将减少 3 000 美元。

2. 主动管理策略

利率敏感性缺口的主动管理策略是指金融机构根据对利率变动方向的预测，有意识地采取恰当的行动以利用利率变动来获取更大的净利差收入。

由于主动管理策略会使金融机构面临更大的风险暴露，金融机构主动构造的利率敏感性缺口不是毫无限制的。基于此,金融机构必须计算出可以承受的最大利率敏感性缺口限额,以便将其风险暴露控制在可控范围之内。具体计算公式如下:

$$利率敏感性缺口限额 = \frac{可接受的利息收入的变化最大限度(\%) \times 计划的净利息收益率 \times 盈利资产额}{预期的最大利率变化(\%)}$$

例如,某金融机构预测利率将上升,且该金融机构可接受的利息收入的变化最大限度为20%、计划的净利息收益率为5%、盈利资产额为100万美元,并预期未来的利率最多上升5%。为了有效控制风险,该金融机构所构建的利率敏感性缺口最大为20万美元[(20%×5%×100)÷5%]。若该金融机构所构建的利率敏感性缺口超过20万美元,一旦出现预测失误,其所承受的损失将可能超过其可承受的范围。

(三) 重定价模型的优缺点

作为衡量金融机构利率风险的一个模型,重定价模型在现实生活中被广泛地应用。它的显著优点是计算方便、清晰易懂。通过对累积缺口的分析,金融机构管理人员可以很快地确定利率风险的头寸,并采取措施来化解相应的利率风险。然而,从前面的描述我们也可以知道,重定价模型有其自身的不足,主要表现在以下几点。

1. 仅以账面价值为基础

重定价模型仅以账面价值为基础,忽视了市场价值的变化。利率的变换不仅会影响到以账面价值计算的净利息收入,而且还会直接影响资产和负债现值,从而对其市场价值产生重要影响。因此,仅以账面价值为基础的重定价模型只能部分地衡量金融机构的实际风险暴露程度。

2. 期限长度选择具有随意性

在运用重定价模型时,对资产负债重定价期限的选择往往取决于管理者的主观判断。若采用同一资产负债表的数据,分别计算3月期、1年期的重定价缺口,这时就有可能得到两个完全相反的结论(如1年期缺口为正而3月期缺口为负)。这种截然相反的结论会让风险管理者无所适从。另外,重定价模型将资产和负债的到期日期限划分为几个较宽的时间段,这样的时间段划分过于笼统,从而忽视了在各个时间段内资产和负债的具体分布信息。

3. 忽略了现金流变化的影响

重定价模型只是按到期日对金融机构可能面临的风险进行衡量,忽略了到期日来临之前现金流量的具体变化情况。例如,有一个还剩25年到期的30年期抵押贷款,虽然它对利率不敏感,但债务人每年需支付一些本金或利息给金融机构。当金融机构每年收到部分本金和利息后,它们可以利用这笔款项继续进行再投资。换句话说,某项非利率敏感性资产和负债所产生的现金流本身也是具有一定的利率敏感性的。然而,这种现金流对利率的敏感性被重定价模型所忽略,使其成为重定价模型的又一缺陷。

4. 忽略了表外业务的影响

重定价模型仅仅包含了资产负债表中的资产和负债业务,但利率的变化同样会对金融机构的表外业务产生很大的影响,这并没有体现在资产负债表上。

重定价模型在计算商业银行利率敏感性资产和利率敏感性负债时,均是以账面价值来计算的,从而使得以账面价值为基础的利率敏感性缺口并不能有效衡量资产与负债市场价值的现值情况。为了有效解决重定价模型中的这一问题,以市场价值记账法为基础的到期日模型和久期模型应运而生,这样可以更充分地反映经济的现实情况及资产负债的真实价值。

二、到期日模型法

(一) 到期日模型简介

简单地说,到期日模型其实就是通过计算资产和负债各自组合的加权平均期限,并通过对其进行比较来衡量金融机构风险暴露情况。假如资产组合的加权平均期限大于负债组合的加权平均期限,则利率上升将导致资产组合的市场价值下降大于负债组合的市场价值下降,从而造成所有者权益的损失。

具体而言,假设 M_A 为金融机构资产的加权平均期限,M_L 为金融机构负债的加权平均期限,则:

$$\begin{cases} M_A = W_{A,1}M_{A,1} + W_{A,2}M_{A,2} + \cdots + W_{A,n}M_{A,n} \\ M_L = W_{L,1}M_{L,1} + W_{L,2}M_{L,2} + \cdots + W_{L,n}M_{L,n} \end{cases}$$

其中,$j = 1, 2, \cdots, n$;$M_{A,j}$ 为第 j 项资产的市值与全部资产的市值之比;$M_{L,j}$ 为第 j 项负债的市值与全部负债的市值之比;$W_{A,j}$ 为第 j 项资产的期限;$W_{L,j}$ 为第 j 项负债的期限。

根据上述资产负债期限的计算公式,金融机构资产(负债)的加权平均期限是组合中所有资产(负债)的期限的加权平均。期限缺口 $M_A - M_L$ 与利率的变化方向共同决定着金融机构对于利率风险的损益,具体情况如表 5-3 所示。

表 5-3　　　　　　　　期限缺口、利率与净值(NV)变化情况表

期限缺口	当利率上升时	当利率下降时
$M_A - M_L > 0$	NV 下降	NV 上升
$M_A - M_L < 0$	NV 上升	NV 下降

为了加深对利率调整如何影响证券市场价值变化的理解,现以固定利率债券为例加以说明。

假设有一面额为 100 元的固定利率债券,票面利率为 10%,市场利率为 10%。

情形一:当到期日为 1 年时,则该债券的市值为 100 元[(10+100)÷(1+10%)]。若市场利率上升至 12%,则这时该债券的新市值为 98.21 元[(10+100)÷(1+12%)],市值下降了 1.79 元。

由此可见,当利率上升或下降时,证券的市场价值将下降或上升。

情形二:当到期日为2年时,则该债券的市值为100元[(10+100)÷(1+10%)]。若市场利率上升至12%,则这时该债券的新市值为96.62元[10÷(1+12%)+(10+100)÷(1+12%)^2],市值下降了3.38元,相对于情形一再下降了1.59元。

由此可见,对于任意既定的利率上升(下降)幅度,当证券的期限越长时,市场价值下降(上升)得越大。

情形三:当到期日为3年时,若市场利率由10%上升至12%,则新的证券价值为95.20元[10÷(1+12%)+10÷(1+12%)^2+(10+100)÷(1+12%)^3],相对于情形二再下降了1.42元。

因此,给定其他的条件不变时,证券价值随着期限的增加(减少)而下降(上升),但其下降(上升)的幅度是递减的。

(二)到期日模型的应用

由于期限缺口 M_A-M_L 的类型与利率变化方向决定了金融机构在面临利率风险时的损益,这里以正的期限缺口为例来说明到期日模型的具体应用。

正如大多数商业银行和储蓄机构在日常风险管理中所采取的决策那样,为了降低利率风险,他们经常保持正的期限缺口,即 $M_A-M_L>0$。正的期限缺口意味着其资产的加权平均期限大于负债的加权平均期限,这些金融机构往往倾向于持有期限相对较长的固定资产,但同时却发行期限较短的负债。表5-4显示了一家以市场价值记账的金融机构的资产负债表,其中净值 NV 为金融机构的资产净值,由长期资产 LA 减去短期负债 SL 计算而得。即:

$$NV = LA - SL \tag{5-1}$$

表5-4　　　　　　　　某金融机构以市值记账的资产负债表

资产	负债
长期资产 LA	短期负债 SL
	净值 NV

为了更充分地了解资产与负债变化对金融机构净值的影响,可以将式(5-1)进一步写成差分形式:

$$\Delta NV = \Delta LA - \Delta SL \tag{5-2}$$

式(5-2)表示净值的变动等于资产市值变动与负债变动之差。

例如,假设某金融机构的长期资产还有2年到期,短期负债还有1年到期,面额分别为100万元和80万元,票面利率均为10%,初始市场利率也为10%。现因央行加息,使得市场利率上升到12%,这时该金融机构的长期资产和负债的市值分别变为:

$$LA^* = \frac{10}{1+12\%} + \frac{10+100}{(1+12\%)^2} = 8.93 + 87.69 = 96.62(万元)$$

$$SL^* = \frac{8+80}{1+12\%} = 78.57(万元)$$

由此可以计算出该金融机构长期资产、短期负债及其净值的变化分别为:

$$\Delta LA = LA^* - LA = 96.62 - 100 = -3.38(万元)$$
$$\Delta SL = SL^* - SL = 78.57 - 80 = -1.43(万元)$$
$$\Delta NV = \Delta LA - \Delta SL = (-3.38) - (-1.43) = -1.95(万元)$$

由此可见,该金融机构的资产期限为2年,而其负债期限为1年,从而使其存在一个正的期限缺口;当利率上升时,因资产价值的下降幅度大于负债价值的下降幅度,从而使其净值减少了1.95万元。

(三) 到期日模型的优缺点

相对于重定价模型而言,虽然到期日模型转向以市场价值为基础对金融机构的风险损失大小进行测算,从而能更好地帮助金融机构管理者规避利率风险,但它仍有以下不足之处。

1. 未考虑财务杠杆的影响

根据到期日模型,当 $M_A - M_L \neq 0$ 时,利率的变化会导致净值的变化;当 $M_A - M_L = 0$ 时,利率风险是完全规避的;但事实并不一定如此。

假设某金融机构的长期资产和短期负债期限都为1年,期限缺口为0,面额分别为100万元和80万元,则当利率上升至12%时,我们可以得出长期资产和负债在利率变动后的市值:

$$LA^* = \frac{10+100}{1+12\%} = 98.21(万元)$$

$$SL^* = \frac{8+80}{1+12\%} = 78.57(万元)$$

$$\Delta NV = \Delta LA - \Delta SL = (98.21 - 100) - (78.57 - 80) = -0.36(万元)$$

由此可见,虽然期限缺口为0,但是利率的上升仍然使金融机构投资者获得的净值减少。究其原因,虽然长期资产和短期负债的期限匹配,但是它们在数量上不相等;当利率发生变化时,其对100万元资产所产生的影响与对80万元负债所产生的影响不对称,从而使得金融机构仍然会暴露于利率风险之中。

2. 未考虑现实现金流的影响

当进一步考虑金融机构因资产和负债在到期日之前实际发生的现金流时,即使 $M_A - M_L = 0$,它们同样也有可能面临利率风险。例如,对于一个2年期的资产和负债,即使它们的初始市值与期限都相同,但如果负债是每年支付利息到期支付本金,而资产则是每年既收到本金又收到利息,则利率的变动将会由于资产的提前偿还而导致其与负债的变动不匹配,造成利率风险暴露。

假设银行持有的金融资产和负债的市值都是 100 万元,票面利率是 10%,期限都是 2 年,两者都是年底付息;但资产会在第 1 年年底收到一半的本金归还,而负债只是在到期日偿还本金。初始利率为 10%,此时,期限缺口为 0,资产和负债各自总量也相等。如果央行加息后使得市场利率上涨到 12%,则该银行的净值变化情况为:

$$LA^* = \frac{10+50}{1+12\%} + \frac{5+50}{(1+12\%)^2} = 53.57 + 43.85 = 97.42(万元)$$

$$SL^* = \frac{10}{1+12\%} + \frac{10+100}{(1+12\%)^2} = 8.93 + 87.69 = 96.62(万元)$$

$$\Delta NV = \Delta LA - \Delta SL = (97.42 - 100) - (96.62 - 100) = 0.80(万元)$$

上述计算结果表明,这种情形下的银行净值随着利率的上升而增加。这主要是提前还款的存在使得银行资产的期限减小,从而本质上导致了期限负缺口的产生,并最终使得银行净值随着利率的上升而增加。

三、久期模型法

(一) 久期的概念与计算

久期的概念由麦考利于 1938 年提出,所以又称为麦考利久期或持久期。久期是一个时间概念,指的是金融工具未来现金流量的加权平均到期期限,其中的权重为每笔现金流量现值所占的比重。虽然久期看上去是一个时间问题,但更重要的是它可以体现价格波动对利率波动的敏感程度。当久期越长时,金融工具的市场价值对利率变化的敏感程度越高,利率风险越高;反之,则金融工具的市场价值对利率变化的敏感程度越低,利率风险越低。

久期的具体计算公式如下:

$$\begin{aligned} D &= w_1 \times t_1 + w_2 \times t_2 + \cdots + w_N \times t_N \\ &= \frac{PV_1}{\sum_{i=1}^{N} PV_i} \times t_1 + \frac{PV_2}{\sum_{i=1}^{N} PV_i} \times t_2 + \cdots + \frac{PV_N}{\sum_{i=1}^{N} PV_i} \times t_N \\ &= \frac{\frac{CF_1}{(1+r)^1}}{\sum_{i=1}^{N} \frac{CF_i}{(1+r)^i}} \times t_1 + \frac{\frac{CF_2}{(1+r)^2}}{\sum_{i=1}^{N} \frac{CF_i}{(1+r)^i}} \times t_2 + \cdots + \frac{\frac{CF_N}{(1+r)^N}}{\sum_{i=1}^{N} \frac{CF_i}{(1+r)^i}} \times t_N \\ &= \frac{\sum_{t=1}^{N} t \times PV_t}{\sum_{t=1}^{N} PV_t} \end{aligned} \quad (5-3)$$

在式(5-3)中,D 为以年为单位衡量的有效期限,即久期;w_i 为第 i 个现金流量的权重,等于第 i 个现金流量的现值除以所有现金流量现值之和;PV_i 为第 i 个现金流量的现值,等于第 i 个现金流量 CF_i 按照折现率 r 折现;N 为证券剩余的期限。

若债券是每半年支付一次利息,则久期的计算相应修改为:

$$D = \frac{\sum_{t=1/2}^{N} \frac{tCF_t}{(1+r/2)^{2t}}}{\sum_{t=1/2}^{N} \frac{CF_t}{(1+r/2)^{2t}}} = \frac{\sum_{t=1/2}^{N} t \times PV_t}{\sum_{t=1/2}^{N} PV_t}$$

为了更深刻地理解为什么久期能够反映债券价格对利率变动的敏感程度,从而是度量利率风险的一个重要工具,现对其作出进一步的具体说明。

因债券价格等于该债券的未来现金流现值之和,即:

$$P = \sum_{t=1}^{n} \frac{CF_t}{(1+r)^t}$$

将债券价格对收益率求一阶偏导后,得到:

$$\frac{dP}{dr} = -\sum_{t=1}^{n} \frac{tCF_t}{(1+r)^{t+1}} = -\frac{1}{1+r} \sum_{t=1}^{n} \frac{CF_t}{(1+r)^t}$$

两边再除以债券价格,并根据久期 D 的计算公式可得:

$$\frac{dP}{dr} \times \frac{1}{P} = -\frac{1}{1+r} \sum_{t=1}^{n} \frac{CF_t}{(1+r)^t} \times \frac{1}{P} = -\frac{D}{1+r} \times \frac{1}{P} \tag{5-4}$$

将式(5-4)移项变形后可得 $\frac{dP}{P} = -\frac{D}{1+r} \times dr$,再取 $dP = \Delta P$ 并进行一阶线性近似后有:

$$\frac{\Delta P}{P} = -\frac{D}{1+r} \times \Delta r \tag{5-5}$$

从式(5-5)可以看出:债券价格变动的百分比是久期与市场收益率变动百分比的函数。当久期越长或市场收益率变动幅度越大时,债券价格变动也越大,从而使得债券的利率风险越高。等式右边的负号则进一步说明债券价格变动方向与市场利率价格变动方向相反。

若令式(5-5)中的 $\frac{D}{1+r} = D^*$,并将其称为修正久期,则式(5-5)可以重写为:

$$\frac{\Delta P}{P} = -D^* \times \Delta r$$

$$D^* = -\frac{\Delta P}{P} \times \frac{1}{\Delta r}$$

与久期相比,修正久期作为度量利率风险的指标更直观,它直接表示了与利率变动相关的债券价格变动的百分比。更进一步地,修正久期 D^* 本质上是债券价格相对于其收益率的弹性,这是研究债券特性和进行债券组合分析的另一重要指标。

运用修正久期对市场利率变化后的债券价格进行近似估计后,可得到新的债券价格为:
$$P' = P(1 - D^* \times \Delta r)$$

(二) 久期计算举例

1. 息票债券的久期

假设现有一张面值为 1 000 美元、票面利率为 10% 的 2 年期息票债券,每年付息一次。若现行的到期收益率为 8%,则该息票债券的久期为:

$$D = \frac{\frac{100}{1+8\%} \times 1 + \frac{1\,100}{(1+8\%)^2} \times 2}{\frac{100}{1+8\%} + \frac{1\,100}{(1+8\%)^2}} = 1.92(年)$$

2. 零息债券的久期

零息债券是指在债券到期之前不支付利息、到期一次性偿还面值的债券。零息债券在发行和到期之间不需要支付任何利息,故而不会产生任何现金流。因此,对零息债券久期的计算可简化为:

$$D = w_1 \times t_1 + w_2 \times t_2 + \cdots + w_N \times t_N = 0 \times t_1 + 0 \times t_2 + \cdots + 1 \times t_N = t_N \tag{5-6}$$

由此可见,零息债券的久期一定等于其到期期限,也只有这种零息债券的久期才等于其到期期限。

3. 统一公债的久期

统一公债是指每年都支付固定息票利息的债券。该债券永远没有到期日,因此也被称为永久期公债。由于统一公债没有到期日,其久期计算则可简化为:

$$D = 1 + \frac{1}{R}$$

根据金融工具久期的计算公式可知:某一金融工具久期的长短受其到期日、到期收益率及其票面利率高低的影响;到期期限的延长会导致久期的增加,但久期增加的速度随到期期限的延长而递减;到期收益率和票面利率的上升会均会导致久期的减少。

(三) 久期的性质

根据久期的概念及其计算公式可知:

(1) 当债券到期收益率为零时,久期等于该债券的平均到期期限。即当 $r = 0$ 时,该债券的平均到期期限为:

$$D = \frac{\sum_{t=1}^{n} \frac{tCF_t}{(1+r)^t}}{\sum_{t=1}^{n} \frac{CF_t}{(1+r)^t}} = \frac{\sum_{t=1}^{n} tCF_t}{\sum_{t=1}^{n} CF_t}$$

(2) 当债券只有未来一次付款即到期一次还本付息时,久期才等于其到期期限(由式 5-6 可知);当有两次或两次以上的付款时,久期将小于到期期限。

(3) 久期是到期收益率的减函数,即 $\dfrac{dD}{dr}<0$,式(5-4)充分说明了这一点。

(4) 其他条件相同时,债券久期是其息票利率的减函数,即 $\dfrac{dD}{dR}<0$。当息票利率越高时,久期越短。从直观意义来看,息票利率越高,较早支付的权重就越大,支付的加权平均期限就越短。

(5) 久期与债券到期期限正相关,即 $\dfrac{dD}{dt}>0$;但在其他条件不变的情况下,久期以递减的速度随着到期期限的增加而增加,即 $\dfrac{d^2 D}{dt^2}<0$。这意味着,对按面值或溢价出售的债券而言,久期随着到期期限的延长而增加,但增加的速度递减;对折价出售的债券而言,在相当长的时期内,久期以递减的速度随着到期期限的延长而增加,然后再减少。

(6) 久期具有可加性。若资产组合中有 n 项资产,每项资产的权重为 W_k,久期分别为 D_k,则该组合的久期 D_p 为各资产久期的加权平均,即 $D_p = \sum_{k=1}^{n} W_k D_k$。

(四) 久期模型的运用

久期衡量了利率变动对金融机构资产和负债的市场价值的影响。当久期越长时,资产和负债的市场价值对利率变动的敏感程度越大。当资产和负债受到利率变动影响的程度不一致时,金融机构的净资产可能也会受到利率变动的影响。金融机构的净资产是其生存的根本,也是监管机构的监管重点。因此,在资产负债的综合管理中,金融机构首先需要关注利率变动对净资产所带来的影响。

若记 P 为市场价格,D 为久期,R 为市场利率,由于久期反映了利率变动对资产和负债市场价值的影响,于是有:

$$\frac{dP}{P} = -D \times \left(\frac{dR}{1+R}\right) \tag{5-7}$$

当将式(5-7)运用到资产和负债时,则有:

$$\frac{\Delta A}{A} = -D_A \times \frac{\Delta R}{(1+R)}$$

$$\frac{\Delta L}{L} = -D_L \times \frac{\Delta R}{(1+R)}$$

$$\Delta A = -D_A \times A \times \frac{\Delta R}{(1+R)}$$

$$\Delta L = -D_L \times L \times \frac{\Delta R}{(1+R)}$$

又因金融机构的资产(A)=负债(L)+所有者权益(E),则：

$$\Delta E = \Delta A - \Delta L$$
$$= -D_A \times A \times \frac{\Delta R}{(1+R)} - \left[-D_L \times L \times \frac{\Delta R}{(1+R)} \right]$$
$$= -[D_A \times A - D_L \times L] \times \frac{\Delta R}{(1+R)}$$
$$= -\left[D_A - D_L \times \frac{L}{A} \right] \times A \times \frac{\Delta R}{1+R}$$

于是,利率变动对金融机构净资产的影响可表示为：

$$\Delta E = -[D_A - D_L \times K] \times A \times \frac{\Delta R}{1+R}$$

其中,ΔE 表示金融机构净资产变动；D_A 表示资产组合的久期；D_L 表示负债组合的久期；$K = \frac{L}{A}$ 表示金融机构的杠杆比；A 表示金融机构资产；L 表示其负债；R 表示到期收益率。

假设金融机构管理者已经知道 D_A 为 5 年，D_L 为 4 年，并预测利率会由 9% 上升到 10%；进一步假设该金融机构的资产 A 为 100 亿元，负债 L 为 80 亿元，所有者权益 E 为 20 亿。则该金融机构净资产的损失额为：

$$\Delta E = -[D_A - D_L \times K] \times A \times \frac{\Delta R}{1+R} = -(5 - 4 \times 0.8) \times 100 \times \frac{0.01}{1.09} = -1.65 (亿元)$$

这时,金融机构可以调整 D_L,并使 $D_L = \frac{D_A}{K} = \frac{5}{0.8} = 6.25 (年)$,从而使得 $\Delta E = 0$。

(五) 久期模型的优缺点

久期模型反映了在市场利率变动时,金融机构资产与负债净值的市场价值变动情况。它是以现金流量的相对现值为权数,计量出的资产或负债中每次现金流量距离到期的加权平均期限,从而表达了现金流的时间价值。久期缺口管理就是通过对利率的预测,金融机构相继调整资产和负债期限结构,使其控制或实现一个正的资本净值,并且降低金融机构再投资或融资的利率风险。

久期模型的真正价值在于它把资产负债管理的重点集中在更加广泛的利率风险上,使银行管理者能准确估计利率变动对银行资产与负债价值的影响程度。因此,与利率敏感资金缺口模型相比,久期是一种衡量资产或负债的利率敏感程度的更为全面且更为精确的方法,久期模型比利率敏感资金缺口模型在利率风险管理方面更具有精确性。此外,久期模型能对不同利率的各种金融产品进行比较,从而提供计算上的便利、降低成本。尽管久期模型在利率风险管理方面更具优越性,但它也明显地存在以下不足：

(1)久期模型暗含了一个重要的假设,即利率期限结构是一条完全平坦的直线。不仅如此,当利率发生变动时,收益曲线的移动是平行的,但实际上这些条件是很难满足的。

(2)久期模型存在另一个隐含假设,即利率变动和银行资本净值存在简单的线性关系。但是现实中很难保证两者的关系为简单的线性关系。所以,如果现实中两者关系为非线性时,久期缺口模型的正确性和精确性就会受到影响。

(3)久期模型需要银行信息系统提供大量的有关现金流量的数据来预测银行未来所有的现金流量。然而,由于计算工作量大,现金流量信息对大多数银行来说都是有限的。所以,银行或金融机构调整资产和负债的期限会存在一定的困难,希望将银行久期缺口调整为零以实现"免疫"通常都很困难,或者需要较长的时间、花费较高的成本。

(4)久期模型只能精确地衡量利率的小幅变动,如增减1个基本点对银行贷款或证券的市场价格的影响。一旦利率发生较大幅度的变动,如利率增减200个基本点时,运用该模型对贷款或证券的价格变化进行预测往往会产生一定误差。

(5)对于金融机构来说,由于资产和负债始终处于持续的变动中,所以"免疫"是动态的策略。银行要调整资产和负债的久期缺口,就必须持续监测和调整资产和负债的期限结构,这增加了久期模型的操作难度。当收益曲线不表现为完全平坦的直线时,运用久期模型就可能使银行在预测其资产和负债的利率敏感程度时产生偏差。

四、凸度模型法

在久期模型中,用于估计债券价格波动率的 $\frac{\Delta P}{P} = -\frac{D}{1+r} \times \Delta r$ 是经过一阶线性近似得到的。然而,根据微分学基本定理可知,只有当 Δr 很小时,用该一阶线性表达式来对债券价格的波动率进行估计才会比较准确;当 Δr 较大时,对债券价格的预测将会产生较大的误差,具体情况如图5-1所示。

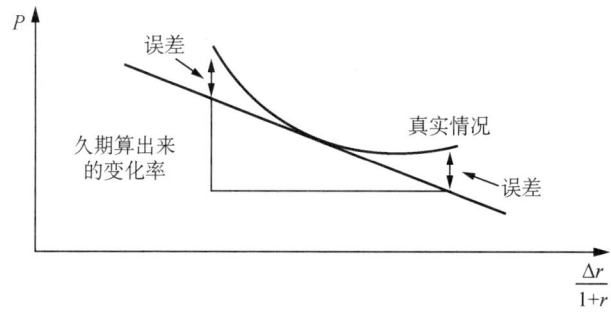

图5-1 久期模型与真实情况的比较

由此可见,当市场利率变动幅度较大时,不再适合采用久期模型来对其债券价格进行估计,这时则需要通过凸度模型对久期模型进行补充与完善。

(一) 凸度的概念

凸度指的是债券价格—收益率曲线的曲率,它是衡量价格—收益率曲线弯曲程度的变量。若价格—收益率曲线越弯曲,则凸度越大;直线的凸度为零。价格—收益率曲线凸度的存在,使得当收益率下降时,债券价格以较大的曲率增长;当收益率上升时,债券价格则以较低的曲率降低。换句话说,当收益率下降时,价格上升的速度较快;而当收益率上升时,价格下降的速度较慢。

(二) 凸度模型的计算与应用举例

对于总期限为 T 的付息债券而言,其价格的变化主要取决于收益率 R,如果第 t 年所得的现金流为 CF_t,现值为 $P_t = \dfrac{CF_t}{(1+R)^t}$,那么债券的理论价格就是各期现金流的现值和:

$$P(R) = \frac{CF_1}{1+R} + \frac{CF_2}{(1+R)^2} + \frac{CF_3}{(1+R)^3} + \cdots + \frac{CF_t}{(1+R)^t} + \cdots = \sum_{t=1}^{T} \frac{CF_t}{(1+R)^t} \qquad (5-8)$$

则 $P(R)$ 的一阶导数为:

$$\frac{dP}{dR} = -\frac{CF_1}{(1+R)^2} - \frac{2CF_2}{(1+R)^3} - \frac{3CF_3}{(1+R)^4} - \cdots - \frac{t \times CF_t}{(1+R)^{t+1}} - \cdots = -\frac{1}{1+R} \sum_{t=1}^{T} \frac{t \times CF_t}{(1+R)^t}$$

$P(R)$ 的二阶导数为:

$$\frac{d^2 P}{dR^2} = \frac{2 \times CF_1}{(1+R)^3} + \frac{2 \times 3 \times CF_2}{(1+R)^4} + \cdots + \frac{t \times (t+1) \times CF_t}{(1+R)^{t+2}} + \cdots = \frac{1}{(1+R)^2} \sum_{t=1}^{T} \frac{t(t+1)CF_t}{(1+R)^t}$$

凸度的定义为:

$$C = \frac{1}{P} \frac{d^2 P}{dR^2} = \frac{1}{(1+R)^2} \sum_{t=1}^{T} \frac{t \times (t+1)CF_t}{(1+R)^t} \div \sum_{t=1}^{T} \frac{CF_t}{(1+R)^t}$$

由此可见,相对于久期是对取得不同现金流的时间 t 进行加权而言,凸度实际上是对取得不同现金流的时间乘积 $t(t+1)$ 进行加权后的修正值。其中权数等于现金流 CF_t 的现值占整个现金流现值 P 的百分比,但其修正值为 $(1+R)^{-2}$,而不是修正久期中的修正值 $(1+R)^{-1}$。

进一步对式(5-8)中的债券价格进行二阶泰勒近似展开后可得:

$$P(R) \approx P(R_0) + \frac{dP}{dR}(R - R_0) + \frac{1}{2} \frac{d^2 P}{dR^2}(R - R_0)^2$$

因此,若记 $\Delta P = P(R + \Delta R) - P(R)$,则债券价格的变化率可以由式(5-9)近似计算而得:

$$\frac{\Delta P}{P} \approx -D^* \times \Delta R + \frac{C}{2} \times (\Delta R)^2 \qquad (5-9)$$

即利率变化后的债券价格近似为:

$$P' \approx P\left[1 - D^* \times \Delta R + \frac{C}{2} \times (\Delta R)^2\right] \quad (5\text{-}10)$$

由此可见,式(5-10)对利率变化后的债券价格估计值是对基于久期模型的债券价格估计值 $P' = P(1 - D^* \times \Delta r)$ 的一种修正,从而能够更精确地估计出市场利率变化后的债券价格。

基于上述分析,可得到以下凸度的重要性质:
(1)当其他条件相同时,到期期限越长,久期越长,凸度越大。
(2)当给定收益率和到期期限时,债券息票率越低,凸度越大。
(3)当给定到期收益率和修正久期时,息票率越大,凸度越大。
(4)当债券的久期增加时,其凸度以增速度的方式增加。
(5)凸度也具有可加性,即一个资产组合的凸度等于组合中各个资产凸度的加权平均。

对于久期相同但凸度不同的两种债券,在利率发生变化时,其价格的变化情况如图5-2所示。

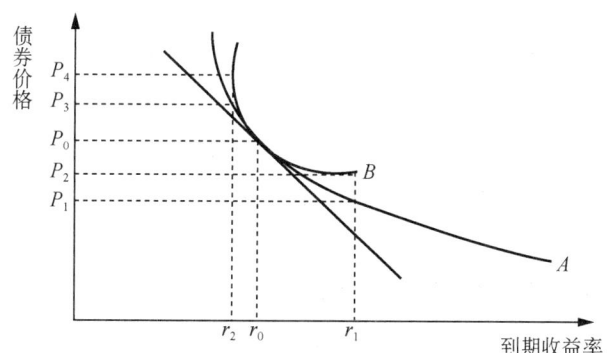

图5-2 债券价格随到期收益率的变化情况

假设某国债的息票率为8%,当前的成交价为908元,到期收益率为9%。给定其久期和凸度分别为9.42年和68.33,则当其收益率分别下降和上升1%时,该债券价格的变化情况为:

(1)当收益率下降1%时,因修正后的久期差异对债券价格产生的影响为9.42%[$-9.42 \times (-0.01)$],因凸度差异对债券价格产生的影响为0.34%[$68.33 \times (-0.01)^2/2$],从而使得对债券价格的总影响为9.76%(9.42%+0.34%)。

(2)当收益率上升1%时,因修正后的久期差异对债券价格产生的影响为-9.42%(-9.42×0.01),因凸度差异对债券价格产生的影响为0.34%($68.33 \times 0.01^2/2$),而此时对债券价格的总影响为-9.08%($-9.42\% + 0.34\%$)。

(三) 凸度模型的优缺点

凸度模型弥补了久期模型中关于债券价格的变化与利率的变化成线性比例关系的不合理假设,它与久期模型的结合使用能更精确地度量在市场利率变化较大时债券价格对利率变化的敏感性,即债券的利率风险。然而,依附于久期模型的凸度模型与久期模型一样,忽略了对债券隐含期权以及部分活期项目的分析,而且对债券的所有现金流都采用一个折现率,在一定程度上降低了模型预测结果的准确性。

五、VaR 模型法

VaR 模型法被广泛应用于对金融市场各种风险的度量,同样也被西方发达国家商业银行用作对利率风险的计量。该方法以概率论为基础,结合现代统计方法来衡量由于利率波动而给银行资产组合价值带来的资产损失,而且还可以度量汇率、股票价格、商品价格等风险因素波动所造成的投资组合损失。对于如何运用 VaR 模型来测量某一风险因素给商业银行带来的最大损失的具体步骤及方法已在第四章中进行了介绍,这里将不再赘述。

六、收益分析法

收益分析法是很多商业银行计量利率风险的一种传统方法,又被称为收入类比度量法。该方法重在分析利率波动对商业银行账面收益的影响,用于衡量资产负债表上的应计账目所产生的盈利对利率波动的敏感度。该方法基于对当前资产负债表的详尽情况、对现有资产负债重新定价与期限等所作的假设以及对未来利率变化的预期等,来对商业银行未来的净利息收入进行预测。

利率波动直接影响商业银行的收益情况,银行收益的减少或亏损都会削弱其资本充足率,进而直接威胁其财务稳健状况。即使随着商业银行中间业务规模的不断扩大,资产管理费、交易服务费等非利息收入也对利率波动越来越敏感,使得银行管理层和监管当局都开始从更广阔的角度来分析市场利率变化对银行收益的潜在影响。

七、动态模拟法

随着计算机技术的飞速发展,20 世纪 90 年代以来,越来越多的商业银行纷纷采用动态模拟法来对利率风险进行度量。与传统的其他利率风险度量模型相比,动态模拟法是通过运用计算机来模拟未来的情景,并在动态和预期的基础上运用基本的度量技术进行风险衡量,以帮助商业银行分析利率风险、制定经营战略。动态模拟法不仅可以模拟利率波动,而且可以对银行利率管理战略发生改变、客户行为发生改变、业务模式发生改变等多种情形进行有效预测。

运用动态模拟法度量利率风险的基本步骤包括:变量设定、理论假设、模型构建、模型实现、模型求解、报告形成。变量设定是指根据研究目标选取系统变量,如资产负债表和表外项目金额、结构、到期时间、利率水平、未来现金流等。理论假设则是根据实际情况来合理假设模型变量和环境,如利率波动的概率、趋势、幅度、客户反应等。模型构建则是用模型来表现和实现各变量之间的关系、研究目标变量之间的数量与逻辑关系并形成用于模拟的概念模型。模型实现是指编制计算机程序、建立目标模型。模型求解是指输入相关变量并运用计算机进行求解。报告形成是指在多次模拟后,对模拟结果进行比较与分析,最终形成模拟分析报告。

与静态的利率风险度量方法相比,动态模拟法可以对市场利率发生各种变动时的商业银行现金流、净资产价值等作出及时的预测,其优点不言而喻。它不仅可对大量利率变化场景以及因此而产生的不同行为进行模拟,而且能够处理利率非线性、大幅波动时的期权价格波动等复杂问题。然而,由于动态模拟法理论模型的构建过多依赖一些基本的理论假设、模型求解结果过度依赖于参数变量的初始赋值,一旦这些基本理论失效或参数失真,将极大降低模型预测结果的可靠性。

第三节 利率风险管理

当利率市场化程度较高时,每家商业银行只是市场利率的接受者,这使得利率风险更多地是一种系统性风险,无法通过分散化投资策略来消除。因此,银行一般只能选择远期利率协议、利率互换、利率期货与期权等金融衍生品来进行对冲,以更有效地管理和控制利率风险带来的损失。

一、利率风险管理工具

对利率风险进行管理首先需要选择合适的利率风险管理工具,常见的利率风险管理工具包括远期利率协议、利率期货、利率期权和利率互换。

(一) 远期利率协议

远期利率协议是指交易双方约定在一定期间后以一个固定的远期利率借出一定期限和规模的资金的协议工具。它是一种非常灵活而又简单易行的利率风险管理工具,属于场外交易的衍生产品且属于一种非标准化的合约,交易双方可以按照特定的金额和结算日来设计。远期利率协议自1983年在欧洲货币市场推出以后,被商业银行广泛应用并成为有效管理利率风险的主要工具之一。

一般情况下,远期利率协议都采用现金交割的方式,但在交易日并不发生实际的货币交付。远期利率协议的买方是指将来借款的一方,卖方则是指将来贷款的一方。协议利率也称合约利率,这一利率正是交易双方希望通过远期利率协议来锁定的利率。如果合同到期日的浮动利率高于远期利率协议中的协议利率,协议的多头方有权以低于市场利率的价格借入款项、执行交割;反之,如果合同到期日的浮动利率低于远期利率协议中的协议利率,协议的空头方有权以高于市场利率的价格执行交割。一份远期利率协议主要包括本金、协议利率、参考利率、买方、卖方和期限这六项内容。目前国际金融市场主要提供期限为3个月、6个月、9个月以及12个月的标准化远期利率协议。远期利率协议的期限一般不超过两年。这种远期利率协议虽然市场流动性较好,但其缺陷在于标准化的远期利率协议的期限可能与银行自身的风险暴露期限并不完全一致,从而无法将商业银行的利率风险完全锁定。

例如,某企业在30天后需借入100万美元90天,当前市场利率为5%。因担心30天后市场利率会上涨,该企业可以买方的身份签署一份交割日为30天后、金额为100万元、协议利率为5%、参考利率为LIBOR的远期利率协议。

假设30天后真实的90天LIBOR利率为6%,那么该买方将执行交割并按5%而不是6%的市场利率借入100万美元的90天贷款。这时,节省下来的利息为2 500美元 $[1\,000\,000 \times (6\% - 5\%) \times \frac{90}{360}]$。

由于远期利率协议并不需要真正地进行交割,节省下来的2 500美元需要在90天贷款到期结束时才能实现,从而使得在交割日交割的金额实际上是这些利息的现值,且现值的计算应以实际市场利率6%而不是5%为贴现率。所以,在交割日空头方应支付给多头方的实际金额为:

$$\frac{2\,500}{(1+6\%) \times \frac{90}{360}} = 2\,463.05 (美元)$$

本质上而言,该企业从远期利率协议中获得了2 463.05美元的收益,这部分收益恰好抵消了因市场利率上涨而导致的贷款成本增加,从而使其仍然是以5%的利率借到了100万美元。

从上述例子可以看出,当市场利率偏离协议利率时,远期利率协议中买方所应交割的金额为:

$$交易金额 = 本金 \times \frac{(协议利率 - 市场利率) \times \frac{借款期限(天)}{360}}{(1+市场利率) \times \frac{借款期限(天)}{360}}$$

由于远期利率协议是一份零和博弈,远期利率协议中的卖方所需交割的金额为买方的相反数。

(二) 利率期货

利率期货是指交易双方在集中的市场内按照事先约定的价格在期货交易所买进或卖出某种有息资产,并在未来某一时间进行交割的金融期货产品。区别于远期利率协议,利率期货是一种标准化的合约。自20世纪70年代西方国家相继实行金融自由化、取消利率管制以来,因利率风险逐渐成为各经济主体尤其是各大金融机构所普遍面临的一种最重大的金融风险,利率期货已成为期货市场交易量最大的一类业务。

一份利率期货合约至少应包含交易标的、交易单位、合约期限与交割日、最小价格变动幅度和有无每日价格波动限制这五大要素。交易标的是指利率期货合约中所指定的有息资产种类,如美国短期债券、欧洲美元存款、各种期限的商业票据以及市政债券或中长期国债等。交易单位则是指利率期货合约中所规定的以面值为多少金额的标的资产来进行交易,如面值为5万元、10万元、20万元等长期国债。利率期货的合约期限一般为三个月的整数倍,但对交割日的规定则因交易标的的不同而可能存在一定差异。例如,美国短期国债期货交易日为合约期内的第三个星期拍卖国债以后的第二个工作日;长期国债期货的交易日为合约期的任意一天。最小价格变动幅度是指利率变化的刻度或基点,一般为一个基点的1%,即0.01%。一般情况下,美国短期国债、欧洲美元存款等货币市场期货都没有对每日价格波动幅度进行限制,而对长期国债期货则有每日价格波动限制,大约为每份合约3 000美元。

利率期货是一份标准化的场内交易金融衍生产品,它可以保证金的形式进行购买,并采用现金或现券的交割方式进行交易。利率期货与远期利率协议的相同点在于:①两者都是可以交割或现金结算的合约。②在签订合约时,双方都不需要支付任何费用。它们的不同点在于:①利率期货是一种标准的规范化场内交易产品,而远期利率协议是一种私人合约,合约双方可以根据自身需要来编制,属于场外交易产品。②利率期货通过清算中心完成交割,而远期利率协议则不用受保证金的制约。③利率期货受政府管制,而远期利率协议通常不受政府管制。由此可见,远期利率协议形式更加多样化,可以成为对利率期货的一种很好的补充。

例如,某企业预计在3个月后可收到一笔总额为2 000万美元的款项,并准备将这笔款项投资于3个月的美国短期国债。当时现货市场的3个月美国短期国债收益率为10%,也就是说价值100万美元、3个月到期的国债的当前价格为97.5万美元(1 000 000 − 1 000 000×10%×90÷360)。由于担心在未来3个月中市场利率会下降而导致美国短期债券价格上涨,该企业希望通过利率期货合约来规避利率风险,于是买进了20份面额为100万美元的美国短期国债期货合约进行保值。假设当时价值100美元、3个月到期的美国短期国债期货价格为9%,3个月后,该短期债券的收益率为8%,市场价值为970 000美元[975 000 − (10−8)×25/1%],其中25为贴现率变动0.01%时市场价值变动的额度。该企业通过利率期货合约进行套期保值的具体操作,如表5-5所示。

表5-5　　　　　　　　某企业利率期货合约的套期保值分析

日期	现货市场	期货市场
9月10日	准备在3个月后把2 000万美元投资于美国短期国债,收益率为10%	以9%的价格买入20张3个月美国短期国债期货合约
12月10日	收到2 000万美元,全部投资于3个月期美国国债,收益率降为8%	以9%的价格卖出20张3个月美国短期国债期货合约

(续表)

日期	现货市场	期货市场
损益	20 000 000×(8%－10%)×90/360＝－100 000(美元)	(9－8)×25×20/1%＝50 000(美元)
结果	总盈亏＝50 000－100 000＝－50 000(美元)	

(资料来源:陆静.金融风险管理[M].北京:中国人民大学出版社,2015.)

表5-5中的结果显示,该企业通过美国短期国债期货进行了套期保值,从而使其亏损由100 000美元降至50 000美元。

(三) 利率期权

自1982年3月澳大利亚悉尼期货交易所创造出世界第一份利率期权(银行票据期货期权)用于防范息票利率风险以来,利率期权已经发展成为最活跃的金融期权之一。

利率期权是指以各种利率相关产品或利率期货合约作为标的物的期权交易的一种买卖权利的合约。期权的买方以支付一定的货币为代价,获得在未来某一时间以事先约定的协议利率借入或贷出一定数量的资金的权利。因此,利率期权合约的内容通常包括合约名称、交易单位、报价单位、最小变动价位、每日价格最大波动限制、执行价格、交易时间、最后交易日、合约到期日、交易手续费、交易代码、上市交易所等。

与其他期权一样,利率期权的种类繁多。既有现货期权,也有期货期权;既有短期利率期权,也有长期利率期权,既有场内交易期权,也有场外交易期权。虽然利率期权种类繁多,但人们更喜欢按照利率期权的功能差异将其分为利率看涨(看跌)期权、利率上限(下限)和利率走廊等几种常见类型。

1. 利率看涨(看跌)期权

与其他看涨或看跌期权一样,利率看涨(看跌)期权是指期权购买方拥有在期权合约有效期内按执行价格购进或卖出一定数量标的物的权利。与远期利率协议类似,利率期权不需要交割实物资产,而只需进行现金结算即可。大多数利率期权都是欧式期权。

2. 利率上限(下限)

利率上限是指买卖双方达成一份协议来确定一个利率上限水平。在这份协议中,利率上限的卖方向买方承诺:在规定的期限内,如果市场参考利率高于协议利率上限,则卖方向买方支付市场参考利率高于协议利率上限的差额部分;如果市场参考利率低于或等于协议利率上限,卖方则无任何支付义务。显然,由于买方获得了在市场参考利率高于协议利率上限时差额部分的求偿权,买方必须向卖方支付一定金额的期权手续费。

与之相类似,利率下限则是指买卖双方达成一个关于利率下限的协议。该协议规定:如果有效期内的市场参考利率低于协定的利率下限,则卖方向买方支付市场参考利率低于协定利率下限的差额部分;如果有效期内的市场参考利率大于或等于协定的利率下限,则卖方无任何支付义务。显然,这种情况下的买方亦需向卖方支付一定金额的期权手续费。

3. 利率走廊

利率走廊包含一个利率上限和一个利率下限。在这份期权中,借款人以较低的协议利率买入一个利率上限期权,同时又以较高的协议利率卖出一个利率下限期权。

(四) 利率互换

利率互换是指交易双方制定在一定期限内交换一系列与利率相关的现金流的协议。例如,在一份最简单的利率互换协议中,一方向合同另一方支付合同规定的名义量的固定利率利息,另一方支付合同名义量的浮动利率利息。对于这一份利率互换协议而言,在有效期内的每一个结算日,合同双方只有应支付利息相对较高的一方才需要支付款项,所支付的金额为两种利息的净值。由此可见,利率互换交易的达成需要具备两个条件:①存在不同的筹资意向。②各自存在比较优势。

事实上,一份利率互换合约可以被看作是一系列远期利率协议,每个远期利率协议的到期日则为相应的清算日。因此,利率互换合约与远期利率协议之间有很多相似点:①签订这两种协议时,都不需要支付任何费用。②这两种协议都不是标准化的协议。③这两种协议的违约风险都很高。④协议签订方大多为金融机构,很少有个人参与者。

利率互换的种类繁多,主要的有息票互换、基础互换和交叉货币利率互换等。

1. 息票互换

息票互换协议包括一个固定利率利息和浮动利率利息支付的互换。这样的一份利率互换协议中,希望得到浮动利率的合约一方承诺支付固定利率,从而成为利率互换协议中支付固定利率的一方;而希望得到固定利率的另一方则承诺支付浮动利率,从而成为利率互换协议中支付浮动利率的一方。

在息票换协议中,所产生的现金流具有以下特点:

(1) 由于合约中的本金数量和货币类型相同,没有因本金所产生的现金流。

(2) 由于利息支付使用的也是相同的货币,且没有必要交换利息的全部金额,真实发生的现金流只是固定利率利息与浮动利率利息之间的差额,也就是说仅有一方支付净利息。

(3) 在合约到期时,由于合约期初并没有交换本金,合约到期时也不需要交换任何本金。

因互换协议是一种零和博弈,合约一方的收益即是另一方的损失。对于固定利率利息支付方来说,如果一年以 360 天来计算,且以 LIBOR 为合约中的浮动利率,则在到期日应该支付的净利息为:

$$\text{固定利率支付额} = (\text{协议固定利率} - \text{LIBOR}) \times \text{本金} \times \frac{\text{支付利息周期}}{360} \quad (5-11)$$

如果基于式(5-11)计算出来的值为正,则固定利率支付者需向浮动利率支付者支付该利息差额;如果该值为负,则是固定利率支付者收到浮动利率支付者支付的利息差额。

例如,某银行签订了一份 1 000 000 美元季度支付的息票互换协议,并且是作为固定利率利息的支付方,年固定利率为 6%。浮动利率的支付方同意支付 90 天的 LIBOR 再加上一个 1‰ 的利差。90 天 LIBOR 目前为 4%,90 天后为 4.5%,180 天后为 5%,270 天后为 5.5%,360 天后为 6%。

90 天后该银行要支付或者收到的利息额分别为:

$$\left[0.06 \times \frac{90}{360} - (0.04 + 0.01) \times \frac{90}{360}\right] \times 1\,000\,000 = 2\,500(美元)$$

270 天后该银行要支付或者收到的利息额分别为:

$$\left[0.06 \times \frac{90}{360} - (0.05 + 0.01) \times \frac{90}{360}\right] \times 1\,000\,000 = 0(美元)$$

360 天后该银行要支付或者收到的利息额分别为:

$$\left[0.06 \times \frac{90}{360} - (0.055 + 0.01) \times \frac{90}{360}\right] \times 1\,000\,000 = -1\,250(美元)$$

2. 基础互换

基础互换是指两种不同浮动利率之间的互换,只是两者所选择的利率基准不同。例如,A 公司与 B 公司在签订基础互换协议时,A 公司以 LIBOR 为计息标准支付给 B 公司,而 B 公司则选择以 Prime(美国最优惠利率)支付给 A 公司,其他具体操作则与息票互换相差无几。

3. 交叉货币利率互换

交叉货币利率互换协议是指交易双方将自己所持有的以一种货币表示的、采用一种计息方式的资产或负债调整为以另一种货币表示的、采用另一种计息方式的资产或负债的行为。在交叉货币利率互换协议中,双方将同时达到以下两个目的:一是改变资产或负债的货币种类。二是改变资产或负债的计息方式。这种协议既能管理利率风险,又能管理外汇风险,故而被广泛应用于金融风险管理当中。

例如,美国公司 A 希望在澳大利亚开展业务并以澳元(AUD)进行融资,但发现在澳大利亚发行债券会比发行美元债券成本高。然而,通过一个互换合约中介,A 公司找到了一家澳大利亚公司 B 正好希望发行澳元债券并以美元(USD)进行融资。在这种情形下,A 公司与 B 公司之间存在以下四种可行的货币互换合约,分别为:

(1) A 公司支付收到的 AUD 固定利率,B 公司支付收到的 USD 固定利率。

(2) A 公司支付收到的 AUD 浮动利率,B 公司支付收到的 USD 固定利率。

(3) A 公司支付收到的 AUD 固定利率,B 公司支付收到的 USD 浮动利率。

(4) A 公司支付收到的 AUD 浮动利率,B 公司支付收到的 USD 浮动利率。

现以货币互换合约(1)为例,说明固定—固定利率互换合约的交换过程。

步骤一:在合约签订的时候就相互交换本金,即 A 公司将 USD 付给 B 公司,并取回 AUD。

这是因为 A 公司的初衷就是希望得到 AUD,而 B 公司的初衷恰好是为了得到 USD。

步骤二:利息支付。A 公司收到 AUD,支付 AUD 的利息额给 B 公司;B 公司收到 USD,支付 USD 的利息额给 A 公司。因为这些利息都是以不同货币支付的,所以在每个结算日都需要全额支付,而不是取其净值。

步骤三:双方将最初交换的本金换回。在合约到期的时候,双方将各自换回自己的本金。

二、利率风险管理策略

常见的利率风险管理策略包括利率敏感性缺口管理策略、久期缺口管理策略、资产负债表表内与表外管理策略和资产证券化管理策略等。

(一) 利率敏感性缺口管理策略

利率敏感性缺口管理策略又可分为积极型和消极型两种。

1. 积极型利率敏感性缺口管理策略

积极型利率敏感性缺口管理是指商业银行通过合理利用利率变动来获取更大的净利差收入;而消极型利率敏感性缺口管理主要是尽量保持利率敏感性资产与负债之间的平衡,从而使利率敏感性缺口等于 0 或者很小。

在积极型利率敏感性缺口管理策略中,一些银行会基于对利率走势的预测而主动地保持利率敏感性资产与负债的正缺口或负缺口以增加盈利。当它们预测利率会上升时,保持缺口为正;而要当它们预测利率将要下降时,则保持缺口为负。这样一来,如果未来利率上升,则正缺口策略下增加的资产利息收入将超过增加的负债利息支出,从而使银行净利息收入增加;若未来利息下降,则负缺口策略可为银行带来更多的盈利。然而,如果未来利率波动与预期的刚好相反,银行将会出现相应的收入亏损。因此,当采用积极型利率敏感性缺口管理策略时,银行将会承担一定的风险,所以它们必须首先确定可承受的纯利息收入变化的最大额度,然后再确定计划缺口的限额。计划缺口值可由式(5-12)计算而得:

$$计划缺口值 = \frac{可接受的净利息收入变化(\%) \times 计划净利息收益率 \times 盈利资产额}{预期的最大利率变化(\%)} \quad (5-12)$$

积极型利率敏感性缺口管理策略的具体情况,如表 5-6 所示。

表 5-6　　　　　　　　　积极型利率敏感性缺口管理策略

利率变化预期	缺口管理	管理措施
利率上升	正缺口	增加利率敏感性资产、减少利率敏感性负债
利率下降	负缺口	减少利率敏感性资产、增加利率敏感性负债

通常情况下,商业银行改变利率敏感性缺口的主要方法包括:①增加短期资产、减少长期资产以改变资产结构。②减少短期负债、增加长期负债以改变负债结构。③以长期负债

增加短期资产。④减少长期资产、偿还短期负债。⑤以固定利率交换浮动利率的掉期合同或其他表外业务。

2. 消极型利率敏感性缺口管理策略

与积极型利率敏感性缺口管理策略不同,消极型利率敏感性缺口管理策略并不代表商业银行在管理中处于无为状态,其本质上是一种免疫策略。一旦管理者对利率走势预测失误,或即使预测正确但利率实际变化浮动较小时,采取积极型利率敏感性缺口管理办法都有可能得不偿失,因为每一次对资产和负债的调整都是需要付出代价的。

为使利率敏感性缺口管理策略更具可操作性,商业银行在实践中引入了利率临界点、质量临界点和期限临界点的概念。

对于利率临界点而言,商业银行根据实际情况对固定利率资产的每一大类规定一个利率标准,在市场利率高于某一类资产的利率标准时,购入这一类资产,然后等利率下降时将其出售以获得资本收益;在市场利率低于这一利率标准时,出售这一类资产,并在今后市场利率回升时再重新购入。由此可见,利率临界点是对固定利率资产进行管理的一种决策性利率。

对于质量临界点而言,它不表示某一类资产的利率,而是指一个加权的平均利率水平。商业银行在进行缺口管理时,往往会事先规定一个平均利率水平的最低限度标准。当市场利率低于这一最低限度时,商业银行便不会增加固定利率资产;反之,则增加固定利率资产。

对于期限临界点而言,它要求银行对资产构成的平均期限规定一个范围,并将最高期限和最低期限作为追加资产的标准。一方面可在一定程度上防止盲目投资中短期利率波动所带来的机会损失,另一方面也有利于防止通货膨胀对商业银行实际收益下降的直接影响。

(二) 久期缺口管理策略

用久期缺口管理策略来对利率风险进行管理,就是希望通过消除久期缺口来减少利率风险以保证商业银行市场价值的稳定,或通过正确地使用久期缺口来获取利率波动所带来的收益以增加商业银行的市场价值。

根据久期缺口的定义,具体计算公式如下:

$$久期缺口 = 资产加权平均久期 - 负债加权平均久期 \times \frac{总负债}{总资产}$$

当久期缺口大于零时,商业银行净资产价值的变动方向与利率相反。若利率下降,则银行资产与负债的价值都会上升,但资产价值上升的幅度将大于负债价值上升的幅度,从而导致商业银行净资产价值的上升。相反,当久期缺口小于零时,商业银行净资产价值的变动方向与利率相同。这时,若利率上升,则商业银行资产与负债的价值都会下降,但资产价值下降的幅度将小于负债价值下降的幅度,从而使得商业银行净资产价值上升。

与利率敏感性缺口管理策略类似,久期缺口管理策略也包括积极型和消极型两种。

积极型久期缺口管理策略是指商业银行根据对利率未来变化的预测,通过保持适当的久期缺口以获取利率变动所带来的收益。如果预测市场利率将会上升,则应减少久期正缺口或扩大其负缺口,以便将缺口调整为负值,从而使商业银行未来资产价值的下降幅度小于负债价值的下降幅度,以此来增加商业银行净资产收入。如果预测市场利率将会下降,商业银行应扩大久期正缺口或减少其负缺口,以便将缺口调整为正值。毋庸置疑,积极型久期缺口管理策略也会带来一定的负面影响。首先,一旦实际利率与预测的利率变化方向相背离,可能带来完全相反的结果。其次,商业银行调整资产负债的受制因素众多,往往难以及时按照商业银行的意图进行调整。最后,商业银行资产负债调整的成本较高,必须在权衡调整成本与调整后的收益后再做取舍。

消极型久期缺口管理策略主要是指商业银行采用零缺口或微缺口的方式来避免利率风险。此时,无论未来利率如何变化,资产的收益与负债的成本将等幅度同向变化,从而实现有效规避利率风险的目的。然而,在现实中往往难以使久期缺口真正等于零。究其原因:首先,缺口的调整有一定的时滞性,资产与负债利率的变动往往不是同步进行。例如,货币市场上的短期融资利率变动较快,但贷款利率的调整则相对较慢,致使调整后的缺口无法快速弥合。其次,当产生新的资产或负债时,经常需要对每一笔资产和负债业务都进行相应调整才能保持零缺口,调整成本很高。再次,即使保持久期缺口为零,但商业银行同样还会面临汇率风险、流动性风险、信贷风险等其他金融风险类型,导致风险管理策略选择的困难。最后,作为金融中介,商业银行难以单纯为了规避利率风险而保持一定的资产负债结构不变。因此,当采用久期缺口管理策略时,也只能根据各种条件和限制约束来确定一个可接受的缺口范围。

(三)资产负债表表内与表外管理策略

当根据是否利用商业银行资产负债表来进行划分时,利率风险管理策略可分为表内管理策略和表外管理策略两种。表内管理策略是指通过改变资产负债表的构成来达到控制利率风险的目的,而表外管理策略则是利用金融衍生工具来对商业银行的利率风险进行控制。

对于资产负债表表内管理策略而言,商业银行主要是根据所承受的风险状况,通过买进或卖出不同期限的证券来达到调整利率敏感度的目的,这是因为买卖不同期限证券可以在短时间内大幅度地改变资产负债结构的利息风险头寸。具体而言,当资产负债表呈现出资产利率敏感性时,商业银行可以通过延长投资组合期限、增加短期存款、增加固定利率贷款、增加短期借款等方式来降低资产的利率敏感度;当资产负债表呈现出负债利率敏感性时,商业银行可以通过缩短投资组合期限、增加长期存款、减少固定利率债券、增加固定利率长期债务、增加浮动利率贷款等方式来降低负债的利率敏感度。当然,有时根据需要也可以考虑同时使用上述策略的一种或几种来对利率风险进行管理。

资产负债表表外管理策略中所选用的金融衍生工具常常还是远期利率协议、利率期货、利率期权和利率互换等几种,但在使用这些金融衍生工具时,仍需注意它们之间的差异化特征。远期利率协议属于场外交易,故而比利率期货更灵活、成本更低,可适用于一切可兑换的货币;且其期限一般较短,适合用于管理短期的利率风险。利率期货反映的是固定收入债券的价格如何随利率的波动而发生变化,一般比较适合用于对某一特定资产价值或银行的资产净值进行风险保值,不太适合用于对净利息收入的变动进行保值。利率互换以锁定现有的净利息收入为目标,比较适合用于对利率变动所引起的净利息收入的变化进行保值;但如果市场利率发生了有利于银行缺口头寸的变动时,银行因此而增加的净利息收入将被利息互换产生的亏损所抵消。由于利率互换的期限一般较长,更适合用于对长期存在的利率风险的管理。

(四)资产证券化管理策略

资产证券化是指将非流动性的金融资产转变为可交易的资产支撑凭证。通过资产证券化,商业银行可以把部分利率风险转给他人,从而使得资产证券化管理策略成为利率风险管理中被广泛运用的工具。在资产证券化过程中,典型的做法是:一家金融机构将其产生的良好资产(如住房抵押贷款、信用卡、应收账款等)出售给一个专门的公司,然后再由这家专门的公司发行基于这些资产的证券,这些证券的利率和本金取决于标的资产的未来现金流。这样一来,债务偿还的负担不再落在发起人的身上,而是落在了产生未来现金流的资产上。

以住房抵押贷款为例,大多数房产所有者均需花费超过10年甚至更长的时间,并且每月需要支付固定的包括本金和利息在内的款项才能还清银行的抵押贷款。发起此类抵押贷款的银行、存贷款协会或抵押贷款公司将会承担利率波动所带来的风险。一旦利率上升,借款人将提前偿还本金,抵押贷款的价值将下降;如果利率下降,抵押贷款的价值将上升。于是,不少抵押贷款都被以抵押贷款证券化的方式再次出售给投资者,从而将抵押贷款的利率风险转移给新的投资者。

本 章 小 结

利率风险是指银行的财务状况在利率出现不利变动时面临的风险。利率风险的发生取决于两个条件,即市场利率的波动以及银行资产负债期限或总量的不匹配;风险大小取决于利率波动程度和资产负债不匹配程度。

利率风险的度量方法主要有重定价模型法、到期日模型法、久期模型法和凸度模型法等。重定价模型是基于银行账面利率敏感性资产和利率敏感性负债的不匹配加以构建的。到期日模型是从市场价格的角度入手,通过衡量银行资产和负债的期限差额来衡量利率风险。久期模型则是到期日模型的改良版,它不仅衡量了资产和负债的期限不同,还衡量了到期日之前的现金流量及其现值。

常见的利率风险管理策略包括利率敏感性缺口管理策略、久期缺口管理策略、资产负债表表内与表外管理策略以及资产证券化管理策略,且利率敏感性缺口管理策略包括积极型和消极型两种,久期缺口管理策略也包括积极型和消极型两种。

关键术语

利率风险　重定价模型　利率敏感性　到期日模型　久期模型　久期缺口　凸性
远期利率协议　利率期货　利率期权　利率上限　利率互换　息票互换　基础互换

本 章 练 习

一、单项选择题

1. 如果银行具有一笔1 000万元的贷款资产,10年后到期,固定贷款利率为10%,根据银行的安排,支持这笔贷款的是一笔1 000万元的浮动利率活期存款,年利率会根据某个基准利率进行同步调整,那么,该银行的这个组合所面临的风险属于( )。
   A. 重新定价风险　　　　　　　　B. 收益率曲线风险
   C. 基准风险　　　　　　　　　　D. 期权性风险

2. 利率风险按照来源的不同,可以分为重新定价风险、收益率曲线风险、基差风险和隐性期权风险;就固定利率而言,( )来源于银行资产、负债和表外业务到期期限错配所存在的差异。
   A. 基差风险　　　　　　　　　　B. 隐性期权风险
   C. 重新定价风险　　　　　　　　D. 收益率曲线风险

3. 影响金融工具久期的因素不包括( )。
   A. 金融工具的到期日　　　　　　B. 距下一次重新定价日的时间长短
   C. 到期日之前支付金额的大小　　D. 金融工具的发行日期

4. 通常金融工具的到期日或距下一次重新定价日的时间越长,并且在到期日之前支付的金额越小,则久期的绝对值( )。
   A. 不变　　　　B. 越长　　　　C. 越短　　　　D. 无法判断

5. 市场风险各种类中最主要和最常见的利率风险形式是( )。
   A. 收益率曲线风险　　　　　　　B. 隐性期权风险
   C. 基差风险　　　　　　　　　　D. 重新定价风险

6. 当久期缺口为( )时,如果市场利率下降,流动性也随之减弱;如果市场利率上升,流动性也随之增强。
   A. 正值　　　　B. 负值　　　　C. 零　　　　　D. 无法判断

7. 如果一家商业银行的总资产为100亿元,总负债为60亿元,资产加权平均久期为5年,负债加权平均久期为2年,则久期缺口为( )。
   A. 0.6　　　　B. 1.2　　　　C. −3.8　　　D. 3.8

8. 下列关于久期的说法中,错误的是( )。
   A. 久期分析是衡量利率变动对经济价值影响的唯一方法

B. 如采用标准久期分析法,不能反映基准风险

C. 如采用标准久期分析法,不能很好地反映期权性风险

D. 对于利率的大幅变动,久期分析的结果就不再准确

9. 假设目前收益率曲线是向上倾斜的,如果预期收益率曲线保持不变,则以下四种策略中,最适合理性投资者的是(　　)。

   A. 买入期限较短的金融产品

   B. 买入期限较长的金融产品

   C. 买入期限较短的金融产品,卖出期限较长的金融产品

   D. 卖出期限较长的金融产品

10. (　　)是衡量利率变动对银行经济价值影响的一种方法。

    A. 缺口分析　　　　　　　　　B. 久期分析

    C. 外汇敞口分析　　　　　　　D. 风险价值方法

11. 若其他条件保持不变,下列关于商业银行利率风险的说法中,正确的是(　　)。

    A. 资产以固定利率为主,负债以浮动利率为主,则利率上升有助于增加收益

    B. 发行固定利率债券有助于降低利率上升可能造成的风险

    C. 购买票面利率为3%的国债,当成本为2%,则该交易不存在利率风险

    D. 以3个月LIBOR为参照的浮动利率债券,其债券利率风险增加

12. 某商业银行具有一笔5 000万元的贷款,期限为8年,固定贷款利率为8%,支持该笔贷款的是5 000万元的浮动利率活期存款,则该银行的资产负债面临(　　)。

    A. 重新定价风险　　　　　　　B. 收益率曲线风险

    C. 基差风险　　　　　　　　　D. 隐性期权风险

二、不定项选择题

1. 利率灵敏度可分为(　　)。

   A. 利率损失敏感性　　　　　　B. 利率收益敏感性

   C. 资产负债市值的利率灵敏度　D. 利差灵敏度

   E. 期望利率敏感性

2. 下列各项中,属于利率敏感性缺口模型缺陷的有(　　)。

   A. 未考虑银行资产的内在价值变动情况

   B. 银行对敏感性缺口的控制欠缺灵活性

   C. 如果实际利率的走势与银行的预期相反,银行会发生更大的损失

   D. 资产利率收入的变化一般快于负债利率支出的变化

   E. 未考虑到利率变动的两面性

3. 下列关于久期缺口的理解中,正确的有(　　)。

A. 当久期缺口为正值时,如果市场利率下降,银行的市场价值将增加

B. 当久期缺口为负值时,如果市场利率下降,银行的市场价值将减少

C. 当久期缺口为负值时,如果市场利率上升,银行的市场价值将减少

D. 久期缺口的绝对值越大,银行对利率的变化越敏感

E. 久期缺口的绝对值越小,银行的利率风险暴露量越大

4. 收益率曲线图中的横坐标和纵坐标分别表示(　　)。

  A. 资产的不同市场价值　　　　B. 资产的各到期期限

  C. 对应的收益率　　　　　　　D. 资产的现值

  E. 资产的当期收益率

5. 商业银行处于资产敏感型缺口的情况下,若其他条件不变,则下列表述正确的有(　　)。

  A. 利率上升,净利息收入增加　　B. 利率上升,净利息收入减少

  C. 利率下降,净利息收入增加　　D. 利率下降,净利息收入减少

  E. 利率上升,净利息收入不变

6. 当商业银行资产负债久期缺口为正时,下列关于市场利率与银行整体价值变化的表述中,正确的有(　　)。

  A. 市场利率不变,银行整体价值不变

  B. 市场利率下降,银行整体价值减少

  C. 市场利率下降,银行整体价值增加

  D. 市场利率上升,银行整体价值增加

  E. 市场利率上升,银行整体价值减少

三、简答题

1. 什么是利率风险?它又包含哪几种风险?
2. 什么是利率敏感性资产?什么是利率敏感性负债?什么是重定价缺口?其缺陷主要有哪些?
3. 什么是到期日缺口?到期日模型的主要缺陷是什么?
4. 久期的概念是什么?久期与期限有何不同?
5. 什么是凸性?它与久期有什么异同?

四、计算题

1. 假设持有一种面值为5 000元的债券:

   (1) 若期限为5年、年利率为10%、收益率为13%,则该债券久期是多少?

   (2) 其修正期为多少?

2. 计算下列各种情况下的重定价缺口,并计算上升1个百分点对净利息收入的影响:

(1) 利率敏感性资产为 200 万元,利率敏感性负债为 100 万元。

(2) 利率敏感性资产为 100 万元,利率敏感性负债为 150 万元。

3. 某金融机构的资产负债表如表 5-7 所示。

表 5-7　　　　　　　某金融机构的资产负债表　　　　　　单位:万元

资产	金额	负债与所有者权益	金额
浮动利率抵押贷款(当年年利率为 10%)	30	活期存款(当前年利率为 6%)	30
30 年期固定利率贷款(固定利率为 7%)	30	定期存款(当前年利率为 6%)	20
		所有者权益	10
资产总计	60	负债总计	60

试计算:

(1) 该银行预期当年年末的净利息收入为多少?

(2) 假设利率上升 2%,则该金融机构当年年末的净利息收入又是多少?

(3) 运用重定价模型计算该金融机构在利率上升 2% 后的净利息收入。

第六章　汇率风险

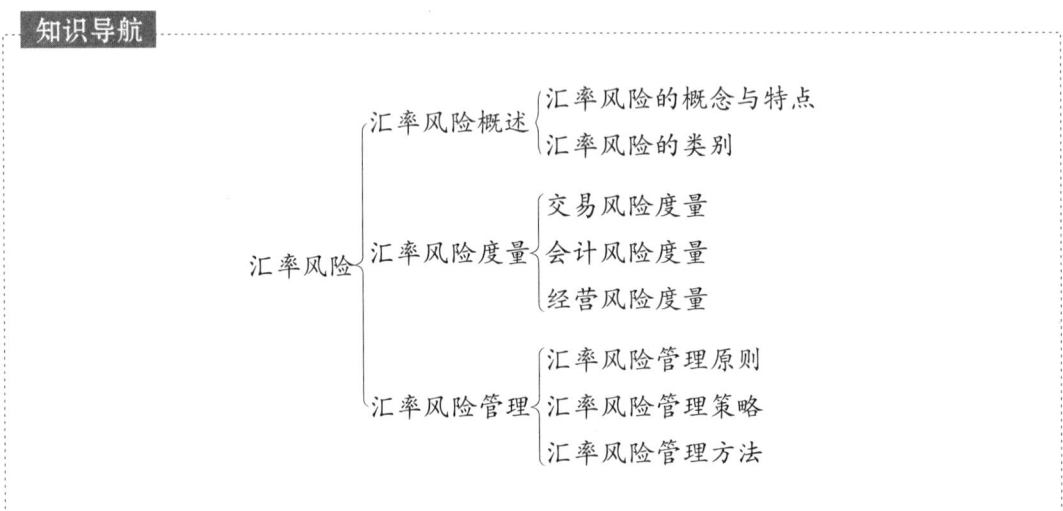

案例导入

人民币汇率风险加剧

2016年伊始,在岸人民币汇率贬值了近1 000个基点,贬值超1‰;离岸人民币汇率一度贬值了1 500个基点左右,累计贬值超2‰。

本次人民币贬值加速,可能是市场对中国经济前景的担忧、资金外流加剧以及央行对人民币的预期管理不明确引起的。

首先,市场对中国经济的前景较为担忧,而政策的放松可能不及预期。根据2015年12月官方报道,制造业PMI为49.7,低于市场预期水平。财经PMI为48.2,比11月下降了0.4。加上2015年上半年金融业超级繁荣,灾后交易量的萎缩使得2016年上半年金融业对GDP的贡献大大下降。在其他条件不变的情况下,2016年一季度经济增速可能会跌至6.5%左右。另外,2016年1月4日,人民日报头版头条明确强调:不会实行需求紧缩,但要把改善供给结构作为主攻方向。这就是说,未来决定短期增长的需求面政策更多是起到缓冲的作用,政府并不会采取强刺激政策。从近期货币政策的操作来看,似乎央行也在有意放慢政策放松的步伐。根据2015年的节拍,大概是两个月降准一次,但自2015年10月底降准以后,央行仍然按兵不动。对政策预期的落空与延后,可能会使市场产生对经济不利的预期。

其次,资金外流加剧。市场对中国经济前景悲观和中美利差的缩小导致资金不断流出。2015年以来外汇占款持续出现负增长,且新年伊始贬值预期加强。可能是由于新的一年居民有了新的换汇额度,从而加大人民币的短期抛售压力。加上朝核问题可能引发全球资金避险情绪的上升,导致包括中国在内的新兴市场国家的资金大幅流出。

最后,央行对人民币的预期管理不明确。虽然央行多次声明人民币长期不存在大幅贬值的基础,但对短期人民币波动以及贬值的容忍度并没有明确表态,容易引发不必要的猜测。2015年8月11日的人民币突然贬值,因事前未做预期管理而导致了市场震动。新年伊始,人民币贬值加速,但央行的预期管理仍然显得不够明确。根据人民币加入SDR(特别提款权)后的走势看,其波动似乎在央行的意料之中。但当贬值幅度超过市场预期时,市场就会自动放大对资金大规模外流的担心。

第一节 汇率风险概述

一、汇率风险的概念与特点

汇率风险是与汇率密切相关的一个概念。汇率亦称"外汇行市"或"汇价",是指一国货币兑换另一国货币的比率,是以一种货币表示另一种货币的价格。从短期来看,一国的汇率由该国货币兑换外币的需求和供给决定;从长期来看,影响汇率的主要因素有相对价格水平、关税和限额、对本国商品相对于外国商品的偏好以及生产率。比较有影响力的汇率决定理论主要有购买力平价说、利率平价说以及货币分析说等。

汇率风险又称为汇率暴露,与外汇风险的概念并不完全相同。外汇风险有广义和狭义之分。狭义的外汇风险就是指汇率风险。而广义的外汇风险除包括汇率风险以外,还包括国家政策风险、外汇信用风险及外汇交易风险等多种类型。通常所说的汇率风险,是指在一定时期的国际经济交易中,以外币计价的资产与负债由于汇率的波动而引起其价值涨跌的可能性。本章将主要对狭义的外汇风险(即汇率风险)进行介绍。

在国际贸易或外汇交易中,只要收支尚未完全抵消,就会面临汇率波动带来的风险。我们通常把承受外汇风险的外币金额称为外汇敞口。外汇敞口包括直接受险敞口和间接受险敞口两种。直接受险敞口是指经济实体或个人参与以外币计价结算的国际贸易而产生的外汇风险,其金额是确定的;间接受险敞口则是指因汇率波动而使那些不使用外汇的部门或个人所承担的风险,其金额是不确定的。

随着世界经济一体化程度的加深,以及国际金融市场动荡程度的加剧,汇率风险涉及的范围越来越广,对汇率风险的认识与管理将变得越来越重要。汇率风险具有或然性、不确定性和相对性特点。或然性是与必然性相对应的一个概念,它是指汇率风险可能发生也可能不发生,并不一定具有必然性;不确定性是指外汇风险给持有外汇或外汇需求的经济实体所带来的可能是损失也可能是盈利,它取决于经济主体在汇率波动中是债权方还是债务方;相对性是指外汇风险是一种联合博弈,它在给一方带来损失的同时,必然给另一方带来盈利。

对于汇率风险产生的原因,部分学者认为:由于货币与期限不匹配是银行业务的基本特征,当汇率波动与预期相反时,商业银行就难免会面临汇率风险。也有其他学者认为,商业银行汇率风险产生的直接原因是汇率波动导致了银行持有外汇头寸价值的变化。由此可见,汇率波动是导致商业银行面临汇率风险的最根本原因。

二、汇率风险的类别

根据汇率风险作用对象及其表现形式的不同,可以将汇率风险划分为交易风险、会计风险和经营风险三种。

(一) 交易风险

交易风险主要指商业银行与客户进行外汇买卖或在以外币进行的借贷、投资活动中,因未预料的汇率波动遭受到汇兑损失的可能性。这种风险是一种流量风险,它是由于交易合同中的计价货币与本币不一致所带来的风险。当交易主体的外汇债权债务已经发生但在外汇变动后才实际收付时,便存在交易风险的可能性。交易风险又可分为外汇买卖风险和交易结算风险两种。

1. 外汇买卖风险

外汇买卖风险是指银行在进行外汇买卖及以外汇资金借贷时,因出现敞口头寸多头而承担的交易风险。例如,银行的代客购汇业务,在客户下订单和交割时点之间如果汇率变动,就可能给银行带来损失。银行外汇存、贷款的币种头寸错配也会带来汇率风险。银行承担的汇率风险主要是外汇买卖风险。银行以外的企业承担的外汇买卖风险存在于以外币进行借贷或伴随外币借贷而进行的外汇交易之中。

例如,中国银行买进1亿美元,卖出9 000万美元,还剩下1 000万美元。通常将这1 000万美元视为外汇多头,这种多头将来在卖出时会因汇率水平变化而发生盈亏。如果当日收盘价为1美元合8.6元人民币,该银行卖出1 000万美元应收回8 600万元。但如果第二天外汇市场美元兑人民币比价跌至1美元合8元人民币,那么银行只能收回8 000万元,损失600万元。

2. 交易结算风险

交易结算风险是指银行经营外币存款和汇兑业务时,必须随时买入或卖出外汇而产生的风险。这是因为银行在结算交易中处于被动地位,在日常经营中需要持有一部分未平盘头寸。

例如,中国某金融机构在日本筹集一笔总额为100亿日元的资金,以此向国内某企业发放1年期美元固定利率贷款。按当时日元兑美元汇率,1美元合200日元,该机构将100亿日元折成5 000万美元。1年后,日元兑美元汇率变成1美元合110日元,仅100亿元日元本金就需要9 090.9万美元。而该金融机构到期收回本金5 000万美元与利息(按年利率14%计)700万美元,总计5 500万美元,连借款的本金都难以弥补,这就是该金融机构因外币汇率上浮所蒙受的风险。

商业银行开展的外汇业务一般可分为两类:一类是作为中间媒介进行的外汇交易,此类业务主要是向涉外企业提供贸易融资或者外汇存贷款、办理结售汇、代客进行境外理财业务,以便获取手续费及佣金收入;另一类则是基于自身风险管理进行的外汇交易,其目的在于进行套期保值或者投机活动等。平衡性外汇买卖和套期保值性外汇买卖不会产生汇率风险,但中介性外汇买卖和投机性外汇买卖会不可避免地出现买进和卖出外汇之间的不平衡。当买进多于卖出时,则会形成多头;反之,则会形成空头。无论是多头还是空头都存在敞口头寸,故而需要承担因汇率波动所产生的风险。一般情况下,商业银行会对自身资金情况、金融市场的供求状况进行分析,并对未来汇率变动趋势作出预测,然后再决定是保留还是"轧平"外汇头寸。为了规避汇率风险,商业银行有时会依照买卖平衡的原则去"轧平"头寸。但即便是这样,商业银行也会由于买进与卖出某种外币的期限不同而暴露于汇率风险之中。

(二) 会计风险

会计风险又称换算风险,是指跨国企业为了编制统一的财务报表,将以外币表示的财务报表用某公司的货币进行折算或合并时,由于汇率波动而产生的账面上的损益差异。

会计风险是一种存量风险。当汇率波动时,虽然跨国企业外币资产负债数额没有发生变化,但在会计账目中其本币数目却发生了变化。会计风险尽管只是一种账面上的评价而并非真实的收益,但这也会对未来产生实质性影响。账面上的资产负债需要向股东和社会公众公布,从而使得汇率的大幅波动会影响投资者对企业的信心,进而影响股价以及企业后续的再融资能力。

例如,美国某银行在其英国分行的往来账户余额为100万英镑。年初时的兑换汇率为1英镑=1.6美元,即账户余额是160万美元;到了年底时,美元升值英镑贬值且1英镑=1.5美元。这时的英国分行账户余额折算成美元只有150万美元,英镑余额价值降低了10万美元。根据美国会计制度规定,这笔损失应计入公司损益中,或通过一个备抵账户直接冲销股东收益。

在以外币表示的资产负债折算成以母国货币表示的资产负债时,产生的折算风险受不同国家会计制度的影响。在进行货币折算时,可以选择现行汇率和历史汇率(即资产平衡表和损益表中的项目发生时使用的即期汇率),而不同折算方法下的外汇资产和负债评价结果各异,由此产生了基于不同会计项目的流动/非流动法、货币/非货币法、时间度量法和现行汇率法。

1. 流动/非流动法

这种方法将流动资产和流动负债按现行汇率折算,而将非流动资产和非流动负债按资产负债形成时的历史汇率折算。损益表中的费用和收入除一些与非流动性资产和负债有关的项目(固定资产折旧和无形资产摊销)外,一般采用报告期的平均汇率来换算。

2. 货币/非货币法

这种方法是将资产负债表中所有货币性资产(包括现金和应收账款)和负债(应付账款和长期债务)用现行汇率计算,而将非货币性资产(存货和固定资产)和负债(包括股本)用历史汇率折算。损益表中各项目的折算除折旧、摊销费按历史汇率折算外,所有费用、收入项目均按平均汇率折算;虽然存货是流动资产,但仍按历史汇率折算。显然,这种方法是从流动/非流动法到现行汇率法的一种过渡。

3. 时间度量法

这种方法与货币/非货币法类似,但其对真实资产的处理略有不同。真实资产若以现行市场价表示,则按现行汇率折算;真实资产若以历史成本表示,则以历史汇率折算;损益表中的项目一般按报告期内平均汇率折算,但摊销费用、折旧费用按历史汇率折算。如存货,在货币/非货币法中以历史汇率折算;而在时间度量法中,如果存货在产负债表中以历史成本计价,则以历史汇率折算。这种方法与货币/非货币法的区别在于:前者是基于成本的估价方法(按历史成本还是按市场成本),后者是基于资产和负债类型的方法。

4. 现行汇率法

这种方法的会计处理方法最简单,是将资产负债表中的所有项目均按现行汇率折算。这种方法首先由英格兰及威尔士特许会计师协会(ICAEW)、苏格兰特许会计师协会(ICAS)倡导,在英国公司被广泛应用。美国在1981年《财务会计准则第5号》中也推荐以现行汇率作为可参考的公认会计准则,与时间度量法同时适用。

(三) 经营风险

经营风险又称经济风险,是指未预期的汇率波动而使企业在将来特定时期的收益而发生变化的可能性。经济风险所反映的汇率变动的风险,不仅在时间上有相当久远的影响,而且影响的范围也非常广泛,可能引起市场利率、市场价格、市场需求等各种经济变量的变化。对于一家实体企业来说,当一国货币贬值时,出口商一方面会因出口货物的外币价格下降而使其出口增加、收益上升;另一方面,如果出口商在生产中所使用的主要原材料为进口产品,本国货币贬值又会提高以本币表示的进口原料价格,出口产品的成本也会随之增加。因此该出口商在将来的纯收入可能增加,也有可能减少。对于商业银行而言,未预期的汇率波动将直接或间接对银行的资产负债、授信业务、结售汇、国际结算业务等产生影响,从而影响商业银行价值。

例如,2006年某银行将筹集的 8 120 万元人民币以现时 1 美元=8.120 元的汇率折合成 1 000 万美元,按 3 年期的贷款授信给美国 A 企业,并按 3 年共计 15% 计息,一次还本付息。

到2009年,由于人民币升值的影响,汇率变为1美元＝6.120元人民币,此时该银行仅能收回7 038万元人民币。在不考虑通货膨胀的情况下,该银行损失1 082万元人民币。

一方面,相较于交易风险和会计风险而言,经营风险产生的影响更长久、更复杂。另一方面,虽然交易风险、会计风险与经营风险都是未预期的汇率变动引起外汇资产或负债在价值上的变动,但其侧重点各有不同。从损益结果来看,交易风险可以在会计程序中体现并用一个具体的数字表示,具有静态性和客观性的特点;经营风险则更多是从财务、价格、市场等方面对行为主体所进行的整体经济分析,带有一定的动态性和主观性。从测量时间来看,交易风险和会计风险只突出过去已经发生的交易在某一时点的汇率风险的受险程度;而经营风险则要测量将来某一时间段出现的汇率风险。

值得指出的是,汇率风险有可能使企业遭受损失,但也有可能使企业在汇率波动中受益。稳健经营的企业并不是希望从汇率波动中获得好处,而是尽量规避或减少汇率波动带来的风险。这是因为损失一旦产生,其灾难性后果是不可小视的。因此,对上述三种风险进行分析与测量,并采取措施对其加以有效防范与管理是非常重要的。

第二节 汇率风险度量

对汇率风险进行合理度量是汇率风险管理的首要前提。汇率风险类别不同,所采用的度量方法也有所差异。这里将根据不同类别的汇率风险对其度量问题加以介绍。

一、交易风险度量

商业银行涉及的外汇交易业务主要包括外币存贷款、结售汇、跨境人民币贸易结算,以及各种中间业务等,因此它们的外汇市场头寸与下列四种交易活动密切相关:①为了使客户能够参与和完成国际贸易交易活动而买卖外汇。②为了使客户能够参与国外的实际投资和金融投资而买卖的外汇。③出于套期保值目的,为了抵消与客户进行某种外汇交易时的风险敞口而进行外汇的买卖。④出于投机目的,通过预测汇率将来的变化趋势而买卖外汇。由此可见,商业银行外汇业务主要有外币资本借贷、外汇交易和金融衍生品交易三大类。

由于交易风险是企业或个人已发生的债权债务在汇率波动后进行交割清算时所出现的风险,考虑到汇率的易变性,交易风险将是最常见的汇率风险。交易风险的识别方法主要有资本市场法和外汇敞口法两种,且无论采用哪种方法,对交易风险的度量均包括确定各外币预计的流入量或流出量净额(即风险敞口)和确定风险大小这两步。

外汇敞口主要是由银行表内、表外业务中的货币不相匹配引起的。如果在某时段内银行多头、空头头寸存在差异,便会出现外汇敞口,其差额即为外汇敞口大小。在这段时间内,如果汇率发生变动,有可能使银行遭受汇率风险。外汇敞口包括单一币种和多个币种两种情况。前者是指表内与表外的单一币种在结构上不匹配,后者则是指敞口折成报告币种加

总轧差后的外汇总敞口。多个币种的外汇敞口用公式表示为:

$$净外汇风险敞口=(外币资产-外币负债)+(外币购入-外币售出)$$
$$=净外币资产+净外汇购入$$

对于单一币种的外汇敞口,我国通常用公式表示为:

$$以本币计价的某种外币的亏损或盈利=以本币计价的净外汇风险敞口×汇率变动值$$

净外汇风险敞口与银行风险的关系,如表6-1所示。

表6-1　　　　　　　　净外汇风险敞口与银行风险的关系

净外汇风险敞口	外币对本币	外汇损益
正值	升值	盈利
	贬值	亏损
负值	升值	亏损
	贬值	盈利

(资料来源:马改霞.我国上市商业银行市场风险的压力测试研究[D].太原:山西财经大学,2013.)

下面以一个具体实例来介绍计算外汇交易风险的步骤与技巧。

假设一家中国跨国银行A在接近年底时,其两家分行M和N的外汇资产、现金情况分别如表6-2和表6-3所示。

表6-2　　　　　　　　银行A分行M外币资产、现金情况

	外币资产	外币负债	净外币资产	外币购入	外币售出	净外币购入
美元	8 000 000	5 000 000	3 000 000	6 500 000	5 500 000	1 000 000
欧元	500 000	3 500 000	-3 000 000	2 000 000	1 000 000	1 000 000
日元	500 000	3 500 000	-1 000 000	500 000	4 500 000	-4 000 000

表6-3　　　　　　　　银行A分行N外币资产、现金情况

	外币资产	外币负债	净外币资产	外币购入	外币售出	净外币购入
美元	1 000 000	4 000 000	-1 000 000	2 300 000	1 300 000	1 000 000
欧元	2 500 000	1 000 000	1 500 000	500 000	1 000 000	-500 000
瑞士法郎	3 800 000	300 000	3 500 000	700 000	1 200 000	-500 000

(资料来源:陆静.金融风险管理[M].北京:中国人民大学出版社,2013.)

为了计算银行A总的外汇敞口头寸情况,将分行M、分行N两个分支机构的外汇资产、现金进行汇总,得出该行各种货币的净外汇风险敞口。银行A对年底相关货币的汇率进行了预测,给出了与敞口对应的预期汇率。以美元为例,从表6-4可以看出,涉及美元的净外币资产为2 000 000美元、净外币购入为2 000 000美元,总的美元风险敞口为4 000 000美

元。当美元预期汇率为 6.15 时,银行 A 美元敞口的本币价值为 24 600 000 元人民币。

表 6-4　　　　　　　　　　　　银行 A 外汇合并净额

	净外币资产	净外币购入	净外汇风险敞口	预期汇率	敞口净值(元)
美元	2 000 000	2 000 000	4 000 000	6.15	24 600 000
欧元	−1 500 000	500 000	1 000 000	8.22	8 220 000
日元	−1 000 000	4 000 000	5 000 000	0.059	−295 000
瑞士法郎	3 500 000	−500 000	3 000 000	6.98	20 940 000

当预计的美元汇率为另一数值时,银行 A 美元外汇敞口对内净值就会出现变动。由此可见,仅用一个确定的预期汇率来计算年底的本币价值不太科学。此外,对汇率进行预测通常不是一个点估计值,而是一个相对可能发生的波动区间估计。通过预测未来汇率的波动区间,银行未来外汇敞口的价值也就被确定在对应的一个区间。区间越大,说明该货币外汇敞口价值波动幅度越大,银行承担的风险越大;区间越小,则说明该货币外汇敞口价值波动的范围越小,银行蒙受的风险也就相应越小。

确定银行外汇敞口风险的一个简单方法就是只考虑极值情况,即在确定了净外汇风险敞口的情况下,预测银行对应外汇货币风险波动的最大值及最小值,然后乘以该货币外汇敞口净额,由此可计算出每一种货币期末风险敞口人民币价值的最大值及最小值。估计的银行 A 的风险敞口净值范围及交易风险,如表 6-5 所示。

表 6-5　　　　　　　　　估计的银行 A 的风险敞口净值范围及交易风险

	净外汇风险敞口	期末汇率波动范围	敞口值范围(元)	不确定金额(元)
美元	4 000 000	6.11～6.21	24 440 000～24 840 000	400 000
欧元	−1 000 000	8.15～8.35	−8 150 000～−8 350 000	−200 000
日元	−5 000 000	0.039～0.059	−195 000～−295 000	−100 000
瑞士法郎	3 000 000	6.73～7.08	20 190 000～21 240 000	1 050 000

在表 6-5 中,欧元的净外汇风险敞口为 −1 000 000 欧元,期末预计的欧元汇率可能出现的范围为 1 欧元兑换 8.15～8.35 元人民币。因此,预期的净现金流出至少为 8 150 000 元人民币,最高为 8 350 000 元人民币,不确定金额为 200 000 元人民币。不同外汇币种汇率的波动幅度一般不同,表 6-5 中瑞士法郎的波动幅度最大,为 0.35;日元的波动幅度最小,为 0.02。此外,尽管美元的头寸更大,但瑞士法郎的汇率波动幅度很大,使得瑞士法郎的不确定金额(1 050 000 元人民币)高于美元的不确定金额(400 000 元人民币)。

值得注意的是,在本例子中,虽然所采用的估计时间区间为 1 年,但在实际测算交易风险时,可根据需要选择估计时间区间,如 1 个月、1 个季度或 1 年等。显然,外币交易风险估计的时间跨度越长,其准确度一般会越低。这是因为当期限越长时,汇率波动幅度、外汇敞口等变量不确定性更大,从而使得预测的准确度更低。

二、会计风险度量

会计风险是指跨国企业在合并财务报表时所面临的汇率波动风险,其风险大小通常取决于跨国企业在国外经营的程度、国外子公司所在地及其所使用的会计方法三个因素。这里以跨国金融机构为例加以介绍。

(一)在国外经营的程度

一般而言,跨国金融机构国外子公司在业务总收入中所占比重越大,其所面临的会计风险将越大;如果国外子公司开展业务所占比重很小,则合并报表将不会因汇率波动而受到较大影响。换言之,当跨国金融机构的外汇风险敞口越小时,会计风险相应越小。

(二)国外子公司所在地

因为每个主权国家都要求在其境内的企业使用该国法定货币进行财务核算,所以跨国金融机构的子公司也需要使用所在地本国的货币进行交易活动并编制财务报表。不同国家对财务报表编制的规范性要求不同,即使交易额相同,但由于所采用的计量货币不同,将其转换为母公司货币时所面临的会计风险也存在明显差异。例如,如果一家中国跨国银行在德国设有分行,则其位于德国分行的资产、负债、利润等应以欧元进行计量;按照我国会计准则的要求,该公司必须编制季度合并报表以便把分行的财务信息转化为以人民币的形式。由于 2003 年上半年欧元对人民币升值幅度高达两位数,该跨国银行的合并报表出现了较大的会计风险。相反,另一家在加拿大设有分行的跨国银行则由于加拿大元对人民币汇率相对稳定,这一期间内会计风险就较低。

(三)所使用的会计方法

在合并报表时,折算所使用的会计制度、会计方法的不同会对跨国金融机构的会计风险产生重要影响。究竟是采用现行汇率还是历史汇率,抑或是核算阶段平均汇率,其合并出来的财务报表结果存在较大差异。

以美国为例,美国公司需要根据 1981 年 12 月发布的《财务会计准则公告第 52 号》中的以下规则编制合并报表:

(1)适用于国外子公司的功能货币是其经营所在地的本国货币。

(2)按照报告日的市场汇率把国外公司的资产和负债从功能货币折算为报告货币。功能货币指经济主体在经营活动中流转使用的各种货币。报告货币指在编制综合财务报表时使用的记账货币,通常是本国货币。

(3)运用加权平均汇率把国外子公司的收入、费用、利得和损失先从功能货币转化为报告货币。

(4)因外币折算价值变动形成的折算利得或损失不在本期净收入中计列,而报告为股东权益的第二要素,位于高通货膨胀地区的国外子公司不适用本条。

(5) 因外汇交易而实现的利得或损失,计入本期净收益,但也有例外情况。

例如,美国的一家跨国银行在英国的子银行第一年赚得 1 000 000 英镑,第二年赚得 1 000 000 英镑。当这些利润和其他子银行的利润一起合并时,它们要按照当年的加权平均汇率折算。假设第一年的加权平均汇率为 1 英镑兑 1.90 美元,第二年为 1 英镑兑 1.50 美元,不同年份和汇率水平下的折算收益如表 6-6 所示。

表 6-6　　　　　　　　不同年份和汇率水平下的折算收益

报告期	英国子银行的当地利润(英镑)	报告期英镑的加权平均汇率(美元/英镑)	折算后英国子银行的收益(美元)
第一年	10 000 000	1.90	19 000 000
第二年	10 000 000	1.50	15 000 000

(资料来源:陆静.金融风险管理[M].北京:中国人民大学出版社,2013.)

尽管在英国的子银行第一年和第二年的英镑利润额相同,但第二年英国公司折算的合并美元利润还是减少了 400 万美元。造成该跨国银行会计风险的原因在于,第二年英镑的平均汇率下跌了 21%。财务分析人士、投资者有可能因为第二年子银行美元利润减少而给予该跨国银行较低评价。然而,利润下降并不是由于子银行经营方面出了什么问题,而是由于走弱的英镑使第二年的利润在账面上用美元计量时变少了。

中国会计制度规定编制折合人民币会计报告时应将所有以美元计价的资产、负债类项目按照合并会计报表日银行公布的官方中间价折算为人民币,所有者权益类项目除"未分配利润"项目外,均按照发生时的历史汇率折算为人民币,由于汇率原因产生的折算差额计入外币报表折算差额。对现金流量表中的有关收入、费用项目,也参照上述汇率进行折算。对于海外分公司以非美元货币为记账本位币的,先按当地官方汇率折算为美元,再折算为人民币。

当跨国金融机构的国外子公司在当地有许多增长机会时,它们会倾向于将大部分或全部利润再投资于那个国家。在此情况下,子公司很少在乎会计风险,因为利润不必兑换成母国货币。然而,如果子公司在当地增长机会不多时,不仅利润被兑换成母国货币时的会计风险较为严重,而且还会伴随着经济风险。特别地,如果子公司分布在同一国家,那么国家经济萧条带来的会计风险也是不容小觑的。因此,在设立分公司进行投资时,也应将投资尽量分散且选择币值相对稳定、有增长前景的国家。

三、经营风险度量

交易风险和会计风险可以通过人为控制尽量减轻其影响程度、缩小其影响范围,但经营风险则无法做到这一点。发生经营风险时,不仅直接或间接关联方容易会遭受不同程度的损失,而且其影响范围较大、持续时间较长。以国际贸易结算业务为例,如果人民币升值,则对于金融机构的国际贸易结算业务而言,一方面,人民币升值会使进口产品价格下降、进口贸易量增加,进而导致对外付汇的增加、促进进口贸易结算业务的发展;另一方面,人民币升值还会使我国产品和劳务对外出口量在一定程度上受到抑制,出口贸易量出现下降并进而导致收汇减少,从而影响到出口贸易结算业务的发展;反之,出口贸易结算业务会受益而进口贸易结算则受到抑制。

经营风险的大小不仅取决于风险敞口的数量,而且也受汇率波动程度的影响。对进出口企业而言,经营风险对其销售收入的影响最为明显;对商业银行来说,国际结算业务则是探测经营风险程度最好的风向标。表6-7列示了跨国进出口企业容易受到经营风险影响的一些现金流量科目,以及汇率变化对这些业务交易量的影响方向。

表 6-7　　　　　　　　　　汇率波动的经济影响

	本币升值	本币贬值
影响企业本币流入量的交易		
本国销售收入(与本国市场的外国竞争者相比)	减少	增加
以本币标价的出口	减少	增加
以外币标价的出口	减少	增加
影响企业本币流出量的交易		
以本币标价的进口	无变化	无变化
以外币标价的进口	增加	减少

(资料来源:刘园.金融风险管理[M].北京:首都经济贸易大学出版社,2012.)

此外,相较于一家未上市企业的利润变化而言,经营风险对上市企业股票价格的冲击更值得关注。在分析经营风险对上市企业的影响时,可以采用股票价值代替财务报表资产利润来计量股价如何随着货币汇率波动而变化。

例如,中信泰富在澳大利亚有铁矿投资项目(SINOIRON),该项目亦是西澳最大的磁铁矿项目。整个投资项目的资本开支除初期的16亿澳元之外,在项目进行的25年期内,还将至少每年投入10亿澳元,很多设备和投入都必须以澳元进行支付。为降低澳元升值的风险,中信泰富于2008年7月与13家银行共签订了24款外汇累计期权合约,对冲澳元、欧元及人民币升值影响,其中澳元合约占绝大部分。

由于合约只考虑对冲相关外币升值的影响,没有考虑相关外币贬值的可能性,在全球金融危机迫使澳大利亚减息并引发澳元币值下跌的情况下,2008年10月20日,中信泰富公告因澳元跌破锁定汇价,澳元累计认购期权合约公允价值损失了约147亿港币。2008年11月14日,中信泰富发布公告,称中信集团将提供总额为15亿美元(约116亿港币)的备用信贷,用于重组外汇衍生品合同的部分债务义务,中信泰富将发行等值的可换股债券,用来替换上述备用信贷。

第三节 | 汇率风险管理

汇率风险管理是指在对商业银行汇率风险的特征及其成因进行鉴别与测定后,设计与选择相关方案来防止或降低汇率风险损失的一种行为。在进行汇率风险管理时,需遵循一定的原则。

一、汇率风险管理原则

汇率风险管理的目的在于减少汇率波动带来的现金流量的不确定性,控制或消除业务活动中可能面对的由汇率风险导致的不利影响。为了实现这一目标,金融机构在进行汇率风险管理时,需遵循收益最大化原则、全面重视原则和管理多样性原则。

(一) 收益最大化原则

收益最大化原则要求商业银行在确保实现汇率风险管理预期目标的前提下,以最少成本的支出来追求最大化的收益。这既是外汇风险管理的基石和出发点,也是其选择风险管理策略和方法的准绳。

(二) 全面重视原则

全面重视原则要求商业银行长期树立外汇风险管理意识,并从管理战略上给予汇率风险管理以高度的重视。由于汇率风险的种类繁多,不同的汇率风险对企业的影响各异,商业银行在进行汇率风险管理时,需要对外汇买卖、国际结算、会计折算、企业资金运营、国际筹资成本以及跨国公司投资收益等项目下的汇率风险有充足的认识,避免顾此失彼所带来的重大损失。

(三) 管理多样性原则

由于经营特点、经营范围等的不同,在外汇业务中涉及的外币波动性、外币净头寸、汇率风险大小等各异,这就要求商业银行应针对具体问题进行具体分析,并寻找到最适合自身风险状况和管理需求的汇率风险管理策略。

二、汇率风险管理策略

由于不同微观企业主体对风险偏好的态度不同,所采用的汇率风险管理策略也各不相同。根据汇率风险管理主体风险厌恶程度的不同,汇率风险管理策略可分为全面避险的管理策略、消极的管理策略和积极的管理策略三种。

(一) 全面避险的管理策略

当采取全面避险的管理策略时,金融机构试图对经营中出现的外汇风险一律进行套期保值以确保绝对安全,不留下任何可能来自汇率方面的不稳定因素。

因完全套期保值策略可以使金融机构实现风险中立目标,汇率不管向哪一个方向波动都将与其经营活动现金流量无关,所以采取这种策略的金融机构属于风险厌恶者。虽然采取完全套期保值策略对外发送一个稳健经营的信号,有利于维护金融机构社会形象和声誉,但完全套期保值的代价是三种风险管理策略中成本最高的。这是因为汇率一般存在双向波动的可能、风险利弊共存,而完全套期保值不仅要支付高昂的成本,而且还会牺牲汇率波动可能带来的收益。一般来说,稳健经营要求高的商业银行大多会采用这一策略,即使它们持有外汇,但保有的外汇风险头寸一般也是极少的。

(二) 消极的管理战略

当采取消极的管理策略时,从表面上来看,商业银行不打算采取任何措施对汇率风险进行控制或消除,是一种无为而治的管理理念。但实际上,它们之所以选择任由市场变化的策略而不对汇率风险加以控制,一方面是因为未来有50%的可能汇率会向着有利的方向变动,另一方面是因为进行风险管理与控制需要投入大量的人力物力成本。采取这种汇率风险管理策略的一般是风险偏好者。它们采取消极的管理策略的主要原因包括:①认为获取的信息足够多、对外汇市场行情的判断准确,并知晓外汇风险是朝有利于自己还是不利于自己的方向发展的,故而保留外汇风险敞口以尽可能获得额外的风险收益。②相信市场这只"看不见的手"的力量并认为市场是有效的,没有必要采取任何措施来进行保值或投机。③认为外汇风险不会造成巨大损失,进行风险管理的成本甚至要高于汇率风险带来的损失。

然而,现实中的金融机构一般很少采取这种消极的管理策略。这是因为从短期来看,市场一般并非有效且汇率波动也很少符合利率平价和购买力平价理论,从而使得汇率的波动不仅会带来名义价值上的变动,而且还会影响到金融机构营运资产和真实资产的实际价值。

(三) 积极的管理策略

积极的管理策略则是指金融机构积极地预测汇率走势,并根据预测结果对不同的涉险项目分别采取不同的风险管理策略。例如,当预测汇率变动对其不利时,金融机构会采取完全或部分避险的管理手段;当预测汇率变动对其有利时,金融机构会承担汇率风险以期获取风险报酬。

积极的管理策略又可以分为两类:一类是利用汇率的波动来谋取利润,另一类则是以平衡外汇风险头寸来进行套期保值。采取这种策略一般要求金融机构把汇率风险纳入其总体的经营管理策略,对外汇头寸进行周密的安排,有一套完整的管理制度和约束机制,而且对风险管理水平有较高的要求。否则,由此带来的损失和代价将可能远远大于完全套期保值策略和消极保值策略。

现实中,大部分金融机构都会选择积极的管理策略,根据自身经营特点和管理经验,对比外汇风险大小和允许的外汇风险承受能力,确定是否进行保值以及对哪些货币币种、多大金额进行套期保值等一系列问题。

三、汇率风险管理方法

虽然汇率风险的损益仅是一种可能性,但商业银行一般还是会采取积极的管理策略以尽可能使汇率风险带来的经济损失在自身所能承受的范围之内。商业银行对汇率风险进行管理一般可从两方面展开,一是基于对表内资产负债的匹配以使受险头寸尽量降低,二是运用表外金融衍生工具进行套期保值。

(一)表内资产负债匹配

表内资产负债匹配是指通过对外汇资产、负债的时间、币种、利率,以及结构的配对,以对汇率风险敞口或外汇头寸进行控制,从而尽量减少汇率波动带来的损失。具体的配对策略包括以下几种。

1. 远期头寸到期日的匹配

远期头寸到期日匹配是指银行应该尽可能地使在未来任一时点上到期的资产能够恰好抵付到期的负债。这就要求银行按不同币种分别统计,并报告资产与负债头寸到期日的搭配情况。在此过程中,对到期日不搭配的资产和负债进行调整,必要时对负债不足资产的部分进行融资,对负债多于资产的部分进行投资。

2. 币种的匹配

在外汇的存贷款上做好币种的配对,银行应该遵循筹集什么外币就借出什么外币,贷款到期时收回什么外币,筹资合同到期时就付出什么外币的原则。一言以蔽之,就是银行应该努力做到外币借、贷、还的统一。

3. 外币存贷款到期日的匹配

如果银行外币存贷款的到期日不对称,则不仅会存在外汇风险,而且会存在融资风险。因此,银行应该做好外汇存贷款到期日的统计,以便及时掌握各时期存贷款是否有超借或超贷情况,检查某种外币负债和资产的累计不对称金额,评估银行因此而发生的融资或流动性风险,防止出现严重的外币存贷款到期日不对称。

4. 外币资产与负债的利率匹配

银行从国外借入的现汇资金是以伦敦银行间同业拆借利率(LIBOR)计算利息的,因此,银行在国内发放外汇贷款的利率也应按浮动利率计收利息,并不定期地将利率根据LIBOR进行调整并予以公布,以期尽可能地减少外币资产与负债之间的利率基础差异,避免由利率不同而产生的汇率风险。

5. 对外汇资产负债期限结构的匹配

当短期外汇负债长期使用时,应适当增加长期存款,压缩长期外汇贷款,提高资金的流动性。当出现长期外汇负债短期运用时,不能盲目增加长期外汇贷款来一味地追求期限对称,必须调整负债结构,增加低成本负债。

银行资金业务、外汇交易业务本质上是一种中介服务,其外币的资产负债结构随时都会发生变化,远期外汇交易到期日不匹配、币种不匹配、资产负债期限和利率不匹配等是经营中常有的现象。在对这些失衡现象进行调整时,商业银行主要采用的手段有两种:一是货币市场运作,即通过外币的短期投资或者拆借来获得理想的资产负债结构。二是衍生金融工具买卖,通过远期合约、期货合约、互换合约、期权合约来获得理想的资产负债结构。实际上,衍生金融工具不仅能够锁定银行资金交易、外汇交易的价格,起到控制、减少外汇风险的作用,它还因不需要像现货交易那样的大规模现金流动而成为高效的资产负债管理工具。但值得注意的是,由于衍生工具本身也具有一定的风险,需对其引起重视。

(二) 运用表外金融衍生工具进行套期保值

金融性对冲策略与运营性对冲策略是最早提出的两种管理汇率风险的策略。金融性对冲策略是指运用以货币衍生产品为主的金融工具来进行套期保值,其主要管理的对象是交易风险和会计风险;而运营性对冲策略则关系到运营战略,主要用来管理经济风险。

对于商业银行汇率风险管理而言,首先需要测量出其所面临的汇率风险的大小。不仅传统的风险敞口分析、敏感性分析、情景分析等都是商业银行进行汇率风险计量必不可少的方法,而且压力测试、风险价值及风险调整的资本收益率等也是当前国外银行进行风险管理所采用的主要方法。在外币衍生品市场较为发达的国家,由于可用于规避汇率风险的金融衍生产品种类丰富,商业银行可以充分利用这些金融衍生品来有效实现套期保值。

1. 表内套期保值

表内套期保值是指金融机构通过直接购买某一金融衍生品来使自己的外汇资产与负债账户相匹配,由此可获得一笔稳定的正收益或利差而不用担心投资期间汇率朝哪个方向变化。

假设利率为15%的1亿美元英国贷款投资的资金不是来自美国的定期存单,金融机构是以利率为11%的英镑定期存单为1亿美元英国贷款筹资。不同币种时的资产与负债情况,如表6-8所示。

表6-8　　　　　　　　　　不同币种时的资产与负债

资产	负债
1亿美元美国贷款(9%)	1亿美元美国定期存单(8%)
1亿美元英国贷款(15%)(按英镑发放)	1亿美元英国定期存单(11%)(吸收的英镑存款)

(资料来源:陆静.金融风险管理[M].北京:中国人民大学出版社,2015.)

在这种情况下,金融机构资产与负债账户的期限和货币种类都是匹配的。我们可以分析下列两种情况下金融机构的盈利能力(即资产收益和资金成本之差):一是这1年内英镑兑美元从1.6美元/英镑贬值为1.45美元/英镑。二是这1年内英镑兑美元从1.6美元/英镑升值为1.7美元/英镑。

1) 英镑贬值

当英镑贬值为1.45美元/英镑时,英镑贷款组合的收益率为4.22%[1.45÷1.6×(1+15%)−1]。现在我们以美元来衡量1亿美元英镑债务的成本。

年初,金融机构按11%的利率发行价值为1亿美元的一年期英镑定期存单。按1.6美元/英镑的汇率计算,需要借取的英镑为:62 500 000 英镑(100 000 000÷1.6)。

年底时,银行向英镑定期存单持有者支付的本息为 69 375 000 英镑[62 500 000×(1+11%)]。

如果英镑这一年内贬值为 1.45 美元/英镑,那么以美元衡量的还款额为 100 593 750 美元(69 375 000×1.45 美元/英镑),即以美元衡量的资金成本为 0.59%。

$$资产平均收益 = 0.5 \times 0.09 + 0.5 \times 0.042\ 2 = 0.066\ 1 = 6.61\%$$

$$美国资本的收益 + 英国资本的收益 = 总收益$$

$$资金平均成本 = 0.5 \times 0.08 + 0.5 \times 0.005\ 9 = 0.042\ 95 = 4.295\%$$

$$美国资本的成本 + 英国资本的成本 = 总成本$$

$$净收益 = 资产平均收益 - 资金平均成本 = 6.61\% - 4.295\% = 2.315\%$$

2) 英镑升值

当英镑一年间从 1.6 美元/英镑升值为 1.7 美元/英镑时,英镑贷款的收益率为 22.188%[1.70÷1.6×(1+15%)−1]。

现在来看,年底美国金融机构向英国 1 年定期存单的持有者支付的本息为 117 937 500 美元(69 375 000×1.70)。即按美元衡量的资金成本为 17.937 5%。

年底时:

$$资产平均收益 = 0.5 \times 0.09 + 0.5 \times 0.221\ 88 = 0.155\ 94 = 15.594\%$$

$$资金平均成本 = 0.5 \times 0.08 + 0.5 \times 0.179\ 375 = 0.129\ 69 = 12.969\%$$

$$净收益 = 15.594\% - 12.969\% = 2.625\%$$

需要指出的是,如果国内外利差之间的这种不平衡长期存在,那么金融服务企业进入国外市场时必将面临巨大的障碍。这是因为如果实际资本和金融资本都可以自由流动,那么金融机构将越来越多地把自己的业务向外转移。这时,国内市场竞争的减弱会使存贷利差扩大,而转移的国家由于竞争加剧,利差会收缩,直至国内金融机构从国外获取利润的机会消失。

2. 远期外汇合约

利用远期外汇合约,金融机构可以抵消因外币贷款期满时的外币汇率不稳定而产生的风险。这种远期外汇合约并不反映在银行的资产负债表内,而是作为表外的或有资产。在银行看来,与其年底按照合同约定的未知汇率将外币本息兑换成本币,不如现在就按照已知的本币兑外币的远期汇率将预期的外币贷款本息收入以远期合约的形式予以出售,以便年底以外币向远期合约的买方换回本币。正是通过出售这种外币远期合约,金融机构可以有效避免未来现货汇率变动对外币贷款收益率所产生的负面影响。远期外汇合约既可以消除金融机构未来即期汇率的不确定性又可以间接消除贷款投资收益以及借款成本等的不确定性。

例如,金融机构通过直接在远期外汇市场出售 1 年期英镑贷款预期收益来进行外汇套

期保值时,将采用下列交易步骤:

(1) 美国金融机构按今天的即期汇率出售美元并购买英镑:62 500 000 英镑(100 000 000÷1.6)。

(2) 然后,金融机构立即按15%的利率向英国客户提供62 500 000英镑的1年期贷款。

(3) 同时,金融机构按今天的远期汇率将预期的英镑贷款本息收益在1年的远期市场出售。假设英镑兑美元的1年远期汇率为1.55美元/英镑,即比即期英镑贴水5美分;折算出的贴水百分比为−3.125%[(1.55−1.60)÷1.60]。

这说明1年后,金融机构向远期买方支付71 875 000英镑的贷款本息收益时,远期英镑的买方承诺将向金融机构(远期卖方)支付111 406 250美元[62 500 000×(1+15%)×1.55=71 875 000×1.55]。

(4) 1年后,英国借款人向金融机构偿还英镑贷款的本息71 875 000英镑。

(5) 金融机构将71 875 000英镑交付给1年远期合约的买方,并按承诺收到111 406 250美元。

如果英镑借款人不对贷款违约,且远期的买方不对远期合约违约,那么金融机构在投资之初就知道,它肯定能将英镑贷款的收益锁定为:

$$\frac{111\ 406\ 250 - 100\ 000\ 000}{100\ 000\ 000} \approx 0.114\ 06 = 11.406\%$$

具体而言,持有1年期的贷款的投资收益,完全不会受到任何英镑兑美元汇率变化的影响。在英镑贷款收益既定的情况下,金融机构资产组合的总预期收益率为:

$$0.5 \times 0.09 + 0.5 \times 0.114\ 06 = 0.102\ 03 = 10.203\%$$

假设金融机构2亿美元定期存单的资金成本为8%,因此,这1年它能锁定的无风险利差为2.203%,而不管初始外国(贷款)投资的即期汇率与1年后外国贷款收益汇回国内时的即期汇率如何变化。

3. 外汇期货

外汇期货本质上是金额、期限与到期日都标准化的远期外汇合约。商业银行可以使用外汇期货对表内的汇率风险进行套期保值,在交易时需要交纳保证金。外汇期货的流动性强,商业银行可以根据实际外汇头寸的变化和市场汇率水平来调整期货头寸。假设本国银行向某外国公司提供了一笔外币贷款,为了防止在贷款合同期间因外币对本币的汇价发生不利变动造成亏损,银行可以使用外汇期货合约对其贷款进行套期保值。这样银行就可以在合同期限内锁定银行的预期收益,规避汇率的不利变动所造成的损失。由于外汇期货是一种标准化的合约,其金额、期限和到期日与现货交易很难完全一致,从而使得期货价格的变动可能与现货价格的波动不完全一致而出现基差风险。

与远期外汇合约相比,外汇期货合约的实际交割率不足2%,而远期外汇合约的实际交割率达90%以上。这主要是因为外汇期货是一种标准化的合约,流通性强,大部分外汇期货合约都在交割日前通过一笔反方向的相同数量和交割时间的期货交易对冲。相比较而言,每笔远期合约都是交易双方协定而成的,故而在外汇市场上很难找到一笔反方向、同规格的合约来进行冲销,所以其实际交割率极高。值得注意的是,远期外汇合约虽然是一种零成本的金融工具,但由于存在很大的信用风险,其收益一般要大于外汇期货交易。

4. 利率平价理论

一般而言,一种货币的即期汇率与远期汇率是不同的,因为远期汇率是由即期汇率以及两国之间的利差共同决定的。我们把联系即期汇率、利率和远期汇率之间特定关系的理论称为利率平价理论。

根据利率平价理论,投资者通过远期市场进行套期保值可以使得其在国内和国外投资的收益相等。因为投资者不可能通过在国内外市场进行相反的交易来获得无风险收益,从而使得外国投资的套期保值收益正好等于国内投资收益,这也正是无套利理论的内在要求。现以美元和英镑为例来说明利率平价理论的具体内涵:美国投资的收益=外国(英国)投资的套期保值收益,即:

$$1+r_t^D = \frac{1}{S_t}(1+r_t^L)F_t \tag{6-1}$$

式(6-1)中,r_t^D 为金融机构在 t 时间面对的美国定期存款利率;r_t^L 为 t 时间英镑贷款的利率;S_t 为 t 时间的即期汇率(美元/英镑);F_t 为 t 时间的远期汇率(美元/英镑)。

值得注意的是,利率平价理论成立的前提条件是市场是充分有效的,而且市场参与者大多是理性投资者,因为这样才有通过套利抹平两地市场利率差异和汇率偏差的投机可能性。

5. 外汇期权

由于外汇期权非常灵活,而大部分商业银行对汇率风险进行套期保值的期限日和数额均是已知的,这使得外汇期权成为商业银行进行汇率风险管理的重要手段。

例如,某银行预计 3 个月后有一笔 100 万美元的应收账款。为了对冲美元可能贬值带来的风险,该银行决定购买美元看跌期权,执行价为 1 美元/6.825 元人民币,90 天到期。期权的期权费为 0.06 元人民币/美元。90 天到期时,汇率有三种情况:美元升值、贬值、不变。

(1)在到期日,无论汇率上升还是下降,银行都至少能收到 6 825 000 元人民币。扣除期权费 60 000 元人民币,可获得的应收款净额为 6 765 000 元人民币。

(2)如果美元升值至高于执行价,该银行可以放弃看跌期权,以较高汇率将 100 万美元兑换成人民币,以获取更多账款。

6. 货币互换

货币互换是交易双方交换支付实际债务本金与利息的一种契约。在这种契约中,双方首先按固定利率在期初互换两种不同货币的本金,然后按照约定的日期和利率进行一系列的利息交换;到期时再按照事先约定好的汇率将本金交换。例如,有一家美国银行拟向一家德国银行提供固定金额的欧元信贷。这时,只要美元的欧元价值保持不变或者下降,则美国银行收到的相同的欧元可以兑换成更多的美元。但现实情况是,美元有可能升值。为了预防美元升值给这家美国银行所带来的不利影响,它可以签订一份货币互换合约。在这份合约中,这家美国银行支付固定数额的欧元给签约方,同时从对方那里收到固定数额的美元。这样的一份互换合约将欧元收入转换为美元收入,从而消除了汇率风险。

本章小结

汇率风险是指以外币计价的资产与负债由于汇率的波动而引起其价值涨跌的可能性,汇率的波动是导致商业银行面临汇率风险的最根本原因。常见的汇率风险有交易风险、会计风险和经营风险三种,汇率风险类别不同,所采用的度量方法也有所差异。

对汇率风险的管理须坚持收益最大化原则、全面重视原则和管理多样性原则;常用的汇率风险管理策略有全面避险的管理策略、消极的管理策略和积极的管理策略;常见的汇率风险管理方法则包括表内资产负债匹配法、运用表外金融衍生工具进行套期保值法。其中,表内资产负债配对法又包括对远期头寸到期日匹配、币种匹配、外币存贷款到期日的匹配、外币资产与负债的利率匹配和对外汇资产负债期限结构的匹配;而运用表外金融衍生工具进行套期保值可进一步细分为表内套期保值、远期外汇合约、外汇期货利率平价理论、外汇期权和货币互换。

关键术语

汇率风险　风险敞口　交易风险　会计风险　经营风险　现行汇率　历史汇率
会计准则　套期保值　利率互换　利率平价理论　外汇期货　外汇期权　远期外汇合约
货币互换

本 章 练 习

一、单项选择题

1. 根据我国银监会制定的《商业银行风险监管核心指标》中关于累计外汇敞口头寸比例的表述,下列各项中,错误的是(　　)。

    A. 累计外汇敞口头寸为一个季度末的汇率敏感性外汇资产减去汇率敏感性外汇负债

    B. 资本净额定义与资本充足率指标中定义一致

    C. 在计算比率时应将各种外汇敞口统一折合为美元

    D. 累计外汇敞口头寸比例＝累计外汇敞口头寸÷资本净额

2. (　　)是一种为各国广泛运用的外汇风险敞口头寸的计量方法,同时为巴塞尔委员会所采用。

    A. 累计总敞口头寸法　　　　　　B. 短边法

    C. 净敞口头寸法　　　　　　　　D. 各类风险性资产余额

3. 外汇结构性风险是银行资产与负债之间的(　　)而产生的。

    A. 利息波动　　B. 汇率波动　　C. 财务风险　　D. 币种不匹配

4. 一家日本出口商向美国进口商出口了一批货物,预计3个月后收到1 000万美元的货款,假如当前汇率为1美元＝93日元,商业银行的研究部门预计3个月后日元可能会升值到1美元＝90日元,因此,建议该日本出口商(　　),以对冲汇率。

    A. 在93价位建立日元/美元的货币期货的多头头寸

    B. 在90价位建立日元/美元的货币期货的多头头寸

    C. 在93价位建立日元/美元的货币期货的空头头寸

    D. 在90价位建立日元/美元的货币期货的空头头寸

5. 银行资金交易部门交易债券和外汇两大类金融产品,当期各自计量的VaR值分别为300万元及400万元,则资金交易部门当期的整体VaR值(　　)。

    A. 约为100万元　　B. 约为700万元　　C. 至少700万元　　D. 至多700万元

6. 外汇结构性风险来源于(　　)。

    A. 代理外汇买卖

    B. 远期外汇买卖

    C. 即期外汇买卖

    D. 银行资产与负债以及资本之间币种的不匹配

7. 某银行外汇敞口头寸为:欧元多头90,日元空头40,英镑空头60,瑞士法郎多头40,加拿大元空头10,澳元空头20,美元多头160,分别按累计总敞口头寸法、净总敞口头寸法和短边法三种方法计算的总敞口头寸中,最小的是( )。
   A. 160　　　　　　B. 150　　　　　　C. 120　　　　　　D. 230

8. 远期汇率反映了货币的远期价值,其决定因素不包括( )。
   A. 即期汇率　　　　　　　　　　B. 两种货币之间的利率差
   C. 期限　　　　　　　　　　　　D. 交易金额

9. 黄金价格波动属于( )。
   A. 期权性风险　　　　　　　　　B. 利率风险
   C. 汇率风险　　　　　　　　　　D. 商品价格风险

10. 汇率风险分为( )。
    A. 利率风险、会计风险和交易风险　　　B. 会计风险、操作风险和经济风险
    C. 操作风险、交易风险和会计风险　　　D. 交易风险、经济风险和会计风险

11. 企业在出口贸易、借贷资金输出时,力争选择硬货币来计价结算;在进口贸易、借贷资金输入时,力争选择软货币计价结算,这是( )原则。
    A. 多种货币组合　　　　　　　　B. 进出货币一致
    C. "收硬付软"　　　　　　　　　D. 以本币作计价货币

二、不定项选择题

1. 市场风险计量方法中的缺口分析的局限性包括( )。
   A. 忽略同一时间段内所有头寸的到期时间或利率重新定价期限的差异
   B. 缺口分析只考虑了利率的重新定价风险,没有考虑利率的基准风险
   C. 大多数缺口分析未能反映利率变动对非利息收入和费用的影响
   D. 缺口分析主要衡量利率变动对银行当期收益的影响,未考虑利率变动对银行经济价值的影响
   E. 缺口分析忽略了与期权有关的头寸在收入敏感性方面的差异

2. 下列关于即期外汇买卖的说法中,正确的有( )。
   A. 属于衍生产品交易
   B. 在实践中通常简称为即期
   C. 可以满足客户对不同货币的需求
   D. 是指现金或现货交易
   E. 可以用于调整持有不同外汇头寸的比例以降低汇率风险

3. 商业银行的下列情形中,主要面临汇率风险的有( )。
   A. 银行因对外币走势具有某种预期而持有的外币头寸

B. 为客户提供外汇交易服务时未能立即轧平的外币头寸

C. 外币贷款的借款人出现违约行为

D. 外汇衍生产品的交易对手未能如期履行合约

E. 银行资产与负债之间的币种不匹配

4. 下列银行活动中,存在汇率风险的有( )。

A. 为客户提供外汇即期交易　　B. 为客户提供外汇远期交易

C. 为客户提供外汇期货交易　　D. 进行自营外汇交易

E. 吸收外币存款

5. 在出口或对外贷款的场合,如果预测计价结算或清偿的货币汇率贬值,可以在征得对方同意的前提下,不能采取( ),以避免该货币可能贬值带来的损失。

A. 延期付汇　　　　　　　　B. 提前收汇

C. 延期收汇　　　　　　　　D. 提前付汇

E. 即期付汇

三、简答题

1. 金融机构面临的汇率风险有哪些类型？它们之间的区别是什么？

2. 什么是交易风险？试举例说明。

3. 外汇风险管理中的风险敞口法的两大关键要素是什么？

4. 外汇风险管理应坚持哪些原则？

5. 金融机构可以使用哪两种主要方法进行外汇风险套期保值？进行完全的表内套期保值必须具备哪两个条件？与表内套期保值相比,表外套期保值具有哪些优势？

四、计算题

1. 某金融机构外汇头寸如表 6-9 所示。

表 6-9　　　　　　　　某金融机构外汇头寸

项目	外币资产	外币负债	外币购入	外币售出
英镑	150 000	220 000	10 000	15 000
日元	275 000	300 000	32 000	20 000
瑞士法郎	125 000	50 000	120 000	80 000

根据表中的数据回答以下问题：

(1) 该金融机构的英镑净裸露(净敞口)是多少？

(2) 该金融机构的日元净裸露(净敞口)是多少？

(3) 该金融机构的瑞士法郎净裸露(净敞口)是多少？

(4) 如果英镑、日元、瑞士法郎(SF)的汇率分别变化1%、−1%、2%,那么该金融机构预期的损益是多少?

2. 中国银行最近按10%的年利率发放了一笔价值为100万美元的1年期贷款。贷款资金来源于年利率为8%的一年期瑞士法郎存款。目前的即期汇率为1.70瑞士法郎/美元。

(1) 如果年底时的即期汇率为1.58瑞士法郎/美元和1.85瑞士法郎/美元,1年期的贷款按美元衡量的利息净收益为多少?

(2) 当瑞士法郎贬值到多少时,就会给银行的该笔交易带来损失?

(3) 假设年底时的即期汇率与题(1)中的相同,那么该笔交易对利息净收益和本金的总体影响有多大?

3. 某银行按6.5%的年利率吸收了一笔价值为1 000万美元的6个月欧洲美元存款。它将这笔资金投资于年利率为7.5%的6个月瑞典克朗(SK)债券。目前的即期汇率为0.18美元/瑞典克朗。

(1) 瑞典克朗6个月远期报价为0.180 5美元/瑞典克朗。如果银行利用远期市场进行外汇风险保值,那么这笔投资的净利差收益是多少?

(2) 使利差仅为1%的远期汇率是多少?

(3) 请解释利差扩大时,远期和即期汇率将如何发生变化?

(4) 在知道利率平价通常会消除利差所带来的套期机会的情况下,银行为什么还能获得1%的利差?

4. 某金融机构拥有10万美元的英镑净头寸和−3万美元的瑞士法郎净头寸。汇率变化导致的净头寸标准差为:瑞士法郎1%,英镑1.3%。英镑和瑞士法郎汇率变化的相关系数为0.8,只考虑汇率波动的1个标准差。

(1) 英镑兑美元汇率波动给金融机构带来的风险有多大?

(2) 瑞士法郎兑美元汇率波动给金融机构带来的风险有多大?

(3) 英镑和瑞士法郎头寸共同带来的风险裸露有多大?

5. 美元与瑞士法郎汇率报价为:1.270 4/1.270 9,1个月的掉期率为18/12,计算一个月的远期汇率。

6. 伦敦市场上年利率为12%,纽约市场上年利率为9%,即期汇率为1英镑为1.620 0美元,则6个月远期汇率是多少?

7. 已知伦敦外汇市场英镑兑美元即期汇率为1.664 0/50,1年期远期汇率升水为200/190,两地金融市场利率分别为伦敦5%、纽约3%,请问是否存在套利机会?

第七章 流动性风险

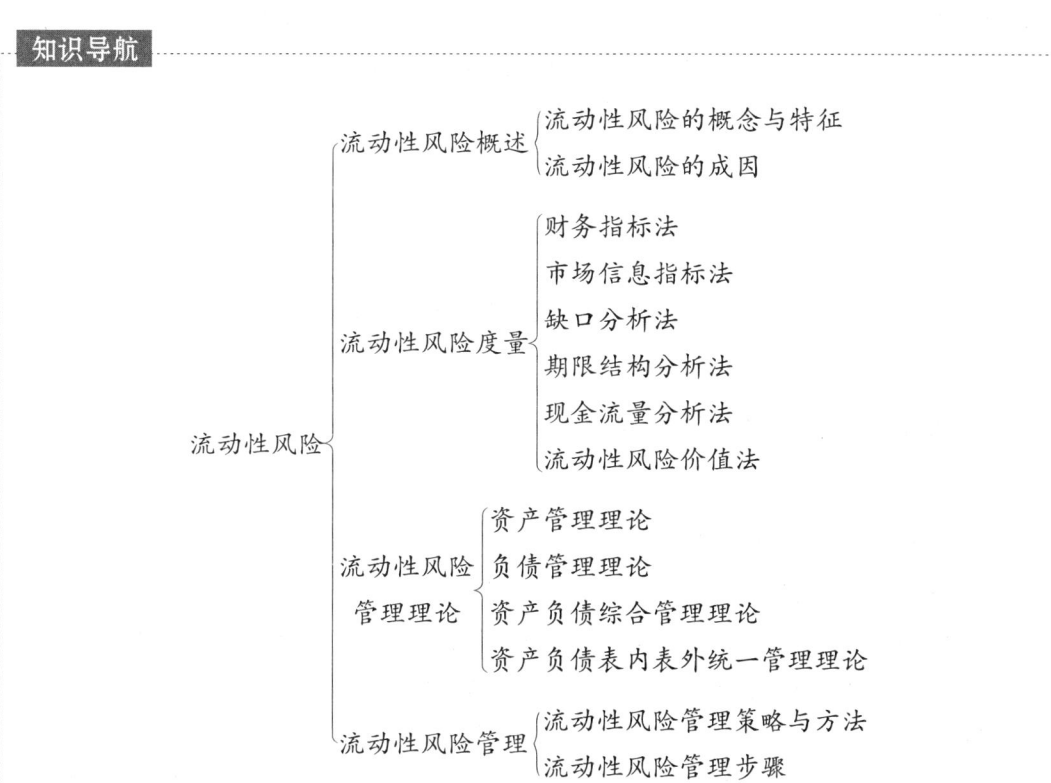

案例导入

英国百年老牌银行——北岩银行的挤兑风波

北岩银行是英国主要的住房按揭银行之一,其业务模式是向客户提供各种各样的贷款,这些贷款可以有抵押,也可以没有抵押。同时,银行通过吸引存款、同业拆借、抵押资产证券化等方式来融资,并投资于欧洲之外的债券市场,美国次级债也是其重要的投资方式之一。以住房按揭为主打业务的北岩银行,其按揭类型相当细化,住房抵押比例之高也可谓激进,利率优惠。以组合按揭为例,假设贷款人的房产价值为10万英镑,那么他可以得到最高9.5万英镑的按揭贷款,另外还可能得到最高3万英镑的不保障贷款,这3万英镑贷款视客户自身需求情况而定,相当于现金储备,利率统一。

北岩银行2006年年末向消费者发放的贷款占比为85.498%,加上无形资产、固定资产,全部非流动性资产占比高达85.867%,而流动性资产仅占总资产的14.137%,特别是其中安全性最高的现金及中央银行存款仅占0.946%。在负债方,北岩银行最主要的两个融资渠道为消费者账户以及发行债务工具,特别是债务工具的发行占比高达63.651%,而北岩银行的资金来源只有5%是存款。

北岩银行的贷款利率低于其他贷款机构的重要原因是北岩银行采取了完全依靠全球的金融批发市场以及流动性的战略。然而,美国次级债事件发生后,没有银行愿意向北岩银行提供资金,导致北岩银行头寸不足,只能向英格兰银行求助,消息传出导致北岩银行的投资者与储户丧失信心,股价在短短几个交易日内下跌近80%,立即出现了英国140年来首次挤兑风波。

第一节 流动性风险概述

一、流动性风险的概念与特征

金融机构的流动性是指金融机构能够随时满足客户提存、贷款需求的能力,对商业银行保持流动性的理解需明确以下几点:

第一,商业银行保持流动性是为了获得可用资金的需要,不仅包括现实的可用资金,也包括替代的可用资金。商业银行的流动性不仅涉及资产的流动性,也涉及负债的流动性。

第二,商业银行保持流动性不仅仅是为了满足客户的提款需求,同时也是为了满足客户的贷款需求。如果商业银行的流动性不足而无法满足贷款需求,不仅会影响商业银行的利息收入,而且还会对商业银行的信誉造成不良影响,进而会影响到商业银行未来存贷款业务的发展。

第三,商业银行在保持流动性的同时,需考虑由此而形成的各类成本费用以对流动性来源渠道作出最合理的安排。

商业银行流动性资产与负债的常见项目,如表7-1所示。

表7-1　　　　　　　　　　商业银行流动性资产与负债常见项目

流动性资产	
现金和准备金	主要反映银行的现金持有状况,包括多余收入、多余代理行存款、应收未达票款以及因存款下降而减少的准备金
同业拆出	将超额准备金出售给其他银行,一般以1天为期
政府短期债券	期限短、变现能力强
商业票据、承兑汇票等	信用等级较高

(续表)

流动性资产	
资金回购	临时买入政府债券或其他有价证券,同时以约定价格和时间卖出
其他流动性资产	到期期限与银行流动性需求一致
流动性负债	
再贷款(包括再贴现和中央银行贷款)	中央银行发放的短期贷款,但不能经常使用,因为央行会对经常使用再贷款或使用太多再贷款的银行会进行惩罚
同业拆入	买入其他银行的短期资金
大额可转让定期承担	一般以高于市场利率的利率向公司发放
欧洲货币或外国货币	通过国际金融市场上进行买卖
证券回购	临时性卖出政府债券或其他有价证券,同时以约定的时间和价格买回
其他负债	包括资本票据、不规范的银行承兑汇票等

流动性风险是指金融机构无力为负债的减少或资产的增加提供融资服务而给自身造成重大损失甚至破产的一类风险。而保持充足的流动性是银行业务经营的需要,使得流动性风险在一定意义上具有可避免性。商业银行的流动性风险有广义和狭义之分。狭义的流动性风险指商业银行没有足够的资金资产来满足客户提款需求而产生的支付风险。广义的流动性风险不仅包括资金资产不足所导致的流动性风险,还包括资金来源不足从而无法满足客户贷款需求或其他即时的现金需求所导致的流动性风险。一旦商业银行出现流动性风险,不仅会丧失很多潜在的盈利机会,而且还很容易造成商业银行的挤兑并导致银行的破产。

基于对流动性风险概念的理解,可知商业银行流动性风险具有以下特征:

(1) 从资产流动性风险的角度而言,流动性风险实质上是一种价格风险,因为资产的流动性一定程度上取决于其变现能力。

(2) 流动性风险具有系统风险特征。由于各家金融机构之间的关联程度逐渐加大,同业交易大大增加,更容易牵一发而动全身,甚至对整个金融体系造成毁灭性的冲击。

(3) 流动性风险也具有非系统性特征。一些行业特定因素、金融机构自身特征等因素可能只造成单家或少数几家金融机构出现流动性危机,此时流动性风险呈现出非系统性特征。

二、流动性风险的成因

对流动性风险成因的分析,要同时兼顾金融机构的资产与负债两方面。虽然从表面上看,商业银行流动性风险来源于资产与负债的不平衡,但中央银行政策、金融市场发育程度、客户投资行为的变化等也经常是导致商业银行出现流动性风险的重要原因。具体而言,流动性风险的成因主要包括以下几方面。

（一）不合理的资产负债结构

商业银行的资金来源大部分是期限较短的存款或借入款项,但其投放的资金一般是中长期的贷款。这种"存短贷长"的资产负债结构使得大量的短期负债被期限较长的贷款和其他投资占用,导致资产与负债期限的不匹配而极容易引发流动性风险。

（二）客户投资行为的改变

随着金融市场的不断发展,客户可以选择的金融产品与投资渠道越来越多,进而容易给商业银行的流动性资产和负债造成压力。例如,当市场利率下降时,存款人将更倾向于将存款取出并投资于其他收益更高的项目,如股票、债券等金融产品,从而使资金不断从商业银行流向了证券市场;市场利率的下降还会导致贷款利率的下降,从而降低企业筹资成本、提升企业贷款需求。在上述正反两方面的作用下,极易导致商业银行流动性资产的不足。

（三）突发性挤兑事件的发生

随着互联网技术的发展,商业银行内部资产质量恶化、存款者对商业银行支付能力信心不足等负面消息传播得越来越快,从而容易导致商业银行大量存款突发性的流失,并很容易造成挤兑风波而使商业银行陷入流动性危机。

（四）信用风险带来的不利影响

由于信息不对称的存在,商业银行的信用风险不可避免。一旦商业银行发放的贷款无法按时收回而出现信用风险,商业银行资产的流动性水平下降,从而给其带来资产流动性风险。这时,因为商业银行失去规避这种风险的主动权,它们只能寄希望于客户状况的好转。

（五）央行货币政策的调整

金融机构的流动性风险会随着央行货币政策的变动而发生变化。当央行为了刺激经济而采取扩张的货币政策时,金融机构比较容易获得资金,此时存款量上升较快,流动性风险减少到最低。但当央行采取紧缩的货币政策时,不仅商业银行向央行的借款金额受到控制,而且整个社会的货币数量和信用数量减少,资金紧张趋势加剧,导致存款数量减少、贷款需求很高,从而极容易造成商业银行流动性风险的产生。

（六）金融市场发育程度的改变

金融市场发育程度的改变直接影响到商业银行资产的变现能力和主动负债能力,进而对其流动性造成巨大影响。从资产方面来看,由于短期债券和票据资产是商业银行保持流动性需求的主要工具,金融市场充分发达时,商业银行可以通过快速出售这些证券来提升其变现能力以获得流动性。但如果金融市场不够发达,一些资产的变现能力受到巨大限制,进而给其资产流动性带来更大的压力。从负债方面来看,这种金融市场发育程度的不同也同样会对商业银行负债的流动性产生巨大影响。

（七）利率波动的影响

随着利率市场化的推进,对利率的管制逐步放松,利率波动对商业银行流动性风险的影响越来越明显。

在操作实务中,商业银行一般难以使其利率敏感性缺口保持为零。若商业银行持有正的利率敏感性缺口,在资产与负债到期或重新定价时,资产的收益会多于负债的成本,导致资金的流入量大于流出量,这相当于为银行提供了更多的流动性。若商业银行持有负的利率敏感性缺口,则在资产与负债到期或重新定价时,资产的收益会少于负债的成本,从而使得现金流入量小于流出量而对其流动性造成巨大压力。当预期利率下降时,存款额会因社会投资和消费过度膨胀而急剧下降,这将迫使商业银行调动一切可利用的流动性来满足贷款需求。

第二节 流动性风险度量

若要对流动性风险进行有效的控制,商业银行首先需要对流动性风险进行准确的度量。对商业银行流动性风险度量方法的探究现已比较成熟,这些度量方法既可以按照流动性风险类别的不同,分为资产流动性风险度量方法和负债流动性风险度量方法;也可以按照度量工具的不同,分为财务指标法、市场信息指标法、缺口分析法、期限结构分析法、现金流量分析法和流动性风险价值法。这里将基于选用的度量工具的不同来对各种流动性风险度量方法进行介绍。

一、财务指标法

(一) 流动比率

流动比率是流动性资产余额与流动性负债余额的比值。一般来说,流动比率越高表明金融机构的流动性越好。我国商业银行监管要求银行的流动比率不得低于25%,而且必须分别计算本币和外币的口径数据。

$$流动比率 = \frac{流动资产}{流动负债}$$

这里的流动资产是指企业拥有的可以在1年或超过1年的一个营业周期内变现或耗用的资产,主要包括库存现金、存放于中央银行的款项、短期投资、存放于同业银行的款项、拆出资金等;流动负债是指在1年或超过1年的一个营业周期内偿还的债务,主要包括各种短期存款、向中央银行的借款、同业存放款项、拆入资金、应解汇款、应付利息、应付职工薪酬、其他应付款和应付税费等。

(二) 现金比率

现金比率是现金资产与银行存款的比值。由于现金资产具有最好的流动性,该比率越高表明银行资产的流动性越强。现金资产包括库存现金、存放在中央银行的存款(法定存款准备金+清算资金)以及存放在其他商业银行和金融机构的同业款项。但需注意的是,只有超出法定存款准备金的那部分现金资产才可用。我们一般把库存现金、存放于中央银行的清算资金和存放的同业存款项这三部分资产统称为商业银行的超额准备金,也称为商业银行的基础头寸。现金比率的具体计算公式为:

$$现金比率 = \frac{现金资产}{银行存款}$$

尽管央行对商业银行需要保持多高的现金比率没有统一规定,但因商业银行保持现金的目的有两个,分别为法定准备存款金和用于支付的超额储备。其中,法定存款准备金与法定存款准备率有关,而超额储备与备付率有关,所以现金比率又可视为法定存款准备金率加上备付率,即:

$$现金比率 = 法定存款准备率 + 备付率$$

法定存款准备金率根据货币政策松紧的需要由中央银行决定,备付率水平一般由各商业银行自行决定。一般而言,大型商业银行的备付率较中小银行要低一些,如中国建设银行的备付率一般为 2%~4%,而中小银行备付率一般定在 5% 以上。

(三) 核心存款指标

核心存款是相对于非核心存款而言的。核心存款是指对利率变化不敏感,较少受到季度变化和经济环境改变影响的存款。这类存款相对来说比较稳定,是银行稳定的资金来源。非核心存款也称易变存款,受利率等外部因素的影响较大。当经济环境发生变化而对银行产生不利影响时,非核心存款往往会大量流失。因此,一般不能将非核心存款纳入流动性的计算范畴之内。

核心存款指标等于银行的核心存款与总资产之比,它可以较好地反映金融机构的流动性水平。由于核心存款相对稳定,相对于同类商业银行而言,这一比率较高的商业银行流动性也相对较好。

$$核心存款指标 = \frac{核心存款}{总资产}$$

一般而言,地方性中小银行核心存款指标比较高,而大型商业银行,特别是国际性大型商业银行的这一比率较低。

(四) 贷款总额与总资产比率

银行发放出去的贷款存在一定期限,银行无法主动管理、提前收回。尽管资产证券化增加了贷款的流动性,但是贷款相对而言仍然是银行盈利资产中流动性最差的。因此,贷款总额与总资产比率能对银行的流动性产生影响。总的来说,这个比率越低,银行的现有贷款相对就越少,潜在贷款能力相对就越强,可以满足新增贷款需求的能力就相对越强,流动性也就相对越好。

$$贷款总额与总资产比率 = \frac{贷款总额}{总资产}$$

(五) 贷款总额和核心存款比率

贷款总额和核心存款比率是指银行的贷款总额与核心存款总额比值。一般来说,这个比率越小,商业银行存储的流动性越高,流动性风险也就越小。通常来说,贷款总额与核心存款比率会随着银行规模的扩大而增加。

$$贷款总额和核心存款比率 = \frac{贷款总额}{核心存款}$$

(六) 流动资产与总资产比率

流动资产主要是指那些可以在1年或者一个营业周期内迅速变现的资产。这种资产的流动性较高,能在金融机构需要的时候迅速以合理的价格转化成资金。流动资产占总资产的比率越高,说明金融机构的流动性越好,应对流动性需求的能力也就越强。

$$流动资产与总资产比率 = \frac{流动资产}{总资产}$$

(七) 存贷款比率

存贷款比率是商业银行用来判断流动性的较为常用的指标之一。存贷款比率与银行流动性水平呈反向变化关系。即存贷款比率越高,银行的流动性就越差,流动性风险就越大。但是,存贷款比率受多种因素影响。例如,银行的战略目标定位不同,存贷款比率也不同,强调盈利性的银行和强调安全性的银行这一比率就明显不同。

$$存贷款比率 = \frac{贷款余额}{存款余额}$$

(八) 易变负债与总资产比率

易变负债是指那些受利率、汇率等经济因素影响较大的资金来源。当市场发生对商业银行不利的变动时,这部分资金来源容易流失,如活期存款、国外存款等就是易变负债。易变负债与总资产之比衡量的是易变负债占总资产的比率,该比率越高,意味着金融机构的流动性越差;反之则金融机构的流动性越好,流动性风险越低。

$$易变负债与总资产比率 = \frac{易变负债}{总资产}$$

(九) 不良贷款率

不良贷款率虽然是衡量商业银行贷款质量的指标,但它同时也能衡量流动性水平。由于商业银行的资产中贷款所占比重最大,贷款质量的高低将不仅直接影响着商业银行资产的安全性,而且还会影响到商业银行的声誉和收益。当不良贷款率越高时,银行资产的流动性就越差;反之,则流动性越强。由于许多商业银行的流动性危机皆由大量不良贷款引起,许多国家均将10%视为商业银行不良贷款率的警戒水平。

(十) 流动资产与易变负债比率

易变负债是指那些不稳定的银行负债,它易受利率、汇率等经济因素波动的影响,如大额可转让存单、国外存款、证券账户上的存款、定活两便存款等。当市场利率或其他投资工具的价格发生对商业银行不利的变动时,这些资金来源就会极易流失。

流动资产与易变负债比率这一指标反映的正是当市场利率或其他投资工具的价格发生变化时,商业银行所能承受的流动性风险的能力。该比率越高,说明商业银行应对潜在流动性需求的能力越强;反之,则越弱。

(十一) 存款增减变动额与存款平均余额比率

对于一家商业银行来说,存款的增减在一定的经济条件下具有一定的稳定性和规律性。当某一时期这一指标出现异常变动时,就需引起足够重视。例如,某个月存款增减变动额与存款平均余额比率急剧下降,则说明这个月有大量存款流出,这时应该需要警惕流动性风险的发生。

除上述常用指标外,"(商业银行流动资产+可用头寸)÷未履约贷款承诺""证券市场价格÷票面价格"等指标也均能从某一侧面反映商业银行的流动性水平。这些指标的一个最大缺陷就是它们都只是存量指标而非流量指标,并没有充分考虑商业银行在金融市场上获取流动性的能力差异。

例如,某银行的部分资产负债表数据如表 7-2 所示,分别计算其流动比率、现金比率、贷款总额和核心存款比率以及存贷款比率。据此判断该银行的流动性发生的变化。

表 7-2 　　　　　某银行 2021 年和 2022 年部分资产负债表数据　　　　　单位:亿元

指标	2021	2022
总资产	280	300
固定资产	10	20
流动资产	10	20
贷款总额	40	45
贷款余额	10	15
总负债	260	280
流动负债	15	25
易变负债	12	15
存款总额	100	120
核心存款	80	100
存款余额	15	25

根据表 7-2 中的相关数据可得:

对于 2021 年而言:

流动比率 $=10\div 15=0.667$,现金比率 $=10\div 100=0.1$;

贷款总额和核心存款比率 $=40\div 80=0.5$,存贷款比率 $=10\div 15=0.667$。

对于2022年而言：

流动比率＝20÷25＝0.807,现金比率＝20÷120＝0.167；

贷款总额和核心存款比率＝45÷100＝0.45,存贷款比率＝15÷25＝0.6。

根据以上数据可以得出,该银行2022年的流动比率、现金比率相对于2021年都有所上升。存贷款比率、贷款总额和核心存款比率有所下降,说明其流动性更高,流动性风险下降。

二、市场信息指标法

鉴于上述财务指标法所依赖的数据均来自商业银行资产负债表,并不能全面准确地衡量商业银行抵御流动性风险的能力。事实上,商业银行控制流动性风险能力的强弱与其在金融市场上的形象、地位和实力密切相关。因此,在考察商业银行流动性水平时,还应结合其市场信息指标进行综合分析。

（一）市场价格指标

考察资产的流动性需要考察资产变现能力,而市场价格指标就是通过比较资产的市场价格来判断其即时变现能力,从而推断资产的流动性的。根据计算方法的不同,具体可分为流动性指数、买卖价差和调整的VaR方法。

1. 流动性指数

流动性指数首先被美联储的吉姆·皮尔斯用来衡量流动性风险。流动性指数通过对比正常市场条件下花费较长的时间搜索寻找资产出售的公平市场价格,与金融机构为了变现资产突然立刻甩卖资产的价格,来衡量资产的流动性。单个资产的流动性等于资产的甩卖价格Pa与公平市场价格Pb之比,资产组合的流动性指数等于单个资产流动性指数的加权平均数,权重为资产的市场价值。

$$单个资产 i 的流动性指标 = \frac{P_a^i}{P_b^i}$$

$$资产组合的流动性指标 = \sum_{i=1}^{N} \omega_i \frac{P_a^i}{P_b^i}$$

其中,P_a^i与P_b^i分别为资产的甩卖价格和公开市场价格,ω_i为资产i的权重,N为资产组合中证券种类。

例如,假设某金融机构拥有的两类资产,分别为30%的3个月金融债券与70%的固定资产贷款。如果该金融机构被要求在3天内出售其金融债券,那么它可以收到面值的95%；如果等到金融债券到期日(3个月后)再出售,它能得到面值的100%；如果该金融机构必须在3天内出售固定资产贷款,它将获得面值的额81%；如果3个月后出售固定资产贷款,它将获得公允市场价,即面值的90%。那么：

（1）金融机构资产组合3个月期的流动性指数价值为多少？

（2）如果固定资产升值、市场走势向上,使金融机构可以按照面值88%出售,流动性指数为多少？这与问题(1)中的结论相比有什么变化？

对于第(1)个问题,3个月期的流动性指数价值为：

$$资产组合的流动性指数 = \sum_{i=1}^{N} w_i \frac{P_a^i}{P_b^i} = 30\% \times \frac{95\%}{100\%} + 70\% \times \frac{81\%}{90\%} = 0.915$$

当固定资产升值后,按照面值88%出售时的流动性指数为：

$$资产组合的流动性指数 = \sum_{i=1}^{N} w_i \frac{P_a^i}{P_b^i} = 30\% \times \frac{95\%}{100\%} + 70\% \times \frac{88\%}{90\%} = 0.969$$

这时,固定资产的甩卖价上升,金融机构资产组合的流动性指数将更大；资产的流动性更高,流动性风险更小。

2. 买卖价差

买卖价差和流动性指数类似,都是通过比较价格来判断资产的变现能力。但与流动性指数不同的是,买卖价差通过比较市场中最佳的买入价格、卖出价格与中间价格的差异,分析市场的流动性。根据计算方法的不同,买卖价差又可以分为绝对买卖价差和相对买卖价差。

绝对买卖价差是直接将市场中的最佳卖出报价减去最佳买入报价；相对买卖价差是在绝对买卖价差的基础上除以中间价。这两类方法只是计算方法的差异,但含义相似,都是计算得到的价差越小,市场流动性越好。

$$绝对买卖价差 = P_s - P_b$$

$$相对买卖价差 = \frac{P_s - P_b}{M}$$

其中,P_s和P_b分别为市场中资产的最佳卖出价和买入价,M为中间价,等于最佳卖出价和最佳买入价的平均值。

例如,一个投资者给经纪人下达了一个以市价买入500股浦发银行股票的指令,当时专营商的出价与要价分别为5元和5.2元,对应的数量分别是1000股2000股。这时,对应的绝对买卖价差和相对买卖价差分别为：

$$绝对买卖价差 = P_s - P_b = 5.2 - 5 = 0.2(元)$$

$$相对买卖价差 = \frac{P_s - P_b}{M} = \frac{5.2 - 5}{(5.2 + 5) \div 2} = 3.9\%$$

3. 调整的VaR方法

资产的流动性风险相比传统的市场风险而言更不容易进行衡量,有时我们也将买卖价差与VaR方法结合起来,得到一种非常特殊的调整的VaR方法。调整的VaR可以分为两种：相对于期初投资组合价值和相对于资产价值均值。具体来说,流动性调整的VaR可以定义为：

相对于均值：

$$\text{流动性调整后的 } VaR = VaR + L = W\left(a\sigma_1 + \frac{1}{2}S + \frac{1}{2}a\sigma_2\right)$$

相对于初始值：

$$\text{流动性调整后的 } VaR = VaR + L = W\left(a\sigma_1 - \mu + \frac{1}{2}S + \frac{1}{2}a\sigma_2\right)$$

其中，a 为一定置信水平下单尾检验的 t 值；μ 为资产价格波动值；σ_1 和 σ_2 分别为资产组合和买卖价差波动的标准差；S 为每日买卖价差的均值；W 为期初资产组合的价值。

例如，王某持有 100 股 ABC 公司的股票，当前股票价格为 50 元。股票每日收益率的均值和波动率分别为 1% 和 2%。VaR 的计算过程中需要对资产组合的初始价值进行调控。股票的每日价差随时间发生变化，每日价差的均值和波动率分别为 0.5% 和 1%。收益率和价差都服从正态分布。那么，在 99% 的置信水平下，每天经流动性调整后的 VaR 为：

$$\begin{aligned}\text{流动性调整后的 } VaR &= VaR + L = W\left(a\delta_1 - u + \frac{1}{2}S + \frac{1}{2}\alpha\delta_2\right) \\ &= 50 \times 100 \times \left(2.33 \times 2\% - 1\% + \frac{1}{2} \times 0.5\% + \frac{1}{2} \times 2.33 \times 1\%\right) \\ &= 254\end{aligned}$$

(二) 市场交易量指标

除市场价格外，对交易量进行分析以衡量流动性也是一种常用方法。市场交易量指标可以分为市场深度指标和成交率指标两类。

1. **市场深度指标**

市场深度指标主要是指做市商在某个特定价位上的订单数量，即所谓的报价深度。其订单数量越多，市场深度越大，市场流动性就越好。

假设最佳买入价上的订单数量为 G，最佳卖出价上的订单数量为 M，最佳买入价格和最佳卖出价格别为 P_b 和 P_s，则市场深度的计算过程为：

$$\text{根据订单数量计算市场深度} = \frac{G + M}{2}$$

$$\text{根据订单金额计算市场深度} = \frac{G \times P_b + M \times P_s}{2}$$

值得一提的是，市场深度一样可以计算其相对值，即计算得到的衡量市场深度的绝对值，除以已发行的流通股数量或者市值。

2. **成交率指标**

成交率是指提交的订单在市场上的完成比率。成交率可以用来分析大额订单的执行情况。一般来说,我们可以用以下几个指标来分析成交率:一是市价订单和优于最佳买卖报价的限价订单即时成交的比率。二是订单按照单一价格全部成交的比率。三是订单部分执行的成交量占订单量的比率。

综上所述,基于交易量的流动性指标有两个明显的问题:一是忽略了价格变化这一衡量流动性最主要的因素。二是交易量大小和妨碍流动性的波动性有关,波动性的存在将影响我们对于流动性的判断。

三、缺口分析法

缺口分析法是指通过分析商业银行资产与负债之间的差额来对其流动性大小进行评估的方法,包括流动性缺口分析法和净资产缺口分析法两种。

(一) 流动性缺口分析法

流动性缺口是指在未来某预测期内预计的资金需求量与资金供给量之间的差额。若该缺口为正,表明商业银行在未来可能出现流动性不足的可能性较大,需要增加资金来源;若该缺口为负,则表明商业银行在未来的资金可能会出现过剩的情况。由此可见,流动性缺口分析法的关键在于其能对未来的资金需求量与资金供给量作出及时而准确的预测。如果预测失误,将直接影响到流动性缺口分析法的效果。

商业银行出现流动性缺口的主要原因在于资金需求量与资金供给量之间的不匹配,以及资金需求量与资金供给量的动态变化。因为流动性缺口的大小主要受资金需求量与资金供给量的变化趋势以及周期性、随机性等因素的影响,所以需要从上述诸多因素来判断未来流动性缺口的大小。为了更准确地反映资金需求量与资金供给量的变化对商业银行流动性的影响,学者们进一步提出了边际流动性缺口的概念。边际流动性缺口就是指未来某预测期内预计的资金需求量与资金供给量的变化值之间的差额,即:

$$边际流动性缺口 = \Delta 资金需求量 - \Delta 资金供给量 \qquad (7-1)$$

式(7-1)中的 Δ 表示改变量的大小。

当边际流动性缺口为正时,说明商业银行未来资金需求量变动的数值大于资金供给量变动的数值;当边际流动性缺口为负时的情形正好相反。

然而,流动性缺口分析法仅将商业银行的资金需求量与资金供给量进行简单相减,并没有充分考虑不同资金来源与资金运用方式之间的流动性差异。于是,经过修正的流动性缺口分析法——加强流动性缺口分析法被提出。这种方法首先基于一个流动性排序程序对不同资金来源和不同运用方式按其流动性程度进行加权,然后再计算出加强流动性缺口的大小。具体做法为:

步骤一:按稳定性程度高低对不同资金来源和资金运用方式进行排序,表7-3列出了不同稳定性程度水平的资金来源。

表 7-3 不同资金来源表

公开市场业务	直接融资	非传统方式	核心存款	资本市场资金
不稳定 ←				→ 稳定
经纪人或交易(可转让 CD)	批发性融资(大额 CD 回购、联邦基金等)	定期性融资(五年期 CD 等)	DDA、MMA、储蓄存单	普通权益、优先权益、长期票据、长期债券等

(资料来源:张金清. 金融风险管理[M]. 上海:复旦大学出版社,2013.)

步骤二:给每一个稳定性级别的资产与负债打分。根据稳定性程度的不同对每个稳定性级别的资金来源和运用赋予相应的正的分值,稳定性程度越高则得分越高。例如,我们可以对公开市场业务、直接融资、非传统融资、核心存款和资本市场资金分别给予 1、2、3、4、5 分;同样也可以从资金运用的角度对公开市场业务到资本市场资运用的五个稳定性级别分别给予 1、2、3、4、5 分。

步骤三:进行加权平均并求加权流动性缺口。以各类不同资金金额占比为权重,对上述给出的分值进行加权平均,分别得到流动性提供方和使用方的加权值,或称为资金供给加权值和资金需求加权值,将资金需求加权值减去资金供给加权值便得到加权流动性缺口。

(二) 净资产缺口分析法

净资产缺口是指商业银行的流动性资产与不稳定负债之间的差额。当采用净资产缺口分析法来测定商业银行的流动性风险大小时,应先将其资产负债表的两边按照流动性大小进行重新分类。资产方被分为流动性和非流动性资产,负债方则被分为不稳定和稳定性负债。如果流动性资产大于不稳定性负债,则净资产缺口为正;否则为负。对正负流动性缺口的估计,可以大致了解商业银行目前是否有足够的流动性资产来偿还即将到期的负债项目。

四、期限结构分析法

缺口分析法分析的是商业银行资产与负债在规模上的匹配情况,由此测算其流动性风险大小,但它并没有将资产负债的期限结构纳入分析框架来对商业银行的流动性风险进行综合测评。这里介绍的期限结构分析法,正是旨在从商业银行资产负债的期限匹配程度来衡量流动性风险的大小。

由于商业银行的负债必须无条件按期偿付,而其资产只能在到期以后才能够依法收回,这无疑会给商业银行的资产与负债造成期限结构的不匹配。为了使资产与负债在期限上尽量匹配,商业银行一般会将短期负债与短期资产搭配,长期负债与长期资产搭配,这就是所谓的偿还期对称原理。当商业银行的资产与负债期限匹配不当时,很容易导致资金周转不灵。因此,商业银行的资产负债管理应尽量使资产收入现金流的时间、金额与负债支出现金流的时间、金额相匹配,以期降低流动性风险。常见的期限结构分析法有久期缺口分析法和资产负债到期日结构法两种。

(一) 久期缺口分析法

根据前面对久期的计算方法可知,一个资产组合的久期等于各单个资产久期的加权平均,权重为单个资产的市场价值占资产组合总价值的比重。即:

$$D_p = \sum_{i=1}^{n} \omega_i D_i$$

其中,D_p 表示资产组合的久期;ω_i 表示单个资产 i 的权重;D_i 表示单个资产的久期,$i=1, 2, \cdots, n$。

当利用久期缺口来分析商业银行资产与负债结构的期限合理性时,首先需要分别计算商业银行资产与负债各自的久期大小。如果其资产与负债在一定时期内的平均到期期限比较接近,则表明该时期的流动性状况较好;反之,则较差。

若记 $\Delta = D_a - D_l$,其中的 D_a 和 D_l 分别表示商业银行资产与负债组合的久期,则有:

如果 $\Delta > 0$,表明这一时期内资产的平均到期期限大于负债的平均到期期限,银行将有可能面临支付困境而出现流动性风险。

如果 $\Delta < 0$,则表明这一时期内资产的平均到期期限小于负债的平均到期期限,银行的流动性状况较好。

(二) 资产负债到期日结构法

资产负债到期日结构法主要是通过比较在不同时间段内到期的资产与负债额来确定缺口的大小的。其计算公式为:

$$结构性缺口 = 资产 - 负债$$

当结构性缺口为正时,说明到期资产总额大于到期负债总额,资金出现盈余;当结构性缺口为负时,说明到期资产总额小于到期负债总额,有可能出现资金紧缺现象和较高的流动性风险。

该方法主要用于对未来流动性的分析,涉及银行未来各个时间段内的新增贷款、新增存款以及到期的资产与负债等关键变量,故而对数据预测准确率要求较高。一般可以通过资产负债表的到期结构表格来清晰列明未来各个时间段内到期的资产与负债,然后计算出每个时间段内的流动性缺口大小。值得一提的是,对于即期和一周以内的差额,银行需要予以特别的关注,因为这是银行最缺乏控制力的时间段。

五、现金流量分析法

现金流量分析法是指通过考察实际现金流量和潜在现金流量来评估金融机构的流动性风险的方法。实际现金流量是指那些按合同规定发生的现金流量,如即将到期的现金流入和即将到期的现金流出。在实际业务中,还存在着大量的潜在现金流量,如可能被展期的即将到期的资产与负债、可能购买和出售的部分资产等。表7-4列示了一些常见的实际与潜在现金流量科目。

表 7-4	实际与潜在现金流量科目
现金流入量	现金流出量
实际现金流量	
即将到期资产	即将到期的批发性负债及固定的贷款承诺
尚未到期资产产生的利息	尚未到期负债支付的利息、零售存款的季节性变动
潜在现金流量	
可变现的未到期资产	无固定期限的零售存款
已经建立的信贷额度	不固定的贷款承诺和其他表外活动

（资料来源：张金清.金融风险管理[M].上海：复旦大学出版社，2013.）

实际现金流量的计算可以按照合同规定来，但对潜在现金流量的估计则需要采用时间序列预测法，并根据历史数据来对未来潜在现金流量作出预测，一般可用平均数预测法和趋势移动平均法来进行。

（一）平均数预测法

平均数预测法包括算术平均法和加权平均法。当采用算术平均法时：

$$\bar{x} = \frac{x_1 + x_2 + \cdots + x_n}{n}$$

其中，$\bar{x}$ 为算术平均值；n 为项数；x_n 为变量值。

当采用加权平均法时，所对应的加权平均值为：

$$x = \frac{m_1 x_1 + m_2 x_1 + \cdots m_n x_1}{m_1 + m_2 + \cdots m_n}$$

其中，m_i 为对应的权重。

（二）趋势移动平均法

趋势移动平均法采用与预测期相邻的几个数据的平均值作为预测值，随着预测值向前移动，相邻几个数据的平均值也向前移动。如果考虑不同时期距离预测期的时间差异，则可对不同时期的数据赋予不同的权重。

六、流动性风险价值法

流动性风险价值法又称为流动性风险 VaR 法，它是通过计算现金流量的流动性风险在险价值的高低来估计流动性风险的大小。为了计算出净现金流量的风险价值 La_VaR，首先需要给出现金流量公式以及未来现金流的概率分布，然后才能得到一定显著性水平下的风险价值 La_VaR，这一在险价值表示在该显著性水平下流动性不足时的最小可能净现金流量或流动性过剩时的最大可能净现金流量。

对商业银行未来现金流量的风险价值 La_VaR 的估计，可分三步骤来进行。

步骤一:测算净现金流量与远期支付结构。

现假设只有一种货币、一个支付系统和一个经济实体,$CF(d,k)$是某一笔交易d在k日产生的实际现金流,则有:

$$CF(d,k) = CF_+(d,k) + CF_-(d,k)$$

其中,$CF_+(d,k)$表示该交易d在k日产生的现金流入,取正值;$CF_-(d,k)$表示该交易d在k日产生的现金流出,取负值。

净现金流量序列$\{cumCF(d,1), cumCF(d,2), \cdots, cumCF(d,k)\}$称为交易$d$的远期支付结构,其中的$cumCF(d,k) = \sum_{t=1}^{k} CF(d,t)$。长期支付结构是指交易所产生的累计净现金流量,通过远期支付结构可以考察一定时间内某一项交易的偿付能力水平。

对于一个资产组合而言,我们同样可以构建其实际现金流和远期支付结构情况。若记某一资产组合的交易组合为$D = (d_1, d_2, \cdots, d_n)$,$d_i$为资产组合中的每一笔交易。则在第$k$日,该资产组合的现金流入为:

$$CF_+(D,k) = \sum_i CF_+(d_i, k)$$

现金流出为:

$$CF_-(D,k) = \sum_i CF_-(d_i, k)$$

净现金流量为:

$$CF(D,k) = CF_+(D,k) - CF_-(D,k) = \sum_i CF_+(d_i, k) - \sum_i CF_-(d_i, k)$$

远期支付结构为:

$$cumCF(D,k) = \sum_{t=1}^{k} CF(D,t)$$

步骤二:估计净现金流量未来分布变化。

对净现金流量未来分布进行估计的方法主要有蒙特卡罗模拟法、期限结构模型法和行为模型法等。

蒙特卡罗模拟法是指给定利率或波动率等某一变量及其变动范围,通过对随机过程不断进行重复多次的模拟,从而得到目标时刻净现金流量的概率分布。但在进行蒙特卡罗模拟前,要预先构建好描述净现金流行为的随机模型。对净现金流量概率分布进行蒙特卡罗模拟类似于第三章描述过的基于蒙特卡罗模拟的VaR计算方法,只不过这里基于VaR所计算的是净现金流。在运用蒙特卡罗模拟得知净现金流未来变化概率分布之后,就可以通过计算其概率分布的均值来得到预期现金流,同时也能得到满足一定置信水平下的净现金流的最大与最小可能值。

期限结构模型法用来计算存贷款余额与利率之间的相关性。当存款余额与短期利率之间存在明显的相关关系时,可以利用短期利率作为自变量建立回归模型,也可以通过考察历史余额、时间趋势、利率波动等更加复杂的联立方程组回归模型。在确定存贷款余额与短期利率之间的相关关系后,就可以利用各种利率期限结构模型来计算存贷款余额对收益率的敏感性,再用这些敏感性数据来计算活期存款的存续概率。

行为模型法是指通过分析历史时间序列数据来确定该序列的行为特征,如变化趋势、周期、发生频率、自相关性及其与其他序列之间的相关性程度。行为模型既可以用来考察一个没有到期日(如活期存款)的资产或负债组合,也可以用来直接考察历史的净现金流量,通过对其行为特征进行模拟以预测未来。

步骤三:估计净现金流量流动性风险价值 La_VaR。

步骤一中所完成的净现金流量测算只是预测了某一日最可能发生的净现金流,并没有对最坏的情况作出估计,即所谓的流动性风险。此外,由于闲置的流动性资产收益率低于市场收益率,且过多的现金头寸将可能导致损失,我们不仅应该考虑流动性不足带来的风险,同时还要考虑流动性头寸过剩所带来的机会成本。

结合步骤二中的净现金流量概率分布估计结果,现在可以度量一定置信水平下的净现金流量流动性风险价值 La_VaR,即:

对于给定的显著性水平 α 和 β(一般由风险管理部门根据需要设定),定义相对应的净现金流 $CF(d,k)$ 在第 k 日的最高和最低净现金流量 l_k 和 h_k 为:

$$P\{CF(d,k)<l_k\}=\alpha \qquad P\{CF(d,k)<h_k\}=\beta$$

则 l_k 反映了在给定的显著性水平 α 下,第 k 日出现流动性不足的最大可能净现金流量,通过对现金流 $CF(d,k)$ 的左尾分布计算而得;h_k 则反映了在给定的显著性水平 β 下,第 k 日出现流动性过剩的最小可能净现金流量,通过对现金流 $CF(d,k)$ 的右尾分布计算而得。通常情况下,我们有 $l_k \leqslant h_k$。

因为 l_k 和 h_k 的确定依赖于对净现金流 $CF(d,k)$ 概率分布的估计,所以在该方法中,步骤二是问题解决的关键和难点。此外,由于资产组合内部存在复杂的相关性,这使得资产组合净现金流 $CF(d,k)$ 的估计过于困难。下面仅以单笔交易 d 为例,介绍对净现金流量流动性风险价值 La_VaR 的估计。

假设从现在起未来一天到第 k 天的最高可能净现金流量和最低可能净现金流量分别为:

$$La\_VaR\_l_k = cuml_k = \sum_{t=1}^{k} l_t$$

$$La\_VaR\ h_k = cumh_k = \sum_{t=1}^{k} h_t$$

其中,$l_k \leqslant CF_{\exp}(d,k) \leqslant h_k$ 且 $CF_{\exp}(d,k)$ 表示交易 d 在 k 日的预期现金流量,则

$cuml_k \leqslant cumCF_{exp}(d, k) \leqslant cumh_k$。当 k 逐渐增加时,流动性风险最低在险值和最高在险值两条曲线与累计预期现金流的差别越来越大。因 $cuml_k$ 和 $cumh_k$ 给出的是所在区间的极端情况,虽然这种极端情况不容易发生,但这种方法从理论上将有可能夸大流动性风险。为此,对其进行如下修正:假设只考虑第 k 日极端波动的影响,把 l_k 和 h_k 与累计净预期现金流量相加,所得结果与 $cumCF(d, k)$ 值将不会相差很大,即:

$$La\_VaR\_l_k = cuml_k = \sum_{t=1}^{k-1} CF(d, t) + l_k$$

$$La\_VaR\_h_k = cumh_k = \sum_{t=1}^{k-1} CF(d, t) + h_k$$

修正后与修正前这两种做法的区别在于,修正后的估计剔除了众多极端事件的影响。当 k 增加时,最低值和最高值两条曲线基本上围绕累积预期现金流曲线以一定幅度上下波动,结果比较稳定。

第三节 流动性风险管理理论

由于商业银行业务经营特征逐步由资产管理向负债管理和资产负债综合管理,然后再到以资产负债表内表外业务为主转变,对流动性风险管理理论的探究先后经历了资产管理理论、负债管理理论、资产负债综合管理理论和资产负债表内表外统一管理理论几个阶段。这里将沿着这一脉络来对商业银行流动性风险管理理论的发展演化进行介绍。

一、资产管理理论

早期的商业银行以资产业务为主,因此这一时期的流动性风险管理理论主要是资产管理理论,具体包括真实票据理论、资产转换理论和预期收入理论三种。

(一) 真实票据理论

真实票据理论起源于亚当·斯密的《国富论》。该理论认为,银行资金的来源大多为短期或暂时闲置的资金,这使得银行资金的运用也只能用于发放短期的、有真实的商业票据做担保的且具有自我清偿性质的贷款,因为只有短期贷款与短期存款相匹配时,才能保证银行能够用到期的商业票据和贷款去弥补存款的外流。

显然,这一理论在信用创造能力不强、动产与不动产等二级市场不发达的条件下,能够有效确保银行充足的资产流动性。但随着资本主义经济的不断发展,这一理论的缺陷日益凸显,主要表现为:①没有考虑社会经济发展对贷款需求规模和贷款种类多样性的影响。②没有注意到银行存款的稳定性。③缺乏对贷款自我清偿外部条件的考虑。当市场出现萧条或经济危机时,这一理论将难以应对;当市场出现繁荣时,这一理论又难以满足信用自动膨胀带来的对资金需求的增长。

（二）资产转换理论

资产转换理论诞生于20世纪30年代凯恩斯主义盛行时期。凯恩斯主义盛行时期，政府大量发行债券。这些政府债券基本上不会违约，并很容易在二级市场上变现，银行意识到包括这些政府债券在内的变现能力强的资产既能产生一定的收益，同时也能在必要时出售以转换成现金来满足支付需要、保证资产流动性需求，这便是资产转换理论。在资产转换理论作用下，商业银行资产业务相对于真实票据理论时期发生了巨大变化。商业银行除从事经营短期贷款外，还大量从事有价证券买卖业务，并腾出一部分资金用于长期贷款。这样既不影响流动性，也可获得更大的收益。当然，资产转换理论也存在一定的局限性，那就是除了要以充足的短期债券为条件，能否在无损失情况下顺利实现资产的转换还得取决于市场环境的变化。在经济繁荣时期，贷款需求急剧上升，市场利率也会上升，证券价格将随利率的上升而下降。此时若通过出售证券来满足贷款的资金需要，必然会产生较高的机会成本。若经济出现萧条或陷入危机时，证券抛售量大大超过购买量，此时也难以实现流动性和盈利性的双重目标。

（三）预期收入理论

随着经济环境的变化，社会实体经济对资金需求的类型也发生了变化。第二次世界大战后，不仅短期贷款需求有增无减，而且产生了大量的设备和消费贷款的需求，这使得以往的真实票据理论和资产转换理论难以指导商业银行对流动性进行有效的管理。在此背景下，美国经济学家普鲁克诺在《定期存款及银行流动性理论》一书中提出了著名的预期收入理论。该理论指出：银行资产的流动性与该项资产未来的现金流量密切相关；如果一笔贷款未来收入有保障，那么即使期限再长也可保持流动性；但如果这笔贷款未来收入没有保障，则即使放款期限再短，仍有可能面临呆坏账的风险。由此可见，该理论强调的是银行贷款偿还和贷款项目本身未来收入现金流之间的关系，而借款者的现金流通常随其收入的变化而变化，所以银行在发放贷款时，要注意贷款的种类和还本付息的方式、期限应与借款者未来的收入偿还能力相匹配。

预期收入理论是对真实票据理论和资产转换理论的一种发展。它深化了对贷款清偿的认识，突破了商业银行原有的经营范围。在这种理论指导下，商业银行的经营不用再受其资产期限和类型的限制，也不必过多考虑资产转让时可能出现的各种不利影响。一言以概之，只要商业银行的资产业务收入有保障，就可以经营，这促使商业银行开发了更多的中长期分期还本付息贷款业务。显然，在这种情形下，商业银行资产的流动性能否得到充足的保证，完全取决于其对借款人未来收入情况的预测。在资产期限较长的情况下，借款人的经营状况难免会发生变化，这时将会给商业银行的资产流动性带来一定的压力。

二、负债管理理论

自20世纪60年代以来，随着金融市场的不断发展与完善，金融市场上不仅出现大量的非银行金融机构,而且新的筹融资工具不断涌现,这使得商业银行传统稳定的资金来源受到了来自其他金融机构的争夺。在这样的背景下,花旗银行首张"大面额可转让存单"问世,为商业银行主动吸收新的资金来源开辟了一条崭新的途径,负债管理理论也就应运而生。

与以往的流动性风险管理主要是从资产的角度入手相比,负债管理理论强调的是商业银行可以通过货币管理来获取流动性。该理论不仅强调如何以合理的价格来获得资金以满足贷款需求,同时也重视如何使用资金。与传统主要依靠吸收存款的资金来源不同,负债管理理论强调通过一系列新的金融工具来拓宽资金获取渠道。传统那种动用储蓄的流动性来满足贷款需求只改变资产的构成,通过利用这些新型筹资工具,商业银行的资产将会增加;如果依靠变现流动资产来满足存款下降造成的流动性需求,银行的资产规模甚至会萎缩。当采用负债管理理论时,商业银行不仅不需要存储大量的流动性,而且还能将更多的资金投向效益更好的项目。但与之相伴随的是,商业银行所面临的风险将大大增加。

负债管理理论虽然在诞生后不久受到热捧,但在20世纪70年代后期便受到了严重挑战。一些商业银行在出现急增的流动性需求时,仍然很难以合理价格从市场上购买到流动性。而且当市场环境恶化或自身信誉下降时,单纯依靠负债管理仍难以满足其流动性需求。因此,一种全新的管理理念——资产负债综合管理理论便应运而生,并在70年代后期开始普遍流行。

三、资产负债综合管理理论

资产管理理论过于偏重经营的安全性和资产的流动性需求,在一定条件下以牺牲盈利为代价,限制了银行业务的拓展;负债管理理论虽然能较好地解决流动性与盈利性之间的问题,但其更多地依赖于外部融资条件,经营风险很高。资产负债综合管理理论则能有效地结合上述两种理论的优点,并在一定程度上能克服它们的不足。

该理论强调的是,商业银行应根据经济环境的变化来动态调整其资本与负债结构。这是因为商业银行的流动性风险并不是孤立的,信贷风险、利率风险、汇率风险等都会对银行的流动性产生影响,在进行资产负债综合管理时,要充分考虑所有存款流入与流出的可能性以及利率变动对其产生的影响。与此同时,还需考虑银行在货币市场上借入资金的方式、途径和成本,以及资产组合的最佳匹配方式,从而在确保流动性的前提下获得最大利润。

四、资产负债表内表外统一管理理论

20世纪80年代末,世界各国不断放松金融管制,金融自由化导致银行业竞争加剧。这种竞争不仅存在于商业银行与非银行金融机构之间,一些非金融业的工商企业也开始大规模地介入金融行业的激烈竞争之中。加上当时各国的货币政策趋紧,抑制了商业银行利率的提高和银行经营规模的扩大,而且商业银行的存贷款净利差收益也越来越小。

在金融管制不断放松、金融自由化浪潮的影响下,大量创新型金融衍生产品不断涌现,这不仅为商业银行规避、控制和管理风险提供了许多新的方法和手段,也为商业银行开辟了

新的盈利渠道。然而,与之相伴随的将是更多潜在的、更复杂的金融风险。

资产负债表内表外统一管理理论认为,商业银行的风险管理不能只局限于资产负债表内的业务,应同时对表内表外业务进行统一管理。存贷款业务只是商业银行经营的主业务,由此可以延伸出多种多样的金融服务(如信息处理、资产管理、基金管理等),以此来提升商业银行盈利水平。此外,该理论还提倡将原来的资产负债表内业务转化为表外业务,如将贷款转让给第三方、将存款转送给急需资金的单位等。虽然从表面上看,该理论提倡的是将资产负债管理由表内向表外扩展,但本质上却极大丰富了金融风险管理中资产负债管理的内容,并对资产负债管理提出了更高的技术性水平要求。

第四节 流动性风险管理

一、流动性风险管理策略与方法

(一) 资产流动性风险管理策略与方法

银行资产包括现金资产、证券资产、贷款和固定资产这四类。因商业银行的固定资产占比通常很小,所以对商业银行资产流动性风险的管理就是如何将资金在前三种金融资产中进行分配以保持合理的流动性。

考虑到商业银行资产流动性风险管理的要点在于如何提高资产的变现能力来满足银行的流动性需求,所以该策略所采取的主要措施便是保留一定量的现金、超额准备金以及持有一些信誉好、流动性强且易变现的债券或国库券等。这样一来,当银行流动性需求突然增加并超出银行正常资金备付时,它们就可以通过出售部分证券来满足流动性需求。资产流动性风险管理策略是一种比较传统且常用的流动性管理策略,其最大优势便在于当银行遭遇流动性压力时,可以通过迅速变现资产来满足流动性需求。但其缺点也比较明显,因为持有过多的流动性资产会降低银行资产的收益率。

在进行资产流动性风险管理时,商业银行保持资产流动性的方法主要有三种,分别为保持充足的准备资产、合理安排资产期限结构、多渠道提升资产流动性。

1. 保持充足的准备资产

准备资产包括现金资产和短期有价证券两大部分。其中,现金资产又被称为第一准备或者一级准备,具有充分的流动性;短期有价证券又被称为第二准备或二级准备,一般是指到期日在一年以内的、以政府公债为主的债券。一级储备与二级储备的加总为这个银行的总储备,减去法定存款准备金后就是超额储备。商业银行准备资产数量的多少既取决于银行监管当局的有关规定,同时也依赖于所面临的主客观环境。

2. 合理安排资产期限结构

由于商业银行四种不同资产的流动性水平和期限均不相同,在持有这些资产时,应注意保持合理的比例以使之与负债相匹配。一般而言,贷款资产的流动性期限一般比证券投资要长,而固定资产的流动性期限一般又要比贷款更长。在合理安排资产期限结构时,不仅不同资产之间要注意期限的比例关系,同一资产内部也要注意期限上的最佳组合以确保与负债的相协调。值得注意的是,"存短贷长"本是商业银行信贷业务应有的典型特征,要做到资产与负债之间在期限上完全匹配几乎是不可能的,但在资产流动性风险管理的过程中,更需突出强调资产与负债期限结构匹配的重要性。

3. 多渠道提升资产流动性

上文所提到的保持充足的准备资产、合理安排资产期限结构属于资产流动性风险管理的传统方法,在金融产品创新日趋丰富的背景下,仍需多渠道来提升资产流动性水平。例如,我们可以将抵押贷款或应收信用卡贷款通过证券化的手段在市场上出售,从而大大提高这部分资产的流动性。

(二) 负债流动性风险管理策略与方法

与资产流动性风险管理策略不同,负债流动性风险管理策略侧重于采取主动出击的办法,通过改变负债结构来满足商业银行流动性风险管理的要求。其主要的策略与方法有以下三种。

1. 主动性负债

主动性负债就是指商业银行积极主动地开拓和保持更多的可以随时取得的主动性负债来保持流动性。这种方法摒弃传统以吸收存款为主要方式的负债策略,并在金融市场上积极开拓新的负债渠道。现已被广泛运用的负债业务包括新增股票融资、发行大额可转让定期存单、发行银行券、同业拆借以及向中央银行借款等。

2. 更新、开发新型存款业务

除了开展非存款类的负债业务,商业银行也可以对传统的活期、定期存款业务进行开发与创新。常见的一些新型存款业务有可转让支付命令、自动转账服务账户、货币市场存款账户、个人退休金账户以及定活两便存款账户等,一些新开发的存款账户无疑大大提升了商业银行的负债流动性水平。

3. 开辟新的有利于提高流动性的存款服务

为了增加客户存款,增加负债流动性,商业银行应在存款服务上进行创新。例如,加强柜台服务、加强外勤服务、大力使用电子计算机、代理企业向职工发放工资、代收代缴各种费用等。

(三) 资产负债流动性风险管理策略与方法

上述两种流动性风险管理策略均存在一定的片面性和不足,而资产负债流动性风险管理策略则是将资产与负债、资金的来源与使用等相关方面综合考虑、统筹安排,常用的方法有资金汇集法、资金匹配法和线性规划法。

1. 资金汇集法

资金汇集法的基本思想就是银行首先将各种负债汇集成一个资金池,然后再按照银行的业务需要在不同的资产之间进行分配,如图 7-1 所示。

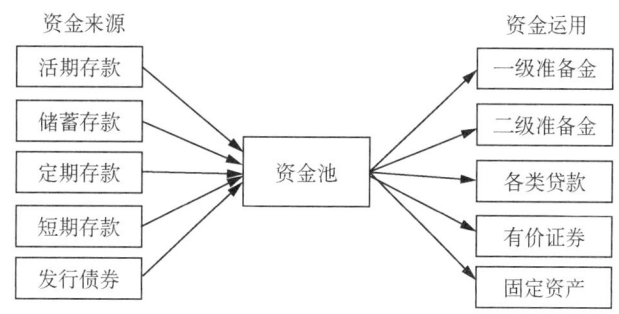

图 7-1　资金汇集法示意图

(资料来源:刘园.金融风险管理[M].北京:首都经济贸易大学出版社,2008.)

在此过程中,银行首先应确定盈利目标和流动性标准,再根据该盈利目标和流动性标准来进行资金分配。其中,一级准备金由库存现金、央行存款、业存放和托收资金组织;二级准备金属于非现金性流动资产,主要包括各种短期的公开市场证券如国库券、市政债券等;剩余资金可用于投资中长期证券和固定资产。与此同时,各部分资金所占的比重应根据不同时间、地点、条件而定,且同时还应综合考虑银行自身的经营重点和方针。

资金汇集法强调的还是资产管理而忽略了负债方面的流动性,并没有在对资产与负债两方面进行综合分析的基础上去解决流动性问题。

2. 资金匹配法

资金匹配法则是针对资金汇集法的不足而提出来的,该方法认为金融机构的流动性状况与其资金来源密切相关。因此,要求银行按不同来源确定资金在各项资产之间的分配,具体做法如图 7-2 所示。当运用资金匹配法来进行资产负债流动性风险管理时,首先应按照资金不同来源构建数个"流动性-盈利性中心",每个中心根据自己资金的稳定状况对各个资产项目确定相应的资金分配量。

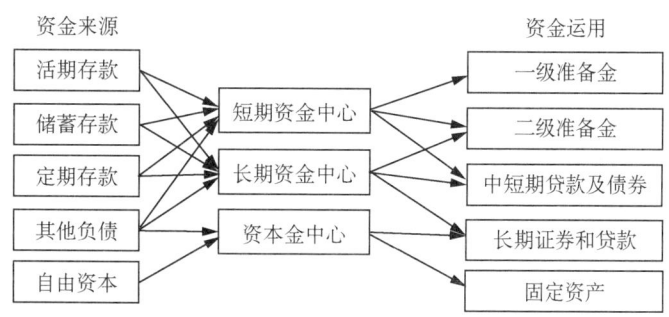

图 7-2　资金匹配法示意图

(资料来源:刘园.金融风险管理[M].北京:首都经济贸易大学出版社,2008.)

该方法从资产与负债两个方面进行统筹安排,不仅减少了多余的流动性资产带来的机会成本,也增加了对贷款和证券投资的资金分配量,提高了银行的盈利水平。

3. 线性规划法

线性规划法是指在一定的流动性条件下,通过建立线性规划模型并运用运筹学方法来确定各项资产数量以实现银行经营目标最大化的一种优化方法。运用该方法来进行资产负债流动性风险管理时,首先需要确定一个目标函数,然后再在约束条件下运用线性规划方法来求解最优均衡解。资产负债流动性风险管理所面临的常见约束主要有以下几类:①监管当局的约束,主要包括法定准备金率和资本充足率要求。②流动性需求约束。③安全性需求约束。④贷款需求量约束。在满足约束性条件下,所求得的线性规划最优解将可以满足商业银行流动性与盈利性的双重要求。

二、流动性风险管理步骤

对流动性风险进行管理,首先需要衡量商业银行流动性缺口的大小,然后是通过改变流动性供给来抵补流动性缺口,从而达到降低商业银行流动性风险的目的。

(一) 流动性缺口测量

流动性缺口本质上是商业银行流动性净需求。一般而言,商业银行流动性随存款增加和贷款减少而提高,随存款减少和贷款增加而降低。当商业银行的资金来源与其运用不匹配时,流动性缺口便会出现。当流动性资金来源超过其运用时,流动性缺口为正;反之,则流动性缺口为负或出现流动性赤字。当出现流动性缺口时,商业银行会通过变现流动资产或从金融市场购买流动性等方式来弥补。因此,对流动性净需求进行预测,既是有效衡量流动性缺口的重要方法,也是减少流动性风险的重要手段。

资金来源与运用法便是预测流动性净需求的重要方法之一,它将计划期内存贷款的数量增减变化作为分析与测算的重点。其基本步骤为:首先,预测计划期内的存贷款数额,通常按月或按周来进行;其次,根据对同一时期存贷款增减额变动的估计,测算出流动性需求金额。这里的存贷款是广义上的,也就是说银行的资金来源不仅限于存款,还有到期可回收的贷款或投资等资金来源;银行的资金运用也不只是贷款,还包括到期应支付的存款和债务等。因此,对流动性缺口的预测应考虑全部资金来源与资金运用数额的增减变化情况。

(二) 补充流动性供给

当商业银行出现流动性不足时,需要补充流动性供给。但在确定补充流动性供给所需金额时,首先需要测算其融资缺口大小,然后再寻找合适的渠道对其流动性供给进行补充。

1. 融资缺口测算

为了分析方便,这里首先假设没有新的业务进入商业银行,且不存在滚动融资的情况。下面将通过一个静态的现金流量式来分析商业银行在某一时点的流动性融资缺口大小。该商业银行的现金流量式,如表7-5所示。

表 7-5　　　　　　　　　　某商业银行的现金流量式

项目	平衡	隔夜	7 天	14 天	1 个月	3 个月	1 年	累计
融资矩阵								
贷款	100	5	5	3	15	5	5	38
零售存款	−50	−5	−5	−5	−8	−5	−5	−33
短期债务	−30	−10	−5	−5	−5	−5	0	−30
长期债务	−30	0	0	0	−5	0	0	−5
融资缺口合计		−10	−5	−7	−3	−5	0	−30
缺口闭合								
现金	5	5	0	0	0	0	0	5
无负担债券	20	10	8	2	0	0	0	20
合计		15	8	2	0	0	0	25
净融资缺口		5	3	−5	−3	−5	0	−5
累计		5	8	3	0	−5	−5	

（资料来源：菲利普·乔瑞. 金融风险管理师考试手册[M]. 北京：中国人民大学出版社，2012.）

表 7-5 中，融资矩阵项目包括贷款、零售存款、短期债务和长期债务四项，将其加总后产生了一个金额为−30 的融资缺口。当进一步考虑缺口闭合项目时，由于现金可以用来覆盖现金流出，没有抵押负担的债券可以作为解决资产流动性风险的工具随时出售，最终使得该银行的预期净融资缺口为−5，且出现该进出口的时间为第 3 个月。

2. 流动性供给补充

在测算完商业银行预期净融资缺口及其出现的时间节点后，需要积极寻找流动性供给补充渠道来对净融资缺口进行填补。常见的流动性供给补充渠道包括窗口贴现、同业拆借、回购协议、发行大额可转让存单等。

窗口贴现是商业银行获得短期资金的一种方法，即通过向中央银行短期借款来调节银行的短期流动头寸。但它不能常用，因为过度从中央银行借款会导致公众信心下降，从而使提现加速。

同业拆借主要用于弥补商业银行经营过程中因为某种突发性原因所造成的临时流动性不足。

回购协议是指商业银行用低风险的资产作为抵押来获取短期借款以满足临时流动性需求。根据商业银行的临时需要，它们可以暂时出售高质量易流动的资产，并按规定价格或收益在特定的日期购回原先出售的资产。

大额可转让存单是发行银行承兑在某一特定时间按特定的利率支付存款资金的一种计息收据，具有面额大、流动性强、利率灵活等特点，并且可以在到期日前在二级市场上进行流通。

本章小结

流动性风险是指金融机构无力为负债的减少或资产的增加提供融资服务而给自身造成重大损失甚至破产的一类风险。它既具有系统风险特征，又具有非系统性特征；不合理的资产负债结构、客户投资行为的改变、突发性挤兑事件的发生以及央行货币政策的调整等均可能导致商业银行流动性风险的发生。

对流动性风险进行合理度量是实施流动性风险管理的重要前提。对流动性风险大小的度量既可以按照流动性风险种类的不同将其分为资产流动性风险度量方法和负债流动性风险度量方法，也可以按照度量工具的不同将其分为财务指标法、市场信息指标法、缺口分析法、期限结构分析法、现金流量分析法以及流动性风险价值法等。

流动性风险管理理论较为成熟。因商业银行业务经营特征逐步由资产管理向负债管理和资产负债综合管理，然后再到以资产负债表内表外业务为主转变，流动性风险管理理论的发展先后经历了资产管理理论、负债管理理论、资产负债综合管理理论和资产负债表内表外统一管理理论几个阶段。

对流动性风险的管理既可以采取资产流动性风险管理策略与负债流动性风险管理策略，也可以采取资产负债流动性风险管理策略。流动性风险管理步骤一般包括流动性缺口测量和流动性供给补充两个阶段。

关键术语

资产流动性风险　负债流动性风险　财务指标法　市场信息指标法　融资缺口分析　流动性风险价值　买卖价差　期限结构分析　资产管理理论　负债管理理论　资产负债综合管理理论　资产负债表内表外管理理论　主动性负债　资金汇集法　资金匹配法

本 章 练 习

一、单项选择题

1. 下列各项中,属于外资银行流动性监管指标的是( )。
   A. 单一客户授信集中度 B. 不良贷款拨备覆盖率
   C. 营运资金作为生息资产的比例 D. 贷款损失准备金率

2. 按照巴塞尔委员会的分类,下列各项中,不属于流动性最差的资产的是( )。
   A. 银行的房产
   B. 无法出售的贷款
   C. 银行在子公司的投资
   D. 在中央银行的市场操作中可用于抵押的政府债券

3. 商业银行的贷款平均额和核心存款平均额间的差异构成了( )。
   A. 久期缺口 B. 现金缺口
   C. 融资缺口 D. 信贷缺口

4. 由于内部控制方面的漏洞,很多金融机构在衍生产品交易中遭受巨额损失,而且短期内难以筹措足够的资金平仓,从而导致严重的( )。
   A. 操作风险 B. 市场风险 C. 流动性风险 D. 信用风险

5. 下列各项中,不属于商业银行的流动性基本要素的是( )。
   A. 时间 B. 成本
   C. 资产规模 D. 资金数量

6. 商业银行的借款人由于经营问题,无法按期偿还贷款,商业银行这部分贷款面临的是( )。
   A. 资产流动性风险 B. 负债流动性风险
   C. 流动性过剩 D. 流动性短缺

7. 商业银行在流动性风险管理实践中的下列做法,不恰当的是( )。
   A. 通过金融市场控制风险 B. 建立多层次的流动性屏障
   C. 提高资产的稳定性和负债的流动性 D. 提高流动性管理的预见性

8. 在现金流量分析中,首要分析的是( )。
   A. 经营性现金流 B. 投资活动的现金流
   C. 融资活动的现金流 D. 消费活动的现金流

9. 在现金流量分析中,如果商业银行的资金来源小于资金使用,则表明( )。

   A. 可能造成支付困难以及由此产生流动性风险

   B. 商业银行的流动性相对充足

   C. 商业银行的流动性供给大于流动性需求

   D. 商业银行可以把差额通过其他途径投资

10. 金融机构资产的流动性是指( )。

    A. 金融机构资产持有的资产可以随时得到偿付或在不贬值的情况下出售

    B. 金融机构资产能够以较低成本随时获得所需要的资金

    C. 金融机构资产流动负债数量的多少

    D. 金融机构资产流动资产减去流动负债的值的大小

二、不定项选择题

1. 商业银行的流动性风险包括( )。

   A. 市场流动性风险 B. 融资流动性风险

   C. 资产流动性风险 D. 负债流动性风险

   E. 信用流动性风险

2. 保持良好的流动性状况能够对商业银行的安全、稳健运营产生积极作用,这些作用包括( )。

   A. 增强市场信心

   B. 确保银行有能力履行贷款承诺

   C. 避免银行资产廉价出售

   D. 降低银行借入资金时所需支付的风险溢价

   E. 规避一切商业风险

3. 下列关于流动风险与信用风险的关系的说法中,正确的有( )。

   A. 承担过高的信用风险可能导致不良贷款以及违约损失大幅上升

   B. 承担过高信用风险可能导致贷款收益显著下降,从而增加流动性风险

   C. 可能因错误判断市场发展趋势,导致投资组合价值严重受损

   D. 操作风险可能造成重大经济损失,从而对流动性状况产生严重影响

   E. 任何涉及商业银行的负面消息都可能危及其声誉,最终使商业银行被动陷入流动性危机

4. 流动性应急计划主要包括( )。

   A. 提高流动性管理的预见性 B. 危机处理方案

   C. 弥补现金流量不足的工作程序 D. 建立多层次的流动性屏障

   E. 通过金融市场控制风险

5. 下列各项中,属于商业银行应高度重视的流动性风险管理要点的有( )。
   A. 提高流动性管理的预见性　　　　B. 建立多层次的流动性屏障
   C. 通过金融市场控制风险　　　　　D. 危机处理方案
   E. 弥补现金流量不足的工作程序

6. 下列各项中,属于商业银行流动性风险预警的融资指标的有( )。
   A. 盈利水平　　　　　　　　　　　B. 存款大量流失
   C. 股票价格下跌　　　　　　　　　D. 资产质量
   E. 融资成本上升

三、简答题

1. 什么是流动性风险?流动性风险有哪些衡量方法?
2. 财务指标法中一般选择哪些比率作为流动性风险的衡量方法?选择这些比率的原因是什么?
3. 市场信息指标法具体是如何衡量流动性风险的?
4. 流动性风险产生的原因及其特点?
5. 流动性风险管理策略与方法有哪些?
6. 某个资产的买入价为50元,卖出价为55元,则买卖价差为多少?
7. 商业银行流动性风险管理理论有哪些?它们之间有何异同?

第八章 操作风险

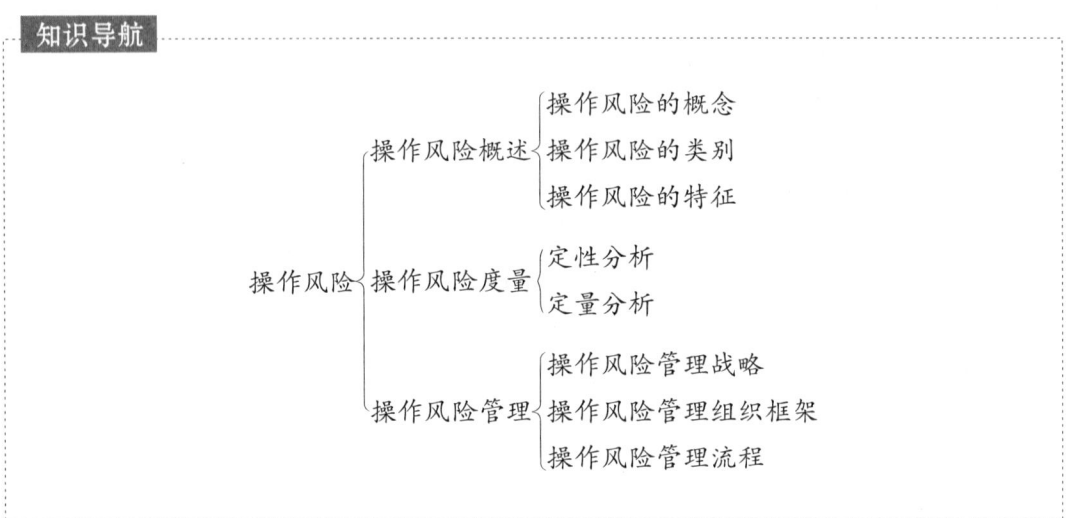

案例导入

法国兴业银行巨额亏损

2008年1月18日,法国兴业银行收到了一封来自另一家大银行的电子邮件,要求其确认此前约定的一笔交易,但法国兴业银行和这家银行根本没有交易往来。因此,法国兴业银行进行了一次内部清查,结果发现这是一笔虚假交易。伪造邮件的是法国兴业银行交易员凯维埃尔。更深入的调查显示,法国兴业银行因凯维埃尔的行为损失了49亿欧元,合计约71亿美元。

凯维埃尔从事的是什么业务,竟然导致如此巨额损失?答案是欧洲股指期货交易——一种衍生金融工具产品。早在2005年6月,凯维埃尔利用自己高超的计算机技术,绕过法国兴业银行的5道安全限制,开始了违规的欧洲股指期货交易。"我在安联保险上建仓,赌股市会下跌。不久伦敦地铁发生爆炸,股市真的大跌。我就像中了头彩盈利50万欧元。"2007年,凯维埃尔再赌股市下跌,因此大量做空,他又赌赢了。到2007年12月31日,他的账面盈余达到了14亿欧元,而当年法国兴业银行的总盈利不过是55亿欧元。从2008年开始,凯维埃尔认为欧洲股指将会上涨,于是开始买涨。但是欧洲乃至全球的股市持续暴跌,凯维埃尔的巨额盈利转眼变成了巨大损失。

(资料来源:三一刀客.案例——法国兴业银行巨亏[EB/OL].(2019-11-12)[2022-12-03]. https://www.111doc.com/doc-1544885.html.)

第一节 操作风险概述

一、操作风险的概念

相较于金融市场上出现的信用风险和市场风险,操作风险的定义还在不断完善中。英国银行家协会于1977年最早给出了操作风险的定义,他们认为:操作风险与人为失误、不完备的程序控制、欺诈和犯罪活动相联系,它是由技术缺陷和系统崩溃引起的。1998年5月,第一个行业先进思想管理论坛——操作风险论坛设立,并将操作风险定义为:操作风险是遭受潜在损失的可能,是指由于客户、设计不当的控制体系、控制系统失灵以及不可控事件导致的各类风险。损失可能来自内部或外部事件、宏观趋势以及不能为公司决策机构和内部控制体系、信息系统、行政机构组织、道德准则或其他主要控制手段和标准所洞悉并组织的变动。操作风险不包括已经存在的其他风险种类,如市场风险、信用风险及决策风险。通过这次论坛,上述结论性的定义开始为多数银行所接受。巴塞尔委员会关于操作风险的定义也是建立在这个基础之上的。

根据《巴塞尔新资本协议》,操作风险可以分为由人员、系统、流程和外部事件所引发的四类风险,并由此分为七种表现形式:内部欺诈,外部欺诈,聘用员工做法和工作场所安全性,客户、产品及业务做法,实物资产损坏,业务中断和系统失灵,交割及流程管理。广义上的定义认为,除信用风险和市场风险以外的所有风险都属于操作风险,这种定义涵盖范围较复杂、定义简单,但由于未给出任何定义性或描述性的字眼,衡量和管理意义不大。尽管不同机构对操作风险的定义还存在一定的分歧,但是对狭义内容已达成一定的共识,即以巴塞尔委员会对操作风险的定义为标准。

二、操作风险的类别

根据巴塞尔委员会对操作风险来源的定义,操作风险可分为四类,分别为人员因素导致的操作风险、内部程序因素导致的操作风险、系统因素导致的操作风险以及外部因素导致的操作风险。其中,前三种操作风险是由商业银行内部因素所导致的,包括未授权交易、泄露秘密、头寸计价错误等。第四种操作风险是由商业银行外部因素所导致的,包括黑客攻击、盗窃、抢劫以及台风、地震等自然灾害。

对操作风险进行分类,其目的在于加强对操作风险的认识,为商业银行的风险管理提供依据。但由于操作风险往往是由多种因素造成的,在实际情况中单个损失事件往往要归咎于多个原因,也就是说,某个具体的损失事件会同时属于几个风险类型,难以达到分类的目的,所以按照上述方法进行操作风险的分类很难达到区分风险类型的要求。为此,《巴塞尔协议》采用了一种二维分类方式。按照事件类型的不同,巴塞尔委员首先将损失事件类型分为七大类别:①内部欺诈事件。②外部欺诈事件。③就业政策和工作场所安全性事件。④客户、产品及业务操作事件。⑤实体资产损坏事件。⑥业务中断和系统失败事件。⑦执行、交割及流程管理事件。在此基础上,上述七大类事件被进一步划分为二级目录和三级目录。损失事件分类详情,如表8-1所示。

表8-1 损失事件分类详情

事件类型(一级目录)	定义	二级目录	业务举例(三级目录)
内部欺诈	故意骗取、盗用财产或违反监管规章、法律或公司政策导致的损失,此类事件至少涉及内部一方,但不包括性别或种族歧视事件	未经授权的活动	交易不报告(故意) 交易品种未经授权(存在资金损失) 头寸计价错误(故意)
		盗窃和欺诈	欺诈/信贷欺诈/假存款 盗窃/勒索/挪用公款/抢劫 盗用资产 恶意损毁资产 伪造 多户头支票欺诈 走私 窃取账户资金/假冒开户人等 违规纳税/逃税(故意) 贿赂/回扣 内幕交易(不用企业账户)
外部欺诈	第三方故意骗取、盗用财产或逃避法律造成的损失	盗窃和欺诈	盗窃/抢劫 伪造 多户头支票欺诈
		系统安全	黑客攻击损失 盗窃信息(存在资金损失)
就业政策和工作场所安全性	违反就业、健康或安全方面的法律或协议,个人工伤赔付或者因性别或种族歧视事件导致的损失	劳资关系	薪酬、福利、雇佣合同终止后的安排 有组织的劳工运动
		安全性环境	一般责任(滑倒或坠落等) 违反员工健康及安全规定事件 工人的劳保开支
		性别及种族歧视事件	所有涉及歧视的事件
客户、产品及业务操作	因疏忽未对特定客户履行分内业务(如信托责任和适当性要求)或产品性质或设计缺陷导致的损失	适当性、披露和信托责任	违背信托责任/违反规章制度 适当性/披露问题(了解你的客户等) 违规披露零售客户信息 泄漏私密 冒险销售 为多收手续费反复操作客户账户 保密信息使用不当 贷款人责任(lender liability)

(续表)

事件类型(一级目录)	定义	二级目录	业务举例(三级目录)
客户、产品及业务操作	因疏忽未对特定客户履行分内业务(如信托责任和适当性要求)或产品性质或设计缺陷导致的损失	不良的业务或市场行为	反垄断 不良交易/市场行为 操纵市场 内幕交易(不用企业的账户) 未经当局批准的业务活动 洗钱
		产品瑕疵	产品缺陷(未经授权等) 模型误差
		客户选择、业务提起和风险暴露咨询业务	未按规定审查客户 超过客户的风险限额 咨询业务产生的纠纷
实体资产损坏	实体资产因自然灾害或其他事件丢失或损坏导致的损失	灾害和其他事件	自然灾害损失 外部原因(恐怖袭击、故意破坏)造成的人员伤亡
业务中断和系统失败	业务中断或系统失败造成的损失	系统	硬件 软件 电信 动力运输损耗/中断
执行、交割及流程管理	交易处理或流程管理失败和因交易对手方及外部销售商关系导致的损失	交易认定、执行和维持	错误传达信息 数据录入、维护或登载错误 超过最后期限或未履行义务 模型/系统误操作 会计错误/交易方认定记录错误 其他任务履行失误 交割失败 担保品管理失败 交易相关数据维护
		监控和报告	未履行强制报告职责 外部报告失准(导致损失)
		招揽客户和文件记录	客户许可/免责声明缺失 法律文件缺失/不完备
		个人/企业客户账户管理	未经批准登录账户 客户记录错误(导致损失) 客户资产因疏忽导致的损失或毁坏
		交易对手方	非客户对手方的失误 与非客户对手方的纠纷
		外部销售商和供应商	外包 与外部销售商的纠纷

与此同时,学术界对操作风险还有其他的分类方式。其中,一种常见的分类方式是将操作风险按照发生频率及其损失程度进行划分。操作风险的发生频率是指一定时间内操作风险损失事件发生的数目。操作风险的损失程度是指操作风险事件发生时导致的影响。按照这种思路,操作风险可分为低频率—低损失、低频率—高损失、高频率—低损失、高频率—高损失四种类型。同样地,我们还可以把发生频率分为低频率、中频率、高频率三类,把损失程度分为低损失、中损失、高损失三类,由此得到九种组合。这种分类方法从发生频率和损失程度两个方面反映了不同类型操作风险的性质,因此在对操作风险进行的分析中常常会用到。

三、操作风险的特征

与信用风险、市场风险、利率风险、汇率风险等其他金融风险相比,操作风险具有以下特征。

(一) 风险来源以内生为主

与信用风险和市场风险相比,绝大部分操作风险都来源于银行的内部业务操作失误、内部系统失灵、内部人员控制和制度失效等因素,只有很少一部分来源于外部欺诈、自然灾害等其他因素。而信用风险是由借款人的主客观情况所决定的违约风险,市场风险则与市场价格波动相联系,它们主要产生于银行外部。

(二) 范围广泛且具有普遍性

商业银行中的每一个人、每一个操作环节都可能导致一些业务失败。因此,操作风险的发生范围涉及银行所有业务环节,涵盖所有部门。既包括发生频率高、损失相对较低的日常业务流程处理上的小纰漏,也包括发生频率低,但只要发生就会造成极大损失,甚至危及银行存亡的自然灾害、大规模舞弊等。与操作风险相比,信用风险和市场风险发生的环节仅限于与之相关的部分业务环节(如发放贷款、吸收存款),主要涉及业务发展部门和业务管理部门。

(三) 风险与收益具有不对称性

操作风险与预期收益具有明显的不对称性。诸如利率风险、汇率风险等一些风险既可能带来损失,也可能带来巨额收益,这已为广大的金融机构所普遍认识。所以,目前的风险管理者不仅将以上风险视为损失的可能性而加以控制,同时也将风险视为盈利增加的机会而对其加以充分利用,从而会保持适度的风险承担能力,以获取更大的收益。但是,上述认识和管理方式并不适用于操作风险。操作风险主要是关于成本的控制,在很多情况下与利润并不直接相关,很少会因为操作风险低而提高当年的利润水平。相反,为降低操作风险而加强操作风险的控制力度将增加监控成本。尽管这种成本的增加对利润的增加有可能会起到一定的促进作用,但这种作用并不明显。总之,市场风险的管理会受金融机构追求利润的驱动,而操作风险则不受此影响。对于信用风险与市场风险来说,存在风险越大收益越高、风险越小收益越低的对应关系。而操作风险产生于企业内部控制行为,是一种纯粹的风险,损失与收益之间没有必然的联系,商业银行承担这种风险并不一定能够给其带来收益。

(四) 操作风险损失数据呈现厚尾特征

大部分操作风险事件属于高频率—低损失类型,只有极少数属于低频率—高损失类型,所以在损失数据的统计中,操作风险的损失分布明显不同于正态分布,它的大部分损失观测值接近零,这种极端值出现的概率要比正态分布数据出现极端值的概率大的现象称作"厚尾"。

(五) 与其他风险具有很强的关联性

操作风险是商业银行日益复杂的业务经营管理活动中不可避免的产物,是商业银行为产生利润而承担的风险中不可分割的一部分,因而操作风险常常与商业银行各项业务经营活动中的诸类风险紧密相连,有时还会出现"此消彼长"的情况。例如,化解信用风险和市场风险的复杂技术有可能在处理抵押、对冲、信贷资产证券化的风险转化过程中导致操作风险;日益复杂的套利交易活动,在减少市场风险的同时,也有可能增加操作风险。

此外,操作风险还有很多其他特征。操作风险的上述特征表明,操作风险具有难识别、难计量、难控制、难转移、难管理等复杂性。尽管如此,金融机构仍必须把操作风险管理作为日常管理工作中重要的组成部分加以重视,并针对业务经营中不同的具体情况在与操作风险的日常战争中学会取胜的办法。另外,从操作风险的上述特征中还可看出,操作风险管理的关键是过程,而非结果。

第二节 操作风险度量

一、定性分析

目前,各种定量分析操作风险的模型已经在各国商业银行中得到了运用,对提高商业银行操作风险管理水平起到了积极的作用。但经验表明,单纯利用定量方法度量操作风险对商业银行而言并不是很好的选择。对于某些操作风险,尤其是低频率—高损失的操作风险,其可获得的数据是有限的。而大多数的计量模型都是建立在大量损失数据和历史数据基础之上的。如果数据缺乏,可能会使模型计量的准确性受到影响。一般说来,定量的方法通常过于严格,而定性的方法又过于模糊。所以,对操作风险的度量总的趋势是由以定性分析为主的传统操作风险度量方式向以定量方式为基础并与定性方式相结合的现代操作风险度量模式过渡。

定性分析常采用的方法有自我评估法、关键风险指标法和计分卡法等。

(一) 自我评估法

自我评估是商业银行识别和评估潜在操作风险以及自身业务活动的控制措施、适当程度及有效性的操作风险管理工具。操作风险的自我评估法涵盖了商业银行的所有业务部门，在产品线层次上展开，包括每个产品线的每个流程中的固有风险、控制风险和剩余风险。其中，固有风险是指在没有任何管理控制措施的情况下，经营管理过程本身所具有的风险；控制风险是指对操作风险没有良好的内部控制或内部控制无效的情况下，致使经营活动中的操作风险不能被及时发现而造成的损失；剩余风险是指在实施了旨在降低风险可能性和影响强度的管理控制活动后仍然保留的风险。

自我评估的内容包括银行的组织管理、人力资源、风险操作流程、信息系统等内在因素，以及社会环境变化、产业结构、市场环境和科技发展等外部因素对操作风险发生的可能性和损失程度两个方面的影响。可能性是指每一种潜在风险识别出的风险暴露或每一类主要的风险事件类型在未来一定时期内转化为实际损失的概率大小；损失程度是指某一特定操作风险事件发生的情况，即如果不对潜在风险实施任何控制措施，风险实际发生后可能对机构造成的影响。

利用自我评估进行定性分析通常的做法是通过调查问卷，系统性检查或公开讨论的方式，利用银行内部人员以及外部专家的专业知识和从业经验识别和评估操作风险事件。具体方法包括：①调查问卷法，即将事先设计好的问卷分发到各业务部门，由相关人员对业务和产品控制点进行回答，帮助其确认风险水平和相应的控制措施。②叙述法，即从业务部门的目标和风险出发，由各部门管理人员对采取的控制措施进行答辩，检查删除预期控制的执行效果。③专家预测法，即采取匿名方式由专家对风险控制点进行考核、分析，提出意见，经修改、论证、汇集完成控制点的优化。

自我评估法作为商业银行内部稽核的工具，一旦发现评估结果中有违背机构政策或准则的项目，将立即上报给高级主管人员，这可以有效发挥监督改正的作用，有助于对操作风险的评估。同时，自我评估法还能够充分调动操作风险管理各方的积极性，促使员工自发地对风险、内控体系、风险防范手段进行分析和评价，激励员工提高对操作风险的认知程度，最终有效地提高对操作风险的监督和管理水平。

（二）关键风险指标法

关键风险指标是指代表某一风险领域变化情况并可定期监控的统计指标。关键风险指标可以告诉我们当前的风险是什么、将会有什么损失，可以为操作风险管理者提供当前特定业务部门中风险水平的相关数据，高级管理层可据此迅速对症下药，采取有效措施，及时控制存在的潜在风险。因此，关键风险指标可用于监测可能造成损失事件的各项风险及控制措施，并作为反映风险变化情况的早期预警指标。关键风险指标法就是通过对关键风险指标进行分析来反映银行的风险水平，监督风险变化，对风险状况进行早期的预警。

实施关键风险指标法，首先要选取具体的指标。这一步是其能否准确评估操作风险的关键。关键风险指标既可以是财务指标，也可以是非财务指标，具体可以包括：每亿元资产损失率、营业额增幅降低百分比或业绩下滑金额、关键岗位人员流失数、系统遭受黑客袭击率等。当关键风险指标值超过某基准水平时,相关部门或责任人就应该采取相应的措施。

(三) 计分卡法

计分卡法是巴塞尔委员会提出的三种操作风险高级计量法之一。它是银行对操作风险与内控的自我评估,评估内容包括风险事件、风险拥有者、风险发生的可能性、风险影响力、缓释风险的控制措施、控制实施者、控制设计等。此外,银行可以用计分卡,根据各部门在管理和控制各类操作风险方面的业绩,来决定经济资源的分配。

计分卡法实质上是商业银行赋予每个操作风险损失事件一个数值,这个数值既可以是影响值,也可以是损失事件发生的可能性,并根据这个数值对不同的操作风险进行排序、比较和分析,更进一步则可估计出操作风险的预期损失,达到量化操作风险的目的。计分卡法的关键是找出与操作风险相关的风险因素,设计出具有前瞻性的风险指标,在此基础上由专家对其打分,最终估计出操作风险的影响程度及发生频率并进而计算出风险资本金。通过给每一类操作风险打分,银行可以发现这类操作风险的规律和现有内控措施的不足之处,并将其提供给业务部门和风险管理部门,帮助其采取改进措施。

实施计分卡法评估操作风险,首先需要将银行业务划分为若干产品线或者是损失组合;其次对属于同产品线或损失事件的所有操作风险损失事件赋值,用来表示不同操作风险的影响程度或发生频率;最后由专家在综合考虑各项因素后为该事件打分,得到评估结果。计分卡法与其他高级计量方法的区别在于计分卡法较少依赖历史数据,而是以专家的判断代替了历史数据在模型中的作用,其本质是一种定性分析的专家判断法。因此,计分卡法的主观性较强,依赖于专家的直觉和经验。这就要求作出判断的专家有丰富的理论知识和从业经验以及对整个银行业务流程的深刻理解。

二、定量分析

与其他风险相比,操作风险具有原因多样性、机构差异性、损失无限性、数据匮乏性等特点,很难对其确切计量。因此,长期以来,各国学者和银行家认为操作风险只能通过定性的方式进行分析和评估。但由于缺乏统一的衡量标准和技术支持,操作风险管理只能停留在理论阶段,而无法与实际相联系。2004年,巴塞尔委员会发布了《巴塞尔新资本协议》,抛弃了过去"操作风险无法计量"的观念,提出应对操作风险计提资本金,并给出了三种计算操作风险资本的方法,操作风险的计量研究重点开始由操作风险的界定转向操作风险的计量、评估、控制和缓释。

现阶段,操作风险度量模型大致可以分为自上而下法和自下而上法两种类型。自上而下法是从宏观入手,着眼于整体损失,而不必分别考虑各种风险事件和损失因素的影响。自上而下法的优点在于不需要花费很多的时间和精力来收集各种资料、数据和进行计算。这一类模型主要包括操作杠杆模型、收入模型、开支模型等。操作杠杆模型主要用来衡量操作性杠杆风险。操作性杠杆风险主要指由外部因素引起的操作风险,如因为外部冲击导致金融机构收益的减少。与之对应的是操作性失误风险,即由金融机构的内部因素引起的操作风险,这些内部因素主要包括处理流程、信息系统、人事等方面的失误。操作杠杆模型可以用来度量操作费用和总资产之间的关系。一般地,我们选取固定资产和运营费用的简单的数据来进行计算。例如,银行可以将操作杠杆定义为固定资产的10%加上3个月运营费用的25%。操作性杠杆风险虽然是操作风险的重要组成部分,但它不是全部的操作风险。操作杠杆模型只能度量操作风险的一部分,其计量不一定准确。定量分析常用的方法有基本指标法(BIA)、标准法(SA)、高级度量法(AMA)。

(一) 基本指标法

根据基本指标法,机构持有的操作风险资本应等于对该机构前3年中各年正的总收入加总后的均值乘以一个固定比例(用 α 表示),即:

$$K_{BIA} = GI \times \alpha$$

其中,K_{BIA} 为根据基本指标法计算得到的操作风险资本;GI 为前3年中收入为正的年份的总收入平均值。如果某年的总收入为负值或零,在计算平均值时就剔除该年数据。《新巴塞尔资本协定》对总收入的定义为:根据各国监管当局要求或者会计准则计算得到的净利息收入加上非利息收入,但不包括出售证券实现的利润或损失、特殊项目以及保险的收入。

α 为操作风险敏感系数,是巴塞尔委员会设定的对总收入提取的固定比例,表示为获得单位总收入机构可能面临的操作风险损失值。一般情况下,巴塞尔委员会根据行业范围的监管资本要求将 α 设定为15%。

基本指标法简单易行、便于操作,其选择历史总收入作为计量指标具有很大的便利。在众多财务指标中,各国金融机构历史总收入的数据可得性最强;而且选择该指标作为度量操作风险的基本指标,可以对不同机构之间的操作风险状况进行横向比较。尤其是对于业务类型特别少、规模较小的金融机构而言,基本指标法仍不失为一种经济、有效的操作风险度量方法。

当然,基本指标法也存在着过于粗糙等缺陷,具体表现在以下三个方面。

第一,由于不同业务类型的操作风险差异很大,而对所有金融机构的所有业务类型都采用统一的 α 计量操作风险资本隐含着所有业务类型对操作风险的敏感度都相同的假设,这必将导致具有不同风险特征和风险管理状况的金融机构的每单位总收入要配置相同资本,从而使得计量结果有可能严重偏离于现实状况;并使得操作风险的资本配置机制以及管理优劣奖惩机制失灵,难以自动发挥作用。对于业务类型非常多的金融机构,情况将更加严重。

第二,对于选择机构的历史总收入作为度量操作风险的基本指标是否合适,一直存在着争议。历史总收入反映的是业务的历史收入水平,而操作风险度量模型应考察的是机构在未来业务经营中有可能发生的风险损失,两者在时间上具有明显的不同步性。这种不同步性或计量总收入的"后视镜"方法,极有可能导致操作风险度量结果出现很大偏差,对于那些业务类型变动较频繁的机构来说尤其如此。

第三,基本指标法不能反映导致操作风险的内部流程、人员、技术或系统的不完善或故障出现在何处,从而无法及时地发现、度量、控制操作风险。

鉴于基本指标法过于粗糙、简单,《新巴塞尔资本协定》并未对该法提出具体的实施标准。但是,巴塞尔委员会鼓励采用基本指标法的金融机构遵循该委员会于2003年2月发布的《操作风险管理与监管的稳健做法》。

(二)标准法

针对上文指出的基本指标法不区分业务类型而使用相同风险敏感系数的缺陷,标准法对此进行了改进,即对金融机构的所有业务类型进行了细分和归类,然后根据各业务类型的不同风险特性分别确定了更加合理的、对应于各业务类型的操作风险敏感系数,在此基础上再对操作风险进行度量,具体包括以下四个步骤。

步骤一:细分金融机构所有业务类型。

标准法将金融机构的业务活动按照互相排斥且为唯一选择的原则归类到以下八种不同的业务类型之中,即公司金融、交易和销售、零售银行业务、商业银行业务、支付和清算、代理服务、资产管理、零售经纪,详细介绍如表8-2所示。

表8-2　　　　　　　　　　业务类型对应表

1级类别	2级类别	具体业务
公司金融	公司金融	兼并与收购,承销,私有化,证券化,研究,政府和高收益投资者债权融资,股权融资,银团融资,首次公开上市发行,配股
	市政/政府金融	
	商业银行	
	咨询服务	
交易和销售	销售	固定收益证券,股权,外汇,商品期货,信贷,融资,自营证券头寸,贷款与回购,经纪,债务,经纪人业务
	做市	
	自营头寸	
	资金业务	
零售银行业务	零售银行业务	零售贷款和存款,银行服务,信托和不动产
	私人银行业务	私人贷款和存款,银行业务,信托和不动产、理财、咨询
	银行卡服务	商户/商业/公司卡,企业联名卡和零售卡业务
商业银行业务	商业银行业务	项目融资,不动产,出口融资,贸易融资,保理,租赁,贷款,担保,汇票
支付和清算	外部客户	支付和托收,资金转账,清算和结算
代理服务	托管	第三方账户托管,存托凭证,消费者证券借贷,代理公司行为

(续表)

1级类别	2级类别	具体业务
代理服务	公司代理	发行和支付代理
	公司信托	资金、财产与财产权的信托
资产管理	全权委托基金管理	联合基金,独立基金,零售基金,机构基金,封闭式基金,开放式基金,私人直接投资基金
	非全权委托基金管理	联合基金,独立基金,零售基金,机构基金,封闭式基金,开放式基金
零售经纪	零售经纪业务	指令执行与完全经纪服务

步骤二：依次选择、确定各业务类型的基本指标(主要为总收入指标)。

步骤三：根据各业务类型的风险特性对 β 系数进行设定。

β 系数表示某特定业务类型的操作风险所导致的损失占该业务类型总收入的比重;或者说,要在某特定业务类型中获得单位收入有可能需要付出的操作风险值。表 8-3 列出了由巴塞尔委员会设定的各业务类型的风险敏感系数。

表 8-3　　　　　　　　　各业务类型的风险敏感系数

业务单元	业务类型	风险敏感系数(β 系数)
投资银行业务	公司金融(β_1)	18%
	交易和销售(β_2)	18%
	零售银行业务(β_3)	12%
商业银行业务	商业银行业务(β_4)	15%
	支付和清算(β_5)	18%
	代理服务(β_6)	15%
其他	资产管理(β_7)	12%
	零售经纪(β_8)	12%

表 8-3 中各业务类型的 β 系数,主要根据历史经验值确定。经营环境、业务类型以及组织结构的变化,都可能导致 β 系数发生改变,此时应该重新评估 β 系数。因此,为保证实施标准法取得良好效果,巴塞尔委员会应根据各业务类型风险特性的变化趋势,定期或不定期评估标准法中所设定的各业务类型的 β 系数的合理性及其变动趋势,并视情况对 β 系数作出适当调整。

步骤四：计算操作风险总资本。

操作风险总资本是将各业务类型的操作风险资本按年简单加总后取前 3 年和的平均值。在按年加总时,任何业务类型负的资本(由负的总收入造成)可在不加限制的情况下,用以抵消其他业务类型正的资本。在计算前3年平均值时,如果在给定年份,各业务类型加总后的资本为负值,则当年分子项为零。于是,操作风险资本的计算公式为:

$$K_{SA} = \frac{\sum_{y=1}^{3} \max\left[\sum_{j=1}^{8}(GI_{-y,j} \times \beta_j), 0\right]}{3}$$

其中,K_{SA} 表示用标准法计算的操作风险资本;$GI_{-y,j}$ 表示8个业务类型中第 j 个业务类型在过去第 y 年的总收入,$y=1,2,3$;β_j 表示由巴塞尔委员会设定的第 j 个业务类型的操作风险系数,$j=1,2,\cdots,8$。

标准法改进了上文指出的基本指标法的第一个缺陷,但仍存在着与基本指标法同样的第二和第三个缺陷。另外,标准法对金融机构的风险管理能力也提出了比基本指标法更高的要求。一般而言,标准法在满足以下条件的情况下比较适用:董事会和高级管理层制定了正确可行的操作风险管理目标和策略,并积极参与操作风险管理框架的构建与维护;操作风险管理系统的相关概念清晰、稳健,执行准确有效;在主要业务类型上以及控制与审计领域对采用标准法有充足的资源支持,如能系统、连续地跟踪、处理与操作风险相关的数据,包括各业务类型有可能发生的巨额损失等。

(三)高级度量法

高级度量法采用了许多高深、前沿的数学模型、计算机技术等手段来度量操作风险,并充分搜集和应用了多维度数据(例如,既有历史数据也有专家经验数据,既有内部数据也有外部数据等),从而使得操作风险的度量过程和度量结果更加科学、可信,这一点是基本指标法和标准法所无法比拟的。

但是,高级度量法也有不可忽视的缺点:①高级度量法(尤其是其中的损失分布法)的应用过程过于复杂,难以理解。②前面已经提及数据的可得性是具体应用高级度量法的最大障碍。无论是内部数据还是外部数据都不易获得,即使获得,也无法保证数据的真实性和完整性。③不能用来判断操作风险的损失来源。事实上,高级度量法只给出了度量操作风险的损失结果,但并不关心操作风险的损失来源。④高级度量法不能反映操作风险与市场风险、信用风险之间的联系。事实上,有些信用风险或市场风险很可能来源于操作风险,如人员的不作为或道德风险等。

第三节 操作风险管理

"为了进行操作风险的有效管理,必须建立起操作风险管理框架",这已成为国际银行界的共识。建立合理的操作风险管理框架,使得银行家们可以站在整个商业银行的角度,为有效管理来自商业银行各项业务和管理活动中的操作风险的关键因素进行自上而下的基本安排。根据原中国银行监督管理委员会的要求,操作风险管理框架至少应包括以下基本要素:

董事会的监督控制，高级管理层的职责，适当的组织架构，操作风险管理政策、方法和程序以及计提操作风险所需资本的规定。一般说来，操作风险管理最核心的要素包括操作风险管理战略、操作风险管理组织框架和操作风险管理流程三个方面。

一、操作风险管理战略

操作风险管理应当在风险管理战略的指引下进行，风险管理战略为银行设定了包括业务目标、风险容忍度和操作风险管理政策在内的最终目标和基本方法。

银行的风险管理战略与业务目标应是一致的。风险管理的作用在于帮助银行更好地实现业务目标。为此，风险管理战略的制定必须充分考虑银行的业务目标。业务目标也称业务发展目标，具体指银行将重点发展哪类业务、将要达到的水平等。商业银行作为以盈利为目标的金融机构，其存在的目的就是实现收益的最大化。但银行在实现收益增加的同时必然会伴随着风险的增加，所以银行不得不在高收益和高风险中作出取舍，以追求价值和风险之间的最优平衡，且其中最重要的体现就是业务目标。例如，如果银行准备定位于零售银行，即主要服务于个人客户和中小企业客户，就必须做好承担较高操作风险的准备。这是因为个人金融业务和中小企业金融业务是操作风险较高的领域，通过制定科学合理的业务目标能够使银行的资源得到充分合理的配置，实现收益与风险之间的最优平衡。

风险容忍度是风险管理战略的核心内容。风险容忍度是指银行的风险承受水平。简单来说，就是银行"准备接受什么风险"，以及"在多大程度上接受这些风险"。商业银行在充满各种风险的环境中经营，进行风险管理，实现收益与风险之间的最优平衡，但是这并不等于排斥所有的风险。因为根据风险—报酬理论，风险带来的是收益，排斥所有风险就意味着排斥了所有的收益。当然，银行也必须考虑本身的资源条件，量力而行，对其能承受的风险水平作出正确的判断。

操作风险管理政策就是在坚持遵循商业银行总体目标的前提下，对操作风险管理过程中各相关部门所负有的职责、所采用的技术和方法等问题的具体规定。操作风险管理政策是商业银行操作风险管理的总纲领，它可以为商业银行操作管理提供细致的辅导，有助于将与操作风险相适应的行动范围和尺度清晰地传达给所有人员，以提高银行对操作风险监控、衡量和控制的水平。操作风险管理政策的主要内容应包括：操作风险的定义；操作风险管理组织架构、权限和责任；操作风险的识别、评估、监测以及控制或缓释程序；操作风险报告程序，其中包括报告的责任、路径、频率，以及对各部门的其他具体要求；应针对现有的和新推出的重要产品、业务活动、业务程序、信息科技系统、人员管理、外部因素及其变动，及时评估操作风险的各项要求。所以，商业银行在制定操作风险管理政策时，首先应当从本行操作风险的特点出发，使管理政策与银行的业务性质、规模、复杂程度和风险特征相适应；其次需要考虑操作风险容忍度与经营战略目标的一致性。

二、操作风险管理组织框架

有什么样的业务管理模式,就有什么样的风险管理组织框架。目前,常见的操作风险管理组织框架可分为三种模式:集权式管理模式、分权式管理模式和内部稽核功能引导式模式。集权式管理模式是指在总行设置专职单位和人员,负责拟定操作风险的管理框架与政策。例如,操作风险管理主管综合处理操作风险管理相关事宜,操作风险管理人员提供银行或个别业务部门必要性的支持,并向首席风险官呈报。业务部门的操作风险管理人员负责执行总行政策。其他业务功能,如合规、人事和信息技术等,因与操作风险管理的完善与否息息相关,也需要纳入操作风险管理组织框架中。分权式管理模式是总行不设置专门的操作风险管理单位和人员,而是由一个或多个部门负责执行操作风险管理。这种模式可达到成本和效益的最优配置且能维持独立运作,有助于风险自我评估及风险指标的监控。内部稽核功能引导式模式则是由稽核部门执行操作风险管理职能,其执行的方式可以分为两种:一是将操作风险管理作为各业务部门日常工作一部分的内部稽核式。二是通过稽核部门与各业务部门对操作风险进行共同识别、监控、控制和报告的扩充内部稽核式。采用内部稽核功能引导式模式可能会导致隐含利益冲突及内部稽核独立性与客观性不易维持的问题。

为了保证操作风险管理活动得到有效的执行,商业银行应该选择合适的操作风险管理组织框架,并为组织框架中的每个部门和个人设定其应承担的任务和责任。

商业银行操作风险管理的最终责任应该由其董事会承担。董事会的主要职责包括:①制定与本行战略目标相一致且适用于全行的操作风险管理战略和总体政策。②通过审批及检查高级管理层有关操作风险的职责、权限及报告制度,确保全行的操作风险管理决策体系的有效性,并尽可能地确保将本行从事的各项业务面临的操作风险控制在可以承受的范围内。③定期审阅高级管理层提交的操作风险报告,充分了解本行操作风险管理的总体情况、高级管理层处理重大操作风险事件的有效性以及监控和评价日常操作风险管理的有效性。④确保高级管理层采取必要的措施有效地识别、评估、监测和控制或缓释操作风险。⑤确保本行操作风险管理体系接受内审部门的有效审查与监督。⑥制定适当的奖惩制度,在全行范围有效地推动操作风险管理体系的建设。这就要求董事会对本行的产品、业务过程和相关风险有全面的了解,能够制定与本行战略目标相一致的操作风险管理战略和总体策略,并对高级管理层的工作进行有效的审查和评估,以保证全行操作风险管理决策体系的有效性。

在董事会之下是高级管理层,其主要任务是负责执行董事会批准的操作风险管理战略、总体政策及体系。具体职责包括:①在操作风险的日常管理方面,对董事会负最终责任。②根据董事会制定的操作风险管理战略及总体政策,负责制定、定期审查和监督执行操作风险管理的政策、程序和具体的操作规程,并定期向董事会提交操作风险总体情况的报告。③全面掌握本行操作风险管理的总体状况,特别是各项重大的操作风险事件或项目。④明确界定各部门的操作风险管理职责以及操作风险报告的路径、频率、内容,督促各部门切实履行操作风险管理职责,以确保操作风险管理体系的正常运行。⑤为操作风险管理配备适当的资源,包括但不限于提供必要的经费、设置必要的岗位、配备合格的人员、为操作风险管理人员提供培训、赋予操作风险管理人员履行职务所必需的权限等。⑥及时对操作风险管理体系进行检查和修订,以便有效地应对内部程序、产品、业务活动、信息科技系统、员工及外部事件和其他因素发生变化所造成的操作风险损失事件。

在高级管理层之下是操作风险管理的职能部门,其任务是辅助高级管理层完成操作风险管理职责。这一任务要求操作风险管理的职能部门一方面需要建立并组织实施操作风险识别、评估、缓释和检测方法,以及全新的操作风险报告程序,以达到评估、监控和向高级管理层报告银行整体操作风险的目的;另一方面,需要操作风险管理的职能部门对已采用的操作风险管理方法和措施进行检测和评估,评定操作风险管理活动是否已按照操作风险管理战略和政策执行。

三、操作风险管理流程

操作风险管理流程是指商业银行在日常工作中开展操作风险管理的业务程序和环节。商业银行应在全行范围内完成操作风险管理,并同时实施激励等政策。

最基本的操作风险管理流程包括风险识别、风险计量与评估、风险控制,以及提交风险报告。在此基础上,可以根据不同的实际情况和侧重点作适当改变。例如,著名学者卓志教授就把操作风险管理的流程分为风险识别、风险估测、风险评价、风险控制以及管理效果评价五个步骤。同时,也有学者认为操作风险管理流程的第一步应该是操作风险政策的制定。

(一) 风险识别

操作风险识别就是从商业银行的经营管理中找出潜在的操作风险事件并对其进行分类,其目的在于通过对操作风险事件的分析将其进行定位和归类,为操作风险管理的后续工作提供信息。可以说,正确地识别操作风险,既是准确计量和评估操作风险的基础,也是合理选择风险控制工具的前提。

操作风险识别的工作主要包含两个方面的内容:一是操作风险的确定。二是操作风险的定位。其中的工作既包括损失事件的辨识,也包括对引发损失事件的原因的追溯和对损失事件所造成影响的预测。但是,由于操作风险与银行的整个体系有关,其产生的原因往往不是线性的因果关系,而是由内部因素和外部因素、硬件因素和软件因素等交织所形成的。同时,操作风险又与信用风险、市场风险等保持着千丝万缕的联系,所以正确地识别操作风险需要采用科学的方法。

根据《巴塞尔新资本协议》,按照损失原因的不同,操作风险可以分为人为风险、程序风险、系统性风险和外部风险;按照所属产品线的不同,所有操作风险损失事件可以划分为八个产品线:公司金融、交易和销售、零售银行业务、商业银行业务、支付和清算、代理服务、资产管理和零售经纪。根据上述方法,我们可以对所有的操作风险进行分类,以识别操作风险并确定操作风险的性质。

(二) 风险计量与评估

在识别操作风险之后,接下来应该对操作风险加以计量与评估。进行操作风险的计量与评估时,不仅需要考察操作风险产生的原因以及其发生的概率,还需要评估操作风险损失事件发生时可能产生的影响。这种影响不仅仅包括经济上的直接影响,也包括风险发生对公司目标实现的影响。

根据操作风险计量与评估提供的信息,银行可以确定已经存在的风险和潜在风险的发展趋势,判断风险产生的损失是否在银行可承受的范围之内,为银行选择合适的控制方法并对需要控制的操作风险进行优先排序。

(三) 风险控制

风险控制的过程就是商业银行根据已有的信息,选择合适的风险管理策略和工具对冲风险暴露,以达到降低操作风险事件发生的概率和损失程度的目的。商业银行常采用的风险控制方法有风险回避、损失控制、风险承担、风险转移等。在具体操作时,商业银行应该根据操作风险的发生频率、损失程度等特征选择不同的工具。

(四) 提交风险报告

操作风险报告是向操作风险管理层反馈操作风险管理信息的工具,其内容应该包括风险评估结果、损失事件、风险诱因、关键指标、控制状况、资本金水平和建议等。通过操作风险报告,操作风险管理者可以掌握操作风险来源、整体风险状况、操作风险发展趋势和其他重要信息,并以此为依据对已存在的管理体系进行改进,以提高操作风险的管理水平,适应不断变化的外部环境和内部环境。

本 章 小 结

虽然相较于金融市场上出现的信用风险和市场风险,操作风险的定义还在不断完善中,但可以将其分为人员因素导致的操作风险、内部程序因素导致的操作风险、系统因素导致的操作风险以及外部因素导致的操作风险四类。操作风险具有风险来源以内生为主、范围广泛且具有普遍性、风险与收益具有不对称性、操作风险损失数据呈现厚尾特征,以及与其他风险具有很强的关联性等明显特征。

商业银行可采用定性分析、定量分析的方法对操作风险的大小进行衡量。定性分析常用的方法包括自我评估法、关键风险指标法以及计分卡法等,定量分析常用的方法包括基本指标法、标准法、高级度量法等。其中,高级度量法采用了许多高深、前沿的数学模型、计算机技术等手段来度量操作风险。

银行的操作风险管理战略应与其业务目标一致。其中,风险容忍度是操作风险管理战略的核心内容。集权式管理模式、分权式管理模式和内部稽核功能引导式模式是常见的操作风险管理组织框架的三种主要模式。风险识别、风险计量与评估、风险控制、提交风险报告是操作风险管理的主要步骤。

关 键 术 语

  操作风险 内部欺诈 外部欺诈 自我评估法 关键风险指标法 计分卡法 基本指标法 风险敏感系数 高级度量法 集权式管理模式 分权式管理模式 内部稽核功能引导式模式

本 章 练 习

一、单项选择题

1. 下列关于操作风险评估方法的说法中，不正确的是（   ）。
   A. 商业银行通常借助自我评估法和因果分析模型，对所有业务岗位和流程中的操作风险进行全面且有针对性的识别，并建立操作风险成因和损失事件之间的关系
   B. 在操作风险自我评估的过程中，可依据评审对象的不同，采用不同方法
   C. 商业银行可根据关键风险指标所反映的风险评估结果进行优先排序
   D. 商业银行应当基于操作风险自我评估法和关键风险指标法，定期对主要操作风险进行压力测试和情景分析

2. 国际先进银行普遍采用的操作风险报告路径一般是（   ）。
   A. 各业务部门→管理层→风险管理部门
   B. 各业务部门→风险管理部门→管理层
   C. 管理层→各业务部门→风险管理部门
   D. 管理层→风险管理部门→各业务部门

3. 操作风险报告的主要内容不包括（   ）。
   A. 信息系统   B. 风险状况
   C. 损失事件   D. 诱因和对策

4. 在商业银行经营的外部事件中，（   ）风险是给商业银行造成损失最大、发生次数最多的操作风险之一。
   A. 内部欺诈   B. 产品设计缺陷
   C. 外部欺诈   D. 业务外包

5. 商业银行有效防范和控制操作风险的前提是（   ）。
   A. 建立完善的内部控制体系   B. 建立完善的公司治理结构
   C. 加强外部监管体制建设   D. 建立完善的信息管理系统

6. 商业银行在市场交易过程中的财务或会计错误属于（   ）。
   A. 战略风险   B. 操作风险
   C. 信用风险   D. 市场风险

7. （   ）是商业银行有效识别和防范操作风险的重要手段。
   A. 健全的内部控制体系   B. 完善激励约束机制

C. 完善的公司治理　　　　　　　　D. 以上都正确

8. 商业银行核心雇员掌握商业银行大量技术和关键信息,商业银行过度依赖他们可能带来( )。

   A. 市场风险　　　B. 声誉风险　　　C. 信用风险　　　D. 操作风险

9. 国家进行宏观调控使商业银行不得不及时调整有关信贷政策以避免造成损失,是指外部事件中的( )。

   A. 不可抗力　　　B. 战争　　　　　C. 监管规定　　　D. 自然灾害

10. 操作风险评估通常从( )两个角度开展。

    A. 制度设计和内部控制　　　　　　B. 业务管理和风险管理
    C. 内部评估和外部评估　　　　　　D. 风险预测和风险控制

11. 下列各项中,会对银行造成损失但不属于操作风险的是( )。

    A. 系统瘫痪　　　　　　　　　　　B. 停电
    C. 声誉受损　　　　　　　　　　　D. 网络瘫痪

12. 与市场风险和信用风险相比,商业银行的操作风险具有( )。

    A. 特殊性、非盈利性　　　　　　　B. 普遍性、非盈利性
    C. 特殊性、盈利性　　　　　　　　D. 普遍性、盈利性

二、不定项选择题

1. 巴塞尔委员会规定的可能造成实质性损失的操作风险事件类型包括( )。

   A. 内部欺诈　　　　　　　　　　　B. 外部欺诈
   C. 实物资产损毁　　　　　　　　　D. 经营中断和系统瘫痪
   E. 客户、产品和经营问题

2. 操作风险的人员因素包括( )造成损失或者不良影响引起的风险。

   A. 违反用工法　　　　　　　　　　B. 失职违规
   C. 员工的知识或技能匮乏　　　　　D. 内部欺诈
   E. 核心员工流失

3. 操作风险可以分为由( )所引发的风险。

   A. 技术　　　　　　　　　　　　　B. 系统
   C. 流动性　　　　　　　　　　　　D. 外部事件
   E. 人员

4. 操作风险可以分为七种表现形式,其中包括( )。

   A. 就业制度和工作场所安全事件　　B. 信息科技系统事件
   C. 客户、产品和业务活动事件　　　D. 实物资产损坏
   E. 外部欺诈

5. 在商业银行操作风险管理中,风险缓释主要包括(　　)。
   A. 限额管理　　　　　　　　　　B. 购买保险
   C. 资产组合管理　　　　　　　　D. 业务外包
   E. 制订连续营业方案

三、简答题

1. 什么是操作风险？它有怎样的特征？
2. 操作风险分哪几类？
3. 什么是计分卡法？
4. 什么是基本指标法？
5. 操作风险的度量方法有哪些？
6. 简述操作风险的分类方法。
7. 与市场风险和信用风险相比,操作风险有什么特点？
8. 试举例简述度量和管理操作风险的重要性。
9. 试比较和分析基本指标法、标准法和高级度量法。
10. 试谈谈你对我国银行操作风险管理的现状的认识。
11. 结合操作风险的特点,并通过与市场风险和信用风险度量方法的比较,谈谈你对操作风险度量模型和方法的认识。

第九章 其他风险

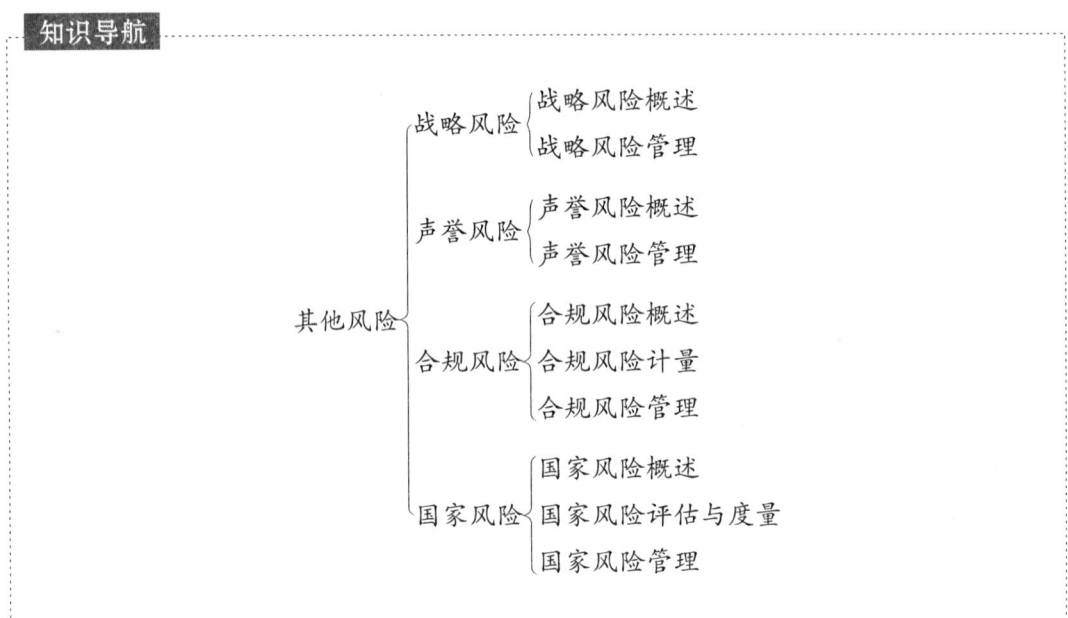

案例导入

希腊债务危机

2009年10月初,希腊政府突然宣布2009年政府的财政赤字和公共债务占国内生产总值的比例将分别达到12.7%和113%,这一数值远超欧盟《稳定与增长公约》规定的3%和60%的上限。鉴于希腊政府财政状况显著恶化,全球三大信用评级机构穆迪、标准普尔和惠誉相继调低希腊主权信用评级,希腊债务危机正式拉开序幕。

随着主权信用评级被降低,希腊政府的借贷成本大幅提升。希腊政府不得不采取紧缩措施,且国内举行了一轮又一轮的罢工活动,使经济发展雪上加霜。到2012年2月,希腊仍在依靠德法等国的救援贷款度日。

希腊债务危机的直接原因是政府的财政赤字,加上除希腊外欧洲大部分国家也都存在较高的财政赤字水平,从而使得希腊债务危机引爆了欧洲债务危机。此次危机是继迪拜债务危机之后的全球又一大债务危机。到2012年5月,希腊银行开始出现挤兑现象。

希腊债务危机的根本原因在于该国经济增长率相对不强,经济发展水平在欧元区国家中相对较低,经济主要靠旅游业支撑。2008年金融危机爆发后,世界各国出游人数大幅减少,给希腊造成了巨大的冲击。加上希腊出口少、进口多,在欧元区长期存在贸易逆差,导致资金外流,从而只能以举债度日,久而久之便酝酿成债务危机。

此次危机不仅使得希腊被要求退出欧元区,而且导致股市大幅下跌,信贷风险剧增。
(资料来源:陆静.金融风险管理[M].北京:中国人民大学出版社,2015.)

除了市场风险、信用风险、操作风险及流动性风险,金融风险还包括战略风险、声誉风险、合规风险与国家风险等类型,这些风险也是金融机构经常需要关注的风险类型。

第一节 战略风险

一、战略风险概述

战略风险是指金融机构在追求短期商业目标或在长期发展过程中,因不适当的发展规划和战略决策给其造成不利影响的风险。战略风险管理一词来源于米勒的文章《国际商业中的综合风险管理架构》,他认为企业对于战略环境不确定性的反应一般包含五种,分别为规避、控制、合作、模仿和适应。

虽然战略风险管理能够最大限度地降低经济损失、持续维持和提高商业银行的信誉和股东价值,但在进行战略风险管理前需承认以下基本事实:

(1) 存在准确预测未来风险事件的可能性。

(2) 预防工作有助于避免或减少风险事件和未来损失。

(3) 如果对未来风险事件加以有效管理和利用,则有可能将风险转化为机会。

战略风险管理通常被认为是一项长期性的风险管理活动,只有长期坚持才能取得明显效果。与此同时,若缺乏结构化和系统化的风险识别与分析方法,想要深入理解并有效控制战略风险也是非常困难的。

二、战略风险管理

商业银行在进行战略风险管理的过程中,董事会和高级管理人员负责制定战略风险管理原则和操作流程,并在其直接领导下设置战略管理部门。这些部门负责识别、评估、监测和控制战略风险,而董事会和高级管理人员则对战略风险管理的结果负有最终责任。战略风险管理的流程一般包括以下四个步骤。

(一) 战略风险识别

战略风险产生于商业银行运营的各个层面和环节,并与市场风险、信用风险、操作风险、流动性风险等其他风险交织在一起。因此,对战略风险的识别可以从战略、宏观和微观三个层面入手,具体包括产业风险、技术风险、品牌风险、竞争对手风险、客户风险、项目风险以及诸如财务、运营、操作等风险。

(二) 战略风险评估

战略风险是一种无形的、难以量化的风险。在对战略风险进行评估时,一般先由商业银行内部具有丰富经验的专家负责审核一些技术性较强的指标(如整体经济指标、利率相对于预期发生的变化、信用风险参数等),然后再由战略管理部门对各种战略风险因素的影响效果和发生的可能性作出评价,据此对其进行优先排序并制定合理的战略实施方案。

(三) 风险监测与报告

商业银行一般会采用定期自我评估的办法来检测战略风险管理的有效性,这就要求战略管理部门必须对评估结果的连续性和波动性进行长期、深入、系统化的分析与监测,以便让商业银行清楚地认识到市场的变化、运营状况的改变以及各业务领域为实现整体经营目标所承担的风险。

(四) 内部审计

为确保战略目标的顺利实现,商业银行还需成立内部审计部门。该部门应当定期审核商业银行的战略风险管理成效与质量。

为了确保战略风险管理取得预期的效果,商业银行一般会采取由上至下的方式来全面评估其自身的发展愿景、短期目标与长期目标,并据此制定切实可行的实施方案。商业银行进行战略风险管理最有效的办法是制定以风险为导向的战略规划和实施方案并将其深入贯彻于日常经营管理活动中。首先,战略规划应当清晰阐述实施方案中所涉及的风险因素、潜在收益以及可以接受的风险水平,并尽可能地将预期风险损失和财务分析包含在内;其次,战略规划还必须建立在商业银行当前实际情况和未来发展潜力的基础上,并充分反映商业银行的自身经营特色;最后,战略规划应当从战略层面出发,深入贯彻并落实到宏观和微观的各个操作层面。

第二节 声誉风险

在以美国次贷危机为导火索的金融危机中,声誉风险在不同市场之间的传染所造成的不良影响起到了推波助澜的作用,从而彻底暴露出金融业在声誉风险冲击下的脆弱性。对于我国的银行业而言,大部分银行仍长期依靠"国家信誉"背书来开展业务。因此,加强声誉风险管理显得尤为重要。

一、声誉风险概述

(一) 声誉风险的内涵

因为商业银行的业务性质要求其能够维护存款人、贷款人和整个市场信息,所以良好的声誉是其生存之本。一旦商业银行的声誉遭到破坏,将很可能面临挤兑或破产风险。

目前对声誉风险的定义并未形成一致性的意见。国外一些文献将声誉风险定义为重大的负面公众评价所带来的资金和客户损失的风险。中国注册会计师协会则将商业银行声誉风险定义为:"由于商业银行经营管理不善、违法犯规等行为导致存款人、投资者和商业监管机构对其失去信心的可能性。"在中国银行业监督管理委员会(以下简称银监会)2009年颁发的《商业银行声誉风险管理指引》中,商业银行声誉风险被定义为:"声誉风险是指由商业银行经营、管理及其他行为或外部事件导致利益相关方对商业银行负面评价的风险。"

随着人们对商业银行声誉风险重要性认识程度的加深,2009年的《巴塞尔协议Ⅲ(征求意见稿)》中明确规定"商业银行将声誉风险纳入其风险管理体系中,并在资本充足率评价和流动性应对预案中适当覆盖声誉风险"。在银监会2009年发布的《商业银行声誉风险管理指引》中,也要求商业银行声誉风险管理应当全面覆盖商业银行的各种行为、经营活动和业务领域,督促商业银行规范声誉风险管理,引导商业银行完善全面风险管理体系。

(二)声誉风险的特征

虽然对声誉风险的定义尚未取得一致性意见,但声誉风险仍然具有以下显著性特征:

(1)突发性强。商业银行日常工作中的任何一个错误甚至微小失误,以及外部一些不可预测的事件,均有可能引发商业银行的声誉危机,使得声誉风险具有突发性。

(2)衍生性强。声誉风险并不是完全脱离其他风险而单独存在的,经常是由其他类别的风险衍生而来的。

(3)量化难。声誉风险更多的是一种定性风险而难以量化,对声誉风险的量化研究仍处于起步阶段。

(4)影响面广。声誉风险不仅会危害到商业银行自身的信誉乃至其发展空间,而且还会通过连锁反应威胁到其他商业银行的声誉,严重时甚至会导致整个银行业体系紊乱。

(5)传播速度快。随着互联网技术的快速发展,有关商业银行的争议或负面报道一经传开,将很容易在整个社会内出现几何级数放大趋势。

二、声誉风险管理

(一)声誉风险管理责任划分

商业银行在进行声誉风险管理的过程中,董事会是声誉风险管理的最高决策机构,负有承担声誉风险管理的最终责任。一般而言,董事会下设风险管理委员会。该委员会负责制定与战略目标相匹配的声誉风险管理战略和政策并监督战略和政策的执行,以确保声誉风险管理体系的有效性。同时,该委员会还应负责履行相关法律法规、银行章程等所认定的本应由董事会承担的其他声誉风险管理职责。

高级管理人员则负责领导全行的声誉风险管理工作,执行董事会制定的声誉风险管理战略和政策,审定声誉风险管理的相关制度办法、操作规则以及特别重大声誉事件的处理方案,确保声誉风险管理体系正常有效地运行。

（二）声誉风险管理原则

由于商业银行声誉风险具有突发性强、量化难、影响面广、传播速度快等特征，加上其风险来源具有衍生性，对商业银行声誉风险的管理需坚持以下原则：

（1）预防第一原则。对声誉风险的管理需坚持预防第一的原则，应及时准确地识别与评估现有和潜在的各种风险因素，做到从源头上控制和缓释声誉风险。

（2）积极主动原则。声誉风险管理要求商业银行积极主动地创建、维护、巩固和提升其良好信誉，积极主动地处理负面声誉事件所带来的不利影响。

（3）全局利益原则。在声誉风险管理和处置的过程中，应从全局利益出发，将声誉风险和声誉事件对银行中心工作和发展愿景的危害程度降到最低。

（4）及时报告原则。对于各类声誉事件，商业银行各相关机构和职员应在第一时间向上级行乃至总行如实报告，以降低声誉事件经发酵和扩散后所带来的更大负面影响。

（5）全员参与原则。良好声誉的维护需要全体员工的共同努力，每个机构、部门和职员都有义务维护好商业银行的声誉。

（三）声誉风险管理内容

一般而言，虽然商业银行的规模越大，其抵御风险的能力越强，但同时也意味着商业银行所面临的风险因素更多，从而对其声誉造成更大的威胁。因为几乎所有的风险都有可能影响到商业银行声誉，所以需要综合考虑商业银行的内、外部风险因素来提升其声誉风险管理质量，具体应该做到：①明确商业银行的战略愿景和价值观念。②明确商业银行的声誉风险管理政策和流程。③深入理解不同利益相关者对自身的期望。④构建开放、互信、互助的企业文化。⑤建立强大的、动态的风险管理系统，完善风险预警机制。⑥建立和健全纠偏机制。⑦建立公平的惩罚机制。⑧利用自身的价值观念、道德规范影响合作伙伴、供应商和客户等相关利益群体。⑨建立公开诚信的内外部交流机制。⑩完善危机处理决策流程。

（四）声誉风险管理流程

声誉风险管理是一项复杂的、综合的、全面性的风险管理工作，必须遵循一定的管理流程来提高声誉风险管理质量。

步骤一：声誉风险识别。

声誉风险可能产生于商业银行经营管理的任何环节，并经常与信用风险、市场风险、操作风险等相互作用，因此对风险进行有效识别是声誉风险管理的首要环节。各机构与基层组织应定期汇总辖内面临的主要风险及其所包含的风险因素，将其中可能影响银行声誉的风险因素提炼出来，并重点关注以下声誉风险驱动因素：①业务产品运行中可能引发声誉风险的因素。②内部组织机构变化、政策制度变化、财务指标变动、系统调整、机构撤销变更和产品价格调整等可能引发的声誉风险因素。③新闻媒体报道、网络舆情动向、客户投诉、内外部审计和监管部门合规检查等揭示出来的声誉风险因素。④司法性事件或群体性事件等可能引发的声誉风险因素。

声誉风险识别的核心在于正确识别信用、市场、操作和流动性风险中可能威胁商业银行声誉的风险因素。商业银行一般会利用清单法对声誉风险进行识别,要求各业务单位及重点岗位必须定期通过详细列明当前所面临的主要风险及其包含的风险因素,将可能影响到银行声誉的风险因素提炼出来,并报告给声誉风险管理部门。表 9-1 列举了风险清单中常见的风险因素,但不仅仅局限于这些风险因素。

表 9-1　　　　　　　　　　　　　　风险清单

风险类别	风险因素	声誉风险诱因
信用风险	优质客户违约上升、不良贷款率接近 5%、贷款损失准备金充足率低于 100%、非房地产业贷款比例超过 30%	信用风险状况趋势恶化
市场风险	国债交易损失扩大、衍生产品交易策略失误、持有外汇品种单一、跨国投资账面损失扩大	市场风险管理能力薄弱/技术缺陷
操作风险	内外勾结欺诈/骗贷、经常遭到监督管理处罚、信息系统故障导致业务瘫痪、地震造成营业场所损失	内部控制机制严重缺失、技术部门和外包机构能力欠缺
其他风险	流动性缺口显著扩大	资产负债管理薄弱/缺失、战略风险管理薄弱/缺失

(资料来源:中国银行业从业人员资格认证办公室.风险管理[M].北京:中国金融出版社,2013.)

步骤二:声誉风险评估。

在对收集到的声誉风险因素按照影响程度和紧迫性进行先后排序后,声誉风险管理部门应要求各单位对于已经显现的声誉风险进行认真评估,以确定其危害程度和发展趋势。同时,还要综合分析潜在声誉风险因素转化为具体声誉事件的可能性,并评价其对银行业务财务状况和未来声誉的具体影响。

步骤二:检测与报告。

各单位应适时动态监测各类声誉风险因素的演变和发展,在此基础上及时重新评估声誉风险管理策略和控制措施,以确保声誉风险管理工作的有效性。总行声誉风险牵头管理部门应负责定期对全行声誉风险管理工作进行评价,然后根据对声誉风险的识别、评估、控制、监督、报告等相关情况,对声誉风险进行情景分析与压力测试,并将评价结果在全行通报。

步骤四:内部审计。

虽然很多商业银行已经将声誉风险管理工作纳入业务领域和相关金融产品设计中,但仍然需要通过定期的内部审计和现场调查来保证声誉风险管理政策的有效实施,提高声誉风险管理在日常工作中的重要性。

(五)声誉风险管理办法与方针

有效的声誉风险管理是高水平的管理人员、高效的风险管理流程与先进的信息管理系统共同作用的结果。虽然对声誉风险的管理难以达到量化的层面,但普遍认为声誉风险管理最佳的实践操作是推行全面风险管理理念、改善公司治理、完善风险管理机制以确保各类风险能够被及时准确地识别、排序和处理。加强声誉风险管理,需要做到:①强化声誉风险管理培训。②遵守承诺。③确保及时处理各种投诉与批评。④尽量保持大多数利益相关者的期望与商业银行的发展战略相一致。⑤增强对客户或公众的透明度。⑥将商业银行的社会责任感与经营目标相结合。⑦保持与媒体的良好接触。⑧制定声誉风险管理规划。

在制定声誉风险管理规划的过程中,应考虑以下几方面内容:①制定战略性的声誉风险沟通机制。②提高解决问题的能力。③妥善处理危机现场。④提高发言人的沟通能力。⑤保持危机处理过程中的持续沟通。⑥加强危机处理过程中的信息交流。⑦强化模拟训练和演习。

第三节 合规风险

一、合规风险概述

(一) 合规的内涵

"合规"是"遵从、依从、遵守"的意思,表面上代表商业银行的经营需要合乎规范,但人们对其深层次的内涵则有不同的理解。

在1991年巴塞尔委员会发布的《有效银行监管的核心原则》中,"合规"被定义为"使商业银行的经营活动与法律、规则和准则相一致"。2002年,瑞士银行家协会发布的《内部审计指导》中将"合规"定义为"一家公司的活动与法律、管制、内部规则相一致"。中国银行业监督管理委员会2006年发布的《商业银行合规风险管理指引》将"合规"定义为"商业银行的经营活动与法律、规则和准则相一致"。这里所称的法律、规则和准则,是指适用于银行业经营活动的法律、行政法规、部门规章及其他规范性文件、经营规则、自律性组织的行业规则、行为守则和职业操守。

综上所述,我们可以将合规定义为,商业银行为了避免可能遭受法律制裁、监管处罚、重大财务损失和声誉损失等风险的发生,使其经营活动与其所适用的法律、法规、准则及规则等规范性制度相一致。由此可见,商业银行合规具有强制性、劝诫性和内部约束性,无论认识与否、接受与否,商业银行都必须实施合规风险管理,内部各个机构职员都必须强制履行各自的合规风险管理职责。但相对于禁止与疏导并存、处罚与奖励并重的风险管理举措而言,合规风险管理必须使用一些劝诫的方式来引导和激励员工的合规意识与合规行为。此外,鉴于合规风险管理的目的是提升商业银行内部管理水平和质量,合规的对象是商业银行的内部经营管理行为和员工,合规的要求、措施、奖励、惩罚等仅在商业银行内部有效,这就要求商业银行必须完善内部约束机制。

(二) 合规风险的概念与类别

商业银行合规风险是指由于没有遵守适用的法律、规则和准则而可能使其遭受法律制裁、监督处罚、重大财务损失和声誉损失的风险。

根据与商业银行经营管理流程的关系,合规风险可分为非流程风险、流程环节风险和控制派生风险。其中,非流程风险是指因监管政策、管理模式等系统性原因产生的、非经营管理流程所固有的并且是可以控制的合规风险。流程环节风险是指贯穿于经营管理流程及其各个流程环节所固有的合规风险(如内外勾结等)。控制派生风险是指针对流程中控制派生出来的合规风险(如增加人工授权控制环节后派生的外部欺诈风险等)。

根据对违规行为知情与否,合规风险又可分为主动违规和无知违规。其中,主动违规是指行为人明知自己行为违规还仍然实施这种行为。无知违规则表示行为人对规章制度不了解而在不知情的情况下实施了违规行为。

二、合规风险计量

合规风险计量是指对商业银行合规风险的概率、损失、资本占用、管理成本和管理成效等进行的计算与度量。与其他类型的风险管理一样,合规风险计量是合规风险管理的关键环节,但这项工作目前仍处于起步阶段,尚未发现成熟的定量计量模型而仍只能以定性分析为主。现有对合规风险的计量主要采用定性与定量相结合的方法,如调查问卷法、计分卡法、情景测试法和热度图法等。

虽然对合规风险计量的精准化模型的探究仍在进行当中,但经过长期的沉淀与积累,已经摸索出一些行之有效的合规风险计量工具与技术,具体包括风险评估与控制的自评估、关键合规风险指标、风险数据库、风险地图以及因果模型法等。

(一)风险评估与控制的自评估

风险评估与控制的自评估是商业银行合规风险管理的常用技术,包括合规风险的自我评估与合规风险控制的自我评估两部分。通过风险评估与控制的自评估活动:一是业务流程部门可以识别出商业银行的经营活动中是否有相应的措施。二是可以结合损失金额和发生概率来评估合规风险程度的大小及其控制措施的实施效果。三是可以提出控制合规风险的优化方案,对因控制不足而存在的风险隐患予以完善。

在进行风险评估与控制的自评估活动时,一般可使用计分卡法把定性评估转化为定量指标以实现对合规风险的精确计量。在此基础上,还可较为客观准确地评估各机构合规风险管理的成效。

(二)关键合规风险指标

关键合规风险指标是用于统计分析商业银行合规风险状况的数据或指标。科学构建关键合规风险指标既可以对合规风险进行有效分类以比较分析合规风险状况,也可以提前发出准确的合规风险预警信号以便及时采取风控措施,提高风险合规管理质量、降低合规风险不良影响。但因合规风险涉及面广、业务流程和管理流程较复杂,对关键合规风险指标体系的构建仍处于摸索当中。

(三) 风险数据库

对合规风险的计量离不开合规风险数据的支持,为了突破数据缺失给合规风险计量带来的制约,有必要尽早建立与完善合规风险数据库。合规风险数据库中的数据应既包括内部数据也包括外部数据。内部数据来自对内部损失事件的记录跟踪、合规风险资本计量等,而外部数据则包括损失金额、发生损失事件的业务范畴、损失事件发生的诱因等。

(四) 风险地图

风险地图是一种用图形来表示所识别出的合规风险信息、直观展现风险的分布与发展趋势,以便合规风险管理者考虑采取何种风险管理措施来进行风险管理的工具。

有效的合规风险地图可以简洁明了地反映合规风险状况,目前大部分商业银行都已经致力于合规风险地图的绘制。在合规风险地图中,纵轴表示合规风险发生的概率,横轴表示合规风险的严重程度,同时以红、黄、绿三种颜色来表示风险控制的具体状况。

(五) 因果模型法

因果模型法源于贝叶斯网络理论,它是一种在观察和推理基础上,通过因果分析来推断不确定事件影响的分析方法。

因果模型法一般包括以下步骤:①梳理经营管理流程、标识因果关系节点。②建立一个因果关系模型来反映流程、行为与风险因素之间的关系。③收集因果模型节点数据并验证数据的真实性。④利用统计工具生成合规风险的分布特征,据此推断合规风险损失状况。⑤基于模型结果来识别未来的一些重要合规风险。

三、合规风险管理

(一) 合规风险管理部门职责

根据巴塞尔委员会2005年4月发布的《合规与银行内部合规部门》中的相关规定,合规与银行内部的每一位员工都密切相关。银行应对设立的专门的合规风险管理部门的职责进行明确规定。合规风险管理部门的具体工作职责包括:

(1) 合规建议。合规风险管理部门应针对银行所应遵循的法律、规则和准则,向高级管理层提供合规方面的建议,使其了解相关方面的最新动态。

(2) 合规风险的识别、计量与评估。合规风险管理部门应积极识别、核实并评估与银行商业活动有关的合规风险;设计计量合规风险的方法,并采用这些方法促进合规风险评估工作。

(3) 合规指导与培训。合规风险管理部门应当协助高级管理层及其他部门做好员工的培训工作,制定书面政策或指引以指导员工如何通过政策、程序和其他如合规手册、内部行为规范、操作指引等文件来贯彻落实应遵循的法律、规则和准则。

(4) 监控、测试与报告。合规风险管理部门应通过执行充分而有代表性的合规测试来监控和测试银行的合规状况,然后定期向管理层报告合规工作开展情况及其纠偏整改计划、具体活动和所取得的成效。

(二) 合规风险管理体系

正如《商业银行合规风险管理指引》所规定,商业银行应建立与其经营范围、组织结构和业务规模相适应的合规风险管理体系。一个完整的合规风险管理体系应该包括合规风险管理环境、合规风险管理目标与政策制定、合规风险监测与识别、合规风险评估、合规风险应对、内部控制与管理、合规风险信息处理与报告、后评估与持续改进等相互制约的要素。合规风险管理体系中各要素与环节之间的关系,如图9-1所示。

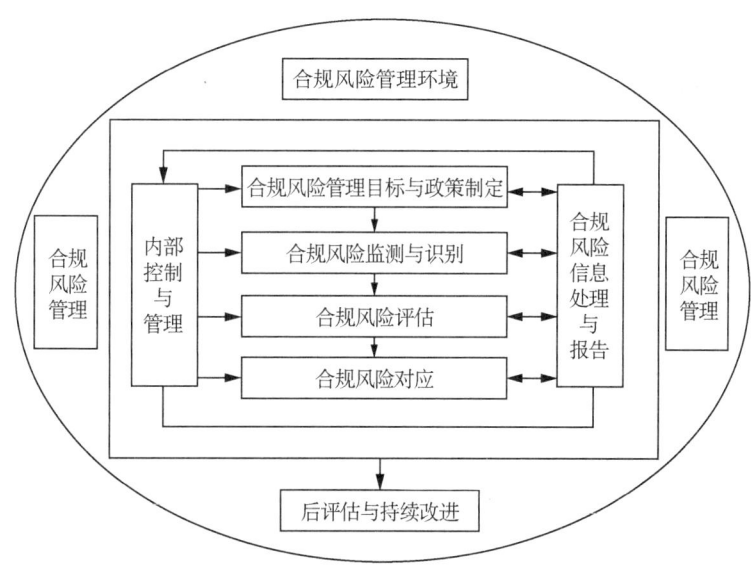

图9-1 合规风险管理体系

(三) 合规风险管理原则

合规风险管理是指商业银行为预防、控制、化解合规风险,实现合规经营目标而通过特定的组织机构来制定和实施一系列制度、标准和程序,来促使其自身经营管理行为合规的动态过程。

商业银行的合规风险管理必须坚持以下原则:

(1) 从高层做起原则。在《合规与银行内部合规部门》中,巴塞尔委员会明确指出:合规应从高层做起并使其成为银行文化的一部分,商业银行的高层应建立良好的公司治理体制作为支撑,使商业银行拥有一个良好的风险经营决策、执行和监督环境;建立起一套有效识别风险、检测和控制风险的制衡机制,形成良好的商业银行合规文化和正确的风险管理理念;要通过完善公司治理和培育良好的合规文化来加强合规风险管理,以实现自上而下和自下而上两种风险管理方法的有机结合。

(2) 人人有责原则。合规风险管理涉及商业银行各个业务领域和业务条线,进行合规风险管理不仅仅是合规风险管理部门或合规风险管理人员的职责,更是商业银行所有员工的共同职责。因此,只有当合规成为每一个商业银行员工的行为准则时,才能共同保证合规法律、准则和规则得到有效遵守和落实。这就需要通过制定和执行清晰的员工行为准则和规范来实现。

(3) 有效互动原则。商业银行应主动合规,按照监管部门的引导来加强合规风险管理机制建设,定期进行深入分析与系统评价,并按照监管部门的要求对其加以改进。与此同时,商业银行也应积极主动地争取和利用在法律、规则和准则制定过程中的话语权,围绕拟出台的法律、规则和准则可行性、未来执行效果、制约因素以及对银行经营和产品创新的影响等,有针对性地提出自己的意见和需求,主动争取有利于商业银行未来发展和业务创新的外部政策支持。

(四) 合规风险管理流程

合规风险管理是一项长期的、系统性的工作,有必要遵循一定的风险管理流程来提高商业银行的风险管理质量水平。合规风险管理流程主要包括风险监测、风险识别与评估、风险计量、风险报告、风险控制与缓解、风险处置与补偿这六个环节,具体情况如图 9-2 所示。

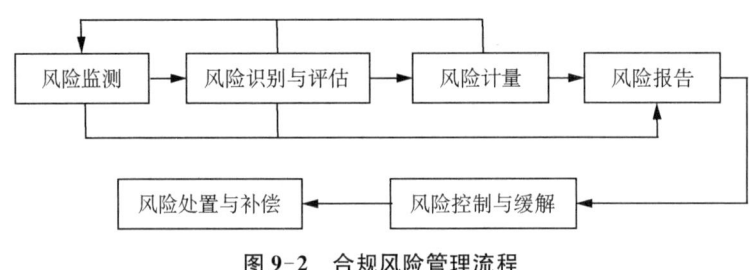

图 9-2 合规风险管理流程

步骤一:风险监测。

商业银行面临的合规风险是不断变化的,所以有必要对其进行持续动态监测。监测的重点主要有已被识别的合规风险的变化情况、可能存在合规风险的情况、合规风险控制的效果、关键合规风险指标与环节、合规风险预警机制的效果。

步骤二:风险识别与评估。

合规风险的识别与评估是合规风险管理的基础,贯穿经营管理的各个环节。对合规风险进行识别与评估,就是对潜在的合规风险发生概率及已发生的合规风险后果作出客观的分析与评价。

步骤三:风险计量。

对合规风险的计量是在对其进行识别与评估的基础上,综合运用多种计量方法来评估和测定合规风险事件发生的概率以及合规事件发生后产生的损失大小。鉴于对合规风险计量方法的探索仍处于起步阶段,目前可以借鉴的方法主要有风险与控制自评法、计分卡法和情景分析法等。

步骤四：风险报告。

高质量的合规风险报告可以为管理层提供全面、及时、准确的信息，不仅有助于管理决策水平的提升，而且也可为日常经营活动和绩效考评提供有效支持。

步骤五：风险控制与缓解。

合规风险的控制与缓解是在上述各环节的基础上，对合规风险采取控制、化解或转移等措施，其主要手段有风险规避、风险整改、风险转移等。

步骤六：风险处置与补偿。

合规风险的处置与补偿是在合规风险发生并形成损失后所进行的事后处置与补偿。合规风险处置的主要是因合规风险事件导致的剩余价值，而合规风险补偿主要是通过资本来补偿非预期损失。

第四节 国家风险

一、国家风险概述

（一）国家风险的内涵与特征

国家风险是指跨国界从事信贷、投资与金融交易时可能蒙受损失的风险。国家风险具体包括保存外汇或其他方面的原因不能或不愿意完成对贷款者或投资者的外汇偿付义务所造成的风险、其他借款者由于贷款或者投资本身以外的原因不能完成对贷款者或投资者的偿付义务而造成的风险。在理解国家风险时应注意把握以下两点：①凡是跨国信贷，无论其授信的对象为该国政府、私人企业或个人，均有可能遭受国家风险带来的损失。这里需要注意的是，主权风险仅指某一主权国家政府贷款可能遭受的损失，而国家风险的概念较主权风险或者政治风险的概念更为宽广。②必须是政府能控制的事故导致损失的风险才是国家风险。如果是由于企业自身经营不善倒闭而无法履约的风险则属于一般的商业风险。例如，若某一国的政府经济政策失当导致企业破产，从而无法履约的风险属于国家风险。

相较于一般的商业风险而言，国家风险具有以下鲜明特征：

（1）国家风险存在或产生于跨国的金融经贸活动中，属于国家之间经济交往的风险。

（2）国家风险是和国家主权有密切联系的风险，表现为东道国所制定的有关法律、法规会对外国投资者或经营者产生不利影响或歧视待遇。

（3）国家风险源于东道国法律和法规的强制执行性，从而导致这种风险的合同或契约条款能够被改变或免除。

（4）国家风险是指一国的个人、企业或机构作为贷款者或投资者所承担的风险，这种风险是不可抗拒的外国因素造成的。

（二）国家风险的类型

由于国家风险的风险诱因、借款者形态、借贷款者行为、贷款目的以及风险程度的不同，国家风险的类型也各不相同。

(1) 按风险诱因的不同,国家风险可以分为经济风险、政治风险和社会风险。经济风险是指债务人国家的经济原因引起的风险,如经济长期低迷、工人罢工、出口收入持续下降、国际收支恶化、外汇储备短缺等。政治风险是指一国的国际关系发生重大变化而引起的风险,如对外战争、恐怖事件、政党分裂、社会骚乱等。社会风险则是指一国的社会矛盾引起的风险,如内战、种族纠纷、阶级斗争等。

(2) 按借款者形态的不同,国家风险可以分为政府主权风险、私人部门风险、公司风险与个人风险等。其中,政府主权风险是与主权贷款相关的特定风险,因这种贷款还本付息与否与具体项目或企业的经营好坏没有直接关系,故而无法通过法律行为来保证贷款损失能够得到赔偿。

(3) 按借款者行为的不同,国家风险可以分为间接风险、到期不还风险、债务重新安排风险和债务勾销风险。间接风险是指当一国意外遭受经济困难或政局动荡时,银行在该国的贷款收益虽然不会马上受到影响,但此后也会因为贷款收回贬值等原因而遭受间接损失。到期不还风险是指债务到期后,利息和本金得不到偿还而造成的损失。债务重新安排风险是指跨国银行、国家政府或其他金融机构就债务国有关债务的支付作出新的协议安排而造成的损失,如延期还本付息、变更还本付息的条件等。债务勾销风险是指跨国银行迫于债务国的严峻形势而对其债务进行勾销所带来的损失。

(4) 按贷款目的的不同,国家风险可以分为信用额度风险、输入融资风险、计划性融资风险、国际收支融资风险以及开发性融资风险等。

(5) 按风险程度的不同,国家风险又可分为高度风险、中度风险和低度风险。

(三) 国家风险的表现形式

不同性质的国家风险具有不同的表现形式,宏观层面上的国家风险包括国际信贷风险、国际投资风险和国际贸易风险。国际信贷风险主要表现为债务国否认债务拒绝还债、债务国终止还款、债务国要求减免重整债务等。国际投资风险主要表现为政府征用投资者的资产和没收资产、企业投资利润无法汇回母国以及因政府动乱、战争、政党变革等原因造成投资损失。国际贸易风险主要表现为贸易对方国家单方面破坏契约、强行关闭国内市场、实行外汇管制等。

商业银行跨国经营可能导致的国家风险的表现形式主要有债务拒绝和债务重组两种。债务拒绝是指债务人拒绝履行所应支付的一切债务责任与义务,具体包括债务拒付、债务取消和违约三种。这三者之间略有差异:债务拒付是指债务人拒绝履行偿还义务;债务取消则是指债务人因经营不善而要求债权人给予全部或部分的债务取消;违约则是指债务人不否认其应承担的债务但确实又无法如期偿还。债务重组是指当本国或该经济体发生经济或财务困难时,与债权人协商通过某些方式来减轻所应承担的债务或推迟履约,具体包括利率修订、债务延期、债务部分减免等。

二、国家风险评估与度量

对国家风险的评估需要相关的专业机构来完成,而对国家风险程度高低的度量则需要依托相应的理论方法与计量模型来完成。

(一) 国家风险评估机构

国家风险评估是国家风险评估机构根据一国与其他国家相比在外债偿还中的信誉从而对借款国所作出的评价。目前,世界上比较著名的评估机构有美国商业环境风险评估公司(BERI)、《欧洲货币》杂志和国际报告集团。

美国商业环境风险评估公司是最早提供国家风险资料的国际机构,主要提供商业风险、国家远景报告和国家风险预测服务。商业风险主要通过 BERI 指数来衡量,该指数包含对外国投资者的商业气候、在我国的政治稳定性以及货币与支付风险三部分内容,且取值在 0~100 之间。国家远景报告重点评估债务国的投资环境和外国投资者在该国盈利的可能性,其目的是为商业银行和实体企业提供前景分析报告,预测债务国的政治、经济、金融未来变化态势。国家风险预测是通过定性与定量相结合的方法来评价一个国家未来 5 年的信誉,评级结果由以下三部分构成:对偿债能力的定量评级占 50%,对债务结构、竞争力等的定性评级占 25%,对政治环境的评级占 25%。

《欧洲货币》杂志对国家风险的评估分为三个阶段。阶段一是根据主权借款者在欧洲货币市场上的加权平均利差来确定该国与其他国家相比较时的风险地位,差额越大则代表风险越高。阶段二是根据一国进入市场的能力、实际获取信贷的条件以及在市场上能否销售完该国发行的债券来评价该国的风险程度。阶段三则是采取分类指标法来衡量国家风险,这三类指标分别是指市场指标、信用指标和分析指标。其中,市场指标主要衡量进入市场的能力、债券销售情况等,占比 40%;信用指标主要是指偿债记录、重新安排债务的困难情况等,占比 20%;分析指标则包括政治风险及该国的经济指标,占比 40%。这三类指标共包含九个经济指标,分别为经济表现、政治风险、债务指数、银行贷款的进入、短期融资的进入、资本市场的进入、偿还债券和贷款本息的记录、信用等级、违约后的债务安排。

国际报告集团对国家风险的评估包括三部分内容,即政治风险、金融风险和经济风险。其中,政治风险权重为 50%,下设 13 个指标;金融风险权重为 25%,下设 5 个基本指标;经济风险权重为 25%,下设 6 个指标。

除上述权威评估机构外,穆迪、标准普尔和惠誉等国际资信评估公司也可以根据客户的不同要求对国家风险的某些方面作出评价。此外,一些如瑞士银行等国际性大银行、国际货币基金组织、世界银行也均设有专门的机构和人员从事国家风险分析工作。

(二) 国家风险评估与度量的方法

对国家风险的评估既有定性的评估法,也有定量的计量模型。其中,定性的评估法主要有结构定性分析法、清单分析法、德尔菲法、政治经济风险指数法和情景分析法等。定量的计量模型有多重差异分析模型、逻辑分析模型和政治不稳定分析模型等。

(1) 结构定性分析法。结构定性分析法是根据标准化的国家风险评估报告并结合部分统计数据来对不同国家的贷款风险进行评价的方法。该法既包含定性的政治因素分析，也包含对经济金融因素的定量分析。其中的政治因素包括政局稳定情况、政策的连续性等，经济因素包括自然资源禀赋程度、劳动力资源丰富程度、经济发展后劲等，金融因素包括国际收支情况、外在规模大小、外汇储备丰裕程度等。结构定性分析法的优点就是分析的对象具有标准性，易于不同国家之间进行比较；但方法复杂、实施困难。

(2) 清单分析法。清单分析法是一种常见的定性分析法，是将有关的各指标和变量排列成清单，并在对各指标或变量进行赋权后来评定最终的总分数。国家风险评价清单一般包括经济发展水平、经济增长潜力和国家清偿能力三方面内容。清单分析法的优点同样是使不同国家之间的评价结果可以相互比较，但不足之处是主观色彩比较浓且最终的评分结果受权重的影响较大。

(3) 德尔菲法。德尔菲法常被用来进行风险识别与评估。该法是指由多名专家分别独立地对一国的国家风险作出评价，得到初步结果后再反馈给各专家并由其对原来的结果不断进行修正，通过多次反复缩小差距后达成比较一致的看法。德尔菲法的优点是集中了大家的智慧，其缺点就是精确度不足。

(4) 政治经济风险指数法。该法与结构定性分析法、清单分析法等定性方法比较类似，也是先收集一些经济、政治指标，然后再对各指标进行赋权得到总分数。

(5) 情景分析法。情景分析法首先假设未来可能出现的各种情景及其可能出现的概率，然后再分析各种情景下国家风险的大小。

(6) 多重差异分析模型。1971年富兰克和勒林运用多重差异分析模型来分析经济变量的变化对国家风险的影响时指出：偿债率、进口与国际储备比率、分期还款与债务的比率对国家风险大小的影响比较显著。虽然这种分析模型为我们提供了方法上的借鉴与参考，但所得结果的正确性与样本数据存在密切关系。

(7) 逻辑分析模型。逻辑分析模型与Z评分模型非常类似，是把一国的风险按是否重新安排债务分为风险高、低两种，然后再找到若干个解释变量来进行回归分析，最终根据回归系数的显著性来判断哪些因素是国家风险的重要变量，并根据回归系数的大小来确定其权重高低。该法的逻辑基础就是假定进行了重复多次独立的伯努利实验，然后利用实验数据来进行实证分析以得到所要检验的结果。

(8) 政治不稳定分析模型。多重差异分析模型和逻辑分析模型中涉及的都是可以量化的经济变量，但没有考虑难以量化的政治因素。于是，1981年希特龙和尼克斯博格将政治不稳定作为一个重要变量重新纳入模型当中，故该模型被称为政治不稳定分析模型。

三、国家风险管理

国家风险的覆盖面非常广、风险因素特别多，包括经济风险、政治风险和社会风险等。

在开展跨国的金融经贸活动时,不仅需要考虑借款人自身的信用风险情况,而且还需充分考虑可能存在的国家风险,这是因为信用风险与国家风险在风险损失补偿方面是存在很大区别的。如果单纯只是借款人出现信用风险,在同一法律制度约束下,贷款人可以向法院寻求法律保护以减少损失。但如果在此期间还发生了国家风险,因贷款人不可能找到一个国际法庭使其向某国政府索取赔偿,所以这时弥补风险损失的手段将是非常有限的。因此,在进行国外投资或向外国借款人提供贷款时,首先需要像国内投资和提供贷款一样对借款人进行信用评级,然后还需充分评价借款人的国家风险。事实上,在进行国外投资或向外国借款人提供贷款时,更多需要考虑的是可能面临的国家风险,尤其是对于那些发展中国家和政治局势不稳定的国家更是如此。

当国际经贸活动不可避免时,我们可以通过设定国家信贷风险限额的方式来减少国家风险带来的损失。这一般可以通过按资本额设定放款百分比、制定最高国家信贷限额的方式进行,从而使国家风险资产保持在一定限额内。具体的做法包括:①设定放款最大百分比。②按资本额设定放款百分比。③按外债状况设定信贷百分比。④按国家信用评级授予安全信用额度。⑤按交易性质个案设定信贷额度。

我们可以采取以下方法来化解国家风险或尽量降低国家风险对投资方或贷款人所造成的损失。

(1)寻求第三方保证。在从事跨国贷款业务时,我们可以要求借款人寻求第三方来对贷款提供保证。在实际操作中,提供这种贷款保证者通常为借款国政府或中央银行,也可以是第三国银行或金融机构。当国家出面担保时,贷款人所面临的国家风险将转为主权风险,风险程度将相对较低。如果贷款人对主权风险仍有疑虑,还要求借款人寻找第三国银行或金融机构出面担保,从而将借款人的国家风险转移至第三国。

(2)银团贷款。当贷款金额庞大且不易寻求第三方保证时,贷款人可以采用银团贷款的方式,这是因为提供银团贷款的银行可以共同承担风险而减少个别银行单独放款时所单独承担的风险。

(3)分散化贷款。根据分散化投资原则,贷款银行可以将其贷款进行分散化处理以达到降低风险的目的。贷款的分散化既可以是将贷款在不同国家之间进行分散,也可以是在同一国家的不同项目之间进行分散。

(4)债转股。当债务国出现债务危机而无能为力偿还到期的国外债务时,经过借贷双方协商,可以将原有债务采用债转股的方式来进行处理。虽然债务在转股后的市场价值可能远低于原有账面价值,但至少可以为债权银行和债务国家解决债务问题提供一条途径。

本 章 小 结

金融机构的战略风险、声誉风险、合规风险与国家风险也是常见的金融风险类型。对战略风险的管理主要包括战略风险识别、战略风险评估、风险监测与报告和内部审计这几个基本步骤;突发性、衍生性、量化难、影响面广、传播快是声誉风险的主要特征,对声誉风险的认识正不断得到增强,在管理过程中需坚持预防第一原则、积极主动原则、全局利益原则、及时报告原则和全员参与原则。

合规风险是指由于商业银行没有遵守适用的法律、规则和准则而可能使其遭受法律制裁、监督处罚、重大财务损失和声誉损失的风险,对其进行管理需坚持从高层做起原则、人人有责原则和有效互动原则;常见的合规风险度量技术与工具有风险评估与控制的自评估、关键合规风险指标、风险数据库、风险地图以及因果模型法等。

国家风险是指跨国界从事信贷、投资与金融交易时可能蒙受损失的风险,可根据风险诱因、借款者形态、借贷款者行为、贷款目的以及风险程度的不同对其进行分类。对国家风险的评估需依托国家风险评估机构进行;常见的方法有结构定性分析法、清单分析法、德尔菲法、政治经济风险指数法、情景分析法、多重差异分析模型、逻辑分析模型以及政治不稳定分析模型等,一般可通过寻求第三方保证、银团贷款、分散化贷款和债转股等方式对国家风险加以化解。

关 键 术 语

战略风险 声誉风险 合规 合规风险 风险地图 风险数据库 国家风险 主权风险 风险限额 债务重组 结构定性分析法 清单分析法 政治经济风险指数 多重差异分析模型 逻辑分析模型 政治不稳定分析模型 债转股

本 章 练 习

一、单项选择题

1. 声誉风险管理体系应当重点强调的内容不包括（　　）。
   A. 建立强大的、动态的风险管理系统,有能力提供风险事件的早期预警
   B. 吸引高质量的合作伙伴和强化自身竞争力
   C. 有明确记载的危机处理决策流程
   D. 努力建设学习型组织,有能力在出现问题时及时纠正

2. 战略风险管理的作用不包括（　　）。
   A. 能够最大限度地避免经济损失
   B. 能够预先识别所有潜在风险以及这些风险之间的内在联系和相互作用
   C. 强化了商业银行对于潜在威胁的洞察力
   D. 能够持久、有效地帮助商业银行减少各种潜在的风险损失

3. 声誉风险管理的具体做法不包括（　　）。
   A. 强化声誉风险管理培训　　　　B. 确保实现承诺
   C. 确保及时处理投诉和批评　　　D. 杜绝一切风险投资

4. 政治风险是指由于战争、征用、罢工以及政府行为等引起的风险。下列各项中,不属于银行面临的政治风险的是（　　）。
   A. 政府新兴的立法
   B. 公共利益集团持续的压力或运动
   C. 极端组织的行动或政变
   D. 国家进行宏观调控期间,商业银行调整有关政策

5. 下列各项中,属于战略风险识别中观层面内容的是（　　）。
   A. 进入或退出市场的决策是否恰当
   B. 接受或拒绝战略合作伙伴的决策是否正确
   C. 是否忽视对个人理财人员的职业技能和道德操守培训
   D. 投资组合中是否选择高风险、高收益的业务

6. 下列关于合规风险与操作风险关系的说法中,正确的是（　　）。
   A. 合规风险和操作风险产生的原因相同
   B. 外部合规风险与法律风险是相同的

C. 合规风险与操作风险相互独立

D. 合规风险是操作风险的一种特殊类型

7. 根据监管机构的规定,操作风险包括( ),但不包括声誉风险和战略风险。

　　A. 效益风险　　　　　　　　　　B. 利率变动风险

　　C. 法律风险　　　　　　　　　　D. 价值降低风险

8. 由于技术原因,商业银行无法提供更细致、高效的金融产品与国际大银行竞争,在竞争中处于劣势,这种情况下商业银行所面临的风险属于( )。

　　A. 国家风险　　　　　　　　　　B. 市场风险

　　C. 操作风险　　　　　　　　　　D. 战略风险

9. 商业银行可能遭受的国家风险包括( )。

　　A. 到期不还风险　　　　　　　　B. 间接风险

　　C. 债务重新安排风险　　　　　　D. 以上都是

10. ( )对战略风险管理的结果负有最终责任。

　　A. 监事会　　　　　　　　　　　B. 股东大会

　　C. 公司治理层　　　　　　　　　D. 董事会

二、不定项选择题

1. 战略风险是指( ),对银行的收益或资本产生现实和长远的影响。

　　A. 经营决策错误　　　　　　　　B. 决策执行不当

　　C. 对行业变化束手无策　　　　　D. 监管不力

　　E. 解决争议问题

2. 声誉危机管理的主要内容包括( )。

　　A. 提高解决日常问题的能力

　　B. 能够确保产品和服务的溢价水平

　　C. 模拟训练和演习

　　D. 明确记载的危机处理决策流程

　　E. 提高发言人的沟通技能

3. 有效的声誉风险管理体系应当强调的内容包括( )。

　　A. 明确商业银行的战略愿景和价值理念

　　B. 培养开放、互信、互助的机构文化

　　C. 建立公平的奖惩机制

　　D. 建立强大的、动态的风险管理系统

　　E. 努力建设学习型组织

4. 董事会和高级管理层负责制定商业银行的声誉风险管理政策和操作流程,并在其直接领导下,独立设置声誉风险管理职能,负责(　　)声誉风险。

  A. 识别　　　　　　B. 评估　　　　　　C. 回避　　　　　　D. 监测

  E. 控制

5. 商业银行通常需要作出预先评估的声誉风险事件包括(　　)。

  A. 市场对商业银行的盈利预期　　　　B. 商业银行改革、重组的成本与收益

  C. 监管机构责令整改的不利信息或事件　　D. 影响客户或公众的政策性变化

  E. 监管机构对商业银行的盈利预期

6. 合规风险管理部门主要承担的职责包括(　　)。

  A. 协助制定法律政策

  B. 适时修订规章制度和操作规程,使其符合法律和监管要求

  C. 开展法律培训和教育项目

  D. 经营管理的合规性和合规部门工作情况

  E. 参与商业银行的组织架构和业务流程再造

7. 国家风险可分为(　　)三大类。

  A. 流动风险　　　　　　　　　　　B. 政治风险

  C. 经济风险　　　　　　　　　　　D. 市场风险

  E. 社会风险

三、简答题

1. 什么是战略风险?战略风险管理的一般流程是怎样的?
2. 什么是声誉风险?声誉风险具有哪些典型性特征?
3. 声誉风险的风险因素有哪些?声誉风险管理需要坚持哪些原则?
4. 商业银行的不合规行为存在于哪些环节?请举例说明。
5. 合规管理部门的主要职责是什么?
6. 合规风险的计量方法有哪些?如何有效地管理合规风险?
7. 国家风险有哪些基本类型?其表现形式又有哪些?
8. 如何尽量化解国家风险?

第十章 压力测试

知识导航

压力测试
- 压力测试概述
  - 压力测试的概念
  - 压力测试的主体
  - 压力测试的基本流程
- 信用风险压力测试
  - 信用风险压力测试的基本框架
  - 宏观经济压力测试模型
- 市场风险压力测试
  - 信贷业务市场风险压力测试
  - 交易账户市场风险压力测试
- 流动性风险压力测试
- 操作风险压力测试

案例导入

广东国际信托投资公司的破产

广东国际信托投资公司破产清算案是中国第一宗财产上百亿、第一宗聘请国外中介机构参与、第一宗境外承认效力、创设破产制度最多的破产案。1999年1月11日,广东国际信托投资公司(以下简称广信)向广东省高级人民法院(以下简称广东高院)递交了破产申请书。与此同时,广信属下的三家全资子公司广信企业发展公司、广东国际租赁公司、广信深圳公司因出现严重的资不抵债,也向广州市中级人民法院、深圳市中级人民法院提出破产申请。

1999年1月,广东高院裁定广信依法宣告破产。2003年2月,广东高院裁定依法终结该案破产程序,并保留清算组完成追收、分配破产财产等善后事宜。该案共申报债权387亿元,最终确认破产债权共计347笔,总金额为人民币201.1亿元。2019年3月22日,广东高院裁定准许第六次破产财产分配方案,广信破产案全部债权100%清偿,剩余破产财产参照强制清算的规定分配给广信股东。2021年2月2日,广东高院裁定全面终结该案破产程序。

2021年8月9日,广东高院公布十大破产典型案例,其中广东国际信托投资公司破产清算案入选。

(资料来源:360百科. 广信事件[EB/OL]. [2022-11-12]. https://baike. so. com/doc/3534978-3718069. html.)

第一节 压力测试概述

一、压力测试的概念

根据国际货币基金组织(IMF)2004年的定义,压力测试是指一系列用于评估一些异常但又可信的宏观经济冲击对金融体系脆弱性影响的技术总称。

当被用于微观领域时,一方面,压力测试具有能评估某些小概率事件对银行运营或其所拥有的投资组合可能造成的影响,可作为金融风险度量工具 VaR 的重要补充;另一方面,压力测试能帮助金融监管者更好地监管个别金融机构的市场风险和信用风险。自20世纪90年代以来,微观层面的压力测试在国际银行业中得到广泛运用,并成为银行等金融机构的重要金融风险管理工具。在2007年中国银行业监督管理委员会发布的《商业银行压力测试指引》中,压力测试是指"一种以定量分析为主的风险分析方法,通过测算银行在遇到假定的小概率事件等极端不利情况下可能发生的损失,分析这些损失对银行盈利能力和资本金带来的负面影响,进而对单家银行、银行集团和银行体系的脆弱性作出评价和判断,并采取必要措施"。

在宏观层面,自20世纪90年代末以来,随着金融全球化进程的加快、大型金融机构跨国活动数量的增加以及信贷衍生产品的迅猛发展,由此引发的潜在金融风险传染、金融稳定问题日益凸显。宏观压力测试因能够模拟潜在金融危机等极端金融事件对金融系统稳定性的影响,得到了国际金融组织与各国政策当局的广泛关注而得以迅速推广。

二、压力测试的主体

根据实施压力测试目的的不同,压力测试的主体可以分为国家金融监管部门、金融机构的最高决策与执行部门,以及金融机构的具体风险管理部门三大类。

(一) 国家金融监管部门

无论是西方发达国家和地区还是欠发达国家和地区,一国金融监管部门均会定期开展针对整个金融体系稳定性而进行的压力测试。这时的压力测试主体为国家金融监管部门,其目的在于分析金融体系在极其不利情形下的稳定性水平。

(二) 金融机构的最高决策与执行部门

金融机构是潜在金融风险的首要受害者。作为一家金融机构的最高决策与执行部门,它需要通过测试该机构在极其不利运营环境下的盈利能力与偿付能力,以期为相关测试主体提供进一步的技术支持。

(三)金融机构的具体风险管理部门

金融机构的具体风险管理部门(如投资管理部、融资管理部等)需要开展经常性的压力测试工作,以便及时发现该部门特定业务的风险状况及其承压能力。

三、压力测试的基本流程

压力测试一般包括目标确定、风险因子识别与压力测试模型构建、压力测试情景设计、压力测试情景分析与敏感性分析、压力测试结果分析五个部分。

(一)目标确定

压力测试一般可分为驱动因子压力测试和资产组合压力测试两种。驱动因子压力测试是指在事前确定需要分析的风险驱动因子,分析当其发生极端变化时给银行所有或某类资产组合所造成的影响。资产组合压力测试是指先确定银行的目标资产组合,然后再分析可能的风险驱动因子变化对其产生的影响。这两种压力测试并不是截然分开的,往往会同时进行。

(二)风险因子识别与压力测试模型构建

风险因子识别是进行压力测试模型构建、进行压力测试的前提和基础。只有首先识别风险因子,才能更好地把握风险驱动因素。压力测试模型的构建其实就是基于各种方法和手段,探索驱动因子对测试目标的影响机理及其传导机制,是压力测试的核心内容,其目的在于明确风险驱动因子影响测试目标的机理与路径。

压力测试模型一般以统计回归模型为主,可按样本筛选、变量选择、模型构建以及回归检验等步骤依次进行。对于特色的金融产品,如金融衍生产品等则可以采用特定的金融工程模型进行压力测试分析;有时也会根据驱动因素影响测试目标之间的非线性关系,将变量的倒数、二次函数、一阶(二阶)差分以及取自然对数等形式纳入测试模型当中,以期捕捉到驱动因子影响目标资产组合的非线性特征。当相关变量缺乏足够历史数据时,也可以采用专家经验与历史数据相结合的办法来分析风险传导机制。

(三)压力测试情景设计

情景设计是压力测试的重要环节。在利率风险和汇率风险中,压力测试情景可设计为利率上升与下降、汇率的上升与下降等;在信用风险中,压力测试情景可设计为宏观经济指数下滑、房地产行业不景气等;在流动性风险中,最常见的压力测试情景包括筹资能力缺失、流动性枯竭等。当然,在对金融风险进行压力测试时,也可将各种风险驱动因素,即所谓的压力测试情景进行多维整合与设计。常见的压力情景设计方法包括历史情景法、专家情景法等。

历史情景设计法是指先明确历史上曾经发生过的重大压力事件,然后再将这些风险驱动因子代入既定的压力测试模型,以便得到该因素在当前所产生的承压项目测算结果。历史情景设计法在设计压力测试情景时,具有操作简单、可借鉴性强等优点。但与此同时,历史情景设计法所基于的重大事件发生在过去,若考虑到风险因素的易变性且当新的极端事件出现时,该法所得测试结果将不可避免地会产生误差,其可信度将明显降低。

专家情景法主要基于专家的经验和判断来设定压力测试情景。虽然该法能充分结合当前经济与社会的发展变化,具有较强的前瞻性,构造起来相对容易,但其不仅主观性强、缺乏统一的可比较标准,而且当遇到结构化的多因子驱动等复杂情景时,往往难以在各金融机构间形成统一标准,使得对不同金融结构之间的压力测试结果不具有可比性。

若能将历史情景法与专家情景法进行有机结合,在充分肯定历史重点事件影响的基础上,进一步通过专家判断不断完善压力测试系统中的脆弱点,将极大提高测试结果的可信度。

(四)压力测试情景分析与敏感性分析

压力测试情景分析是指在厘清压力情景下的风险驱动因子与分析目标之间关系的基础上,以模型定量分析与定性分析为基础,在计算压力情景下资产组合表现的同时,分析承压体系中的脆弱点并有针对性地制定相应的政策响应与反馈。

敏感性分析是指针对特定风险因子的小幅波动分析其可能造成的损失,以期了解风险因子对承压项目的总体影响效果及其边际影响效果。如情景分析法一样,敏感性分析法也可分为历史敏感性分析和简单敏感性分析两种,如图10-1所示。

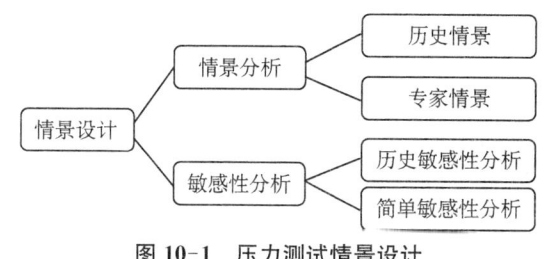

图 10-1 压力测试情景设计

(资料来源:陆静.金融风险管理[M].北京:中国人民大学出版社,2015.)

相对于情景分析往往是针对多因素变动且具有清晰的传导过程而言,敏感性分析只能分析单因素变动对承压项目的边际影响,且没有设定具体的传导路径。因此,在进行压力测试时,一般以情景分析为主,以敏感性分析为辅。

(五)压力测试结果分析

压力测试不仅是构建测试模型、进行情景分析与敏感性分析,而且还应对模型测试结果形成完整的分析报告。在压力测试结果报告中,应至少包含以下几个方面的内容:压力测试情景的详细设定过程及其前提假设;压力测试的数据来源、模型设定、压力情景下的承压项目定量分析结果;金融机构脆弱点研判结果;具有可操作性的政策建议与测试反馈。在这些报告内容中,针对压力测试结果所提出的政策建议应当是具体的、可操作的,否则将失去压力测试的意义。

综上所述,金融风险压力测试应遵循以下基本流程:风险管理部压力测试团队就某个问题展开压力测试,并就压力测试结果形成压力测试报告;根据压力测试结果严重程度的不同将该结果报告报送至相关的管理层;管理层再根据所收到的参考意见形成最终决策,并交由相关部门去执行;最后,风险管理部与相关政策执行部门组成联合政策评估团队,对政策响应程度及其实施效果进行后续跟踪测评。压力测试的基本流程,如图10-2所示。

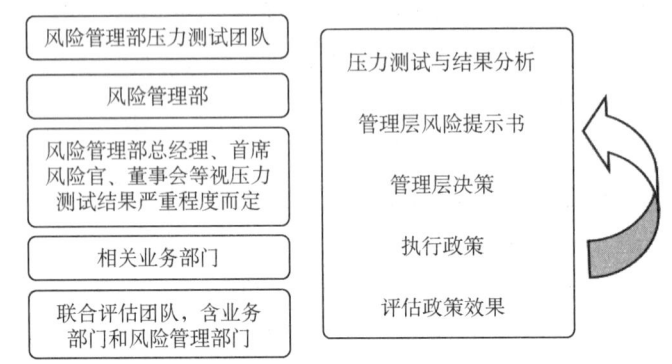

图 10-2　压力测试流程图

(资料来源:梁世栋.商业银行风险计量理论与实务(修订版)[M].北京:中国金融出版社,2011.)

第二节　信用风险压力测试

自20世纪90年代逐步开启金融机构压力测试以来,信用风险压力测试得到诸多世界知名金融机构越来越普遍的应用。由于我国金融市场尚未完善,银行信贷是我国金融资源配置的最主要渠道,信用风险压力测试对我国银行业的稳定发展尤为重要。

信用风险压力测试的对象一般是银行整体资产组合或其某个子资产组合的信用风险指标,如违约率(PD)、违约损失率(LGD)、违约风险敞口(EAD)、预期损失(EL)、相关性(CORRELATION)等基于内部评价体系的指标,也可以是包括不良贷款(NPL)、不良贷款率(NPR)等基于银行监管体系的风险指标。

信用风险的压力情景主要包括宏观经济情景与金融市场波动情景。宏观经济情景如经济增长率下降、房价下跌等单一因素或多种因素联合导致的银行整体或某个业务线条风险的增加。金融市场波动情景包括股指大幅下跌、大宗商品价格大幅波动等。

一、信用风险压力测试的基本框架

信用风险压力测试既可采用自上而下的方法,也可以采用自下而上的方法来进行。

当采用自上而下的方法来进行信用风险压力测试时,首先建立宏观经济变量与银行资产组合信用风险参数之间关系模型;然后将压力情景代入模型,得到相应情景下的银行资产组合整体违约率与违约损失率;在测算出压力情景下的资产组合分布后,最后计算出该资产组合的预期损失、非预期损失以及经济资本等指标,分析该压力情景对银行信用风险所可能造成的影响。自上而下的信用风险压力测试具体流程,如图10-3所示。

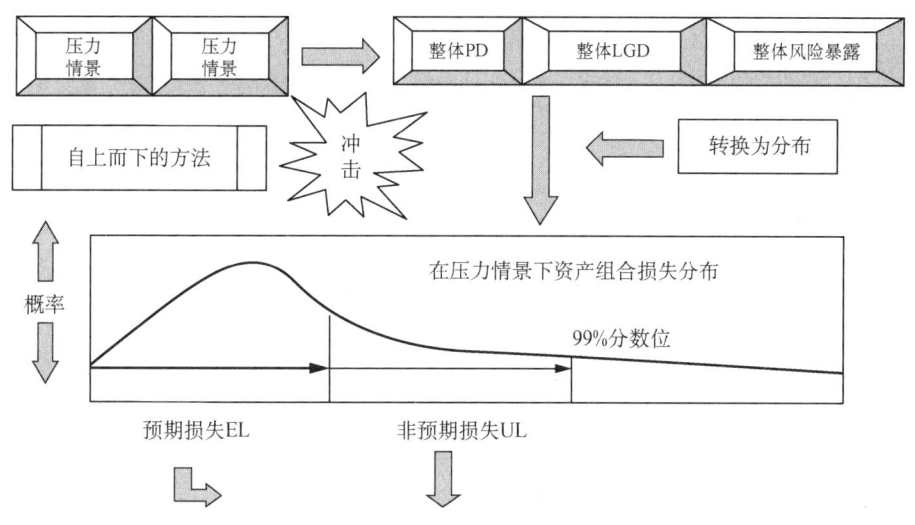

图10-3 自上而下的信用风险压力测试流程图

(资料来源:黄志凌.商业银行压力测试[M].北京:中国金融出版社,2010.)

相比之下,自下而上的信用风险压力测试则是建立单客户信用等级影响银行资产组合风险参数的传导机制。在生成单客户信用等级影响银行子资产组合风险参数分布后,结合各个子资产组合之间的风险参数相关性,自下而上进行逐笔汇总并生成最终的总资产组合损失分布,据此再计算出银行的预期损失、非预期损失与经济成本等各项风险指标。自下而上的信用风险压力测试具体流程,如图10-4所示。

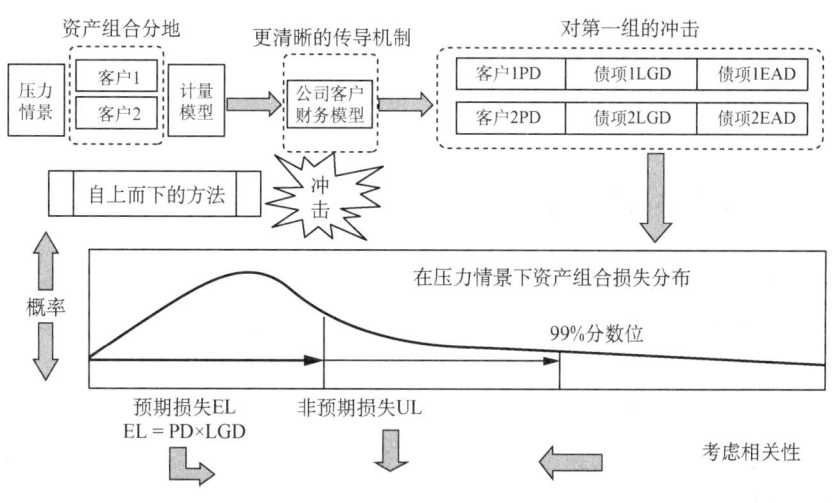

图10-4 自下而上的信用风险压力测试流程图

(资料来源:梁世栋.商业银行风险计量理论与实务(修订版)[M].北京:中国金融出版社,2011.)

二、宏观经济压力测试模型

国际上常用的宏观压力测试模型源于威尔森1997发表于《Risk》上的论文。该模型也是麦肯锡公司的信用风险管理模型的基础,并被广泛应用于英格兰银行、芬兰银行等各大国际金融机构,是目前较为成熟的宏观压力测试经典模型。该模型采用自下而上的方法,即:

$$y_t = \log\left(\frac{PD}{1-PD}\right) \tag{10-1}$$

$$y_t = \alpha_i + \beta_0 y_{t-1} + \sum_{i=1}^{n} \beta_i x_{i,t-1} + \varepsilon_t \tag{10-2}$$

式(10-2)中的$(x_1, \cdots, x_i, \cdots, x_n)$代表多个风险因子;$PD$为模型因变量,代表银行整体资产或某项子资产所需测试的承压指标。

需要补充说明的是,考虑到宏观经济变量往往存在连续性变化特征,若在式(10-2)中加入如式(10-3)所示的自变量的滞后项:

$$x_{i,t} = \gamma_0 + \gamma_1 x_{i,t-1} + \gamma_2 x_{i,t-2} + \cdots \tag{10-3}$$

进一步将其与式(10-1)和式(10-2)组成结构方程组后,再采用蒙特卡罗模拟来测算压力情景下因变量的分布,以此来提升测试结果的准确性。

第三节 市场风险压力测试

市场风险压力测试是指在极端市场条件下资产组合可能遭受的潜在损失。相较于VaR方法主要用于度量正常情况下的风险状况而言,市场压力测试度量的是市场极端条件下的风险状况,是对VaR方法的重要补充。

市场压力风险测试技术目前已经比较成熟,诸多软件(如risk manager)均可用于对市场风险进行压力测试。近年来,国内越来越多的商业银行也开始利用这些成熟的软件来开展市场风险压力测试工作。

一、信贷业务市场风险压力测试

由于商业银行信贷业务易受市场风险影响,而且利率变化是其主要风险来源,通过对银行贷款随利率变化进行压力测试逐渐成为我国商业银行常规性工作之一。银行信贷业务的市场风险压力情景主要是货币政策调整下的利率水平波动,可选择利差作为对应的风险因子,市场风险压力测试对象则可以选择净利息收入或利率敏感性缺口等。根据信贷资产估值方法的不同,信贷业务市场风险测试模型可分为静态测试模型和动态测试模型两种。

(一)静态测试模型

这里以重定价缺口模型为例来介绍信贷业务市场风险静态测试模型:

$$\Delta NA = GAP \times \Delta R \tag{10-4}$$

式(10-4)中，NA 为银行净资产，资产负债久期缺口为：

$$GAP = M^A - M^L$$

其中，资产和负债的久期分别为：

$$M^A = \sum_{i=1}^{n} \omega_i^A M_i^A \qquad M^L = \sum_{i=1}^{n} \omega_i^L M_i^L$$

信贷业务的压力情景分析就是分析市场利率的变化给银行净资产所带来的风险。该模型具有简单易行的优势，但其缺陷也比较明显。一方面，该模型仅考虑银行账户价值对市场利率变化的反应，没有充分考虑利率变化对银行真实市场价值的影响。另一方面，该模型没有充分考虑测试目标资产组合中的收益率差异、基差风险以及提前还款等动态变化带来的影响。

（二）动态测试模型

在动态测试模型中，主要测试银行净资产对市场利率变化的敏感程度。这里的净资产利率敏感度指标为 $\frac{\Delta PV}{PV}$。

其中，$PV = PV_A - PV_L$；PV_A 表示资产现值；PV_L 表示负债现值，且：

$$PV_A = B_0 + \frac{B_1}{1+r_1} + \frac{B_2}{(1+r_2)^2} + \cdots + \frac{B_n}{(1+r_n)^n}$$

$$PV_L = D_0 + \frac{D_1}{1+r_1} + \frac{D_2}{(1+r_2)^2} + \cdots + \frac{D_n}{(1+r_n)^n}$$

由此可见，相对于静态测试模型而言，动态测试模型既考虑了资产与负债的利率期限结构，也考虑了资产负债组合的动态演化过程。因此，当基于动态测试模型对银行信贷风险进行压力测试时，可以根据资产负债组合的持有期、市场利率、提前还款等情况的变化计算出各种压力情景下资产负债组合的资产、负债及其权益价值等。

二、交易账户市场风险压力测试

随着业务市场化程度的加深，银行在从事传统信贷业务的同时，往往还会进行一些金融市场交易活动。我国把银行进行金融市场交易的记录称为交易账户，如为执行客户买卖委托与做市所持有的头寸、为规避交易账户其他项目风险而持有的头寸、银行自营而短期持有的金融市场工具头寸等。

（一）压力情景设计

由于银行交易账户的历史情景较为丰富，通常可以选择历史情景法来设计交易账户的压力情景。比较典型的市场风险历史情景，如表10-1所示。

表 10-1　　　　　　　　　　　　市场风险历史情景

年份	历史事件	年份	历史事件
1987	"黑色星期一"	2007	美国次贷危机
1997	亚洲金融危机	2008	雷曼兄弟破产
1998	LTCM 倒闭	2009	欧洲债务危机
2001	"9.11 恐怖袭击事件"		

(资料来源:陆静.金融风险管理[M].北京:中国人民大学出版社,2015.)

当采用专家情景法来设计压力情景时,主要的指标为利率、汇率、大宗产品价格、持有股权价值等,具体情况如表 10-2 所示。

表 10-2　　　　　　　　　　　　市场风险专家情景

假设情景	
事件	情景
利率大幅上升	上升 1.5%
利率大幅上升、汇率大幅升值	利率上升 1.5%、汇率升值 5%
大宗产品价格下跌	下跌 20%
持有股权价值大幅下降	下跌 30%

(资料来源:陆静.金融风险管理[M].北京:中国人民大学出版社,2015.)

银行交易账户市场风险压力测试是指根据压力情景的不同来测试其所持有金融市场工具组成的投资组合价值,这需要首先确定具体的压力情景所对应的风险因子。例如,当银行持有海外股权资产投资组合时,该资产组合的压力测试风险因子可选为股权所在国的股票指数、本国与所在国的汇率等。又如,当银行持有海外债券投资组合时,压力测试风险因子可以选为汇率、所在国基准利率以及本国与所在国的 CPI 指数等。

(二) 压力测试方法

在完成压力情景设计后,交易账户市场风险压力测试的下一步便是建立风险因子影响测试目标的传导机制,主要有重新估值压力测试法和基于 VaR 框架的压力测试法两种。

1. 重新估值压力测试法

假设银行持有以美元计价的债券投资组合 A,基准利率期限结构为 $R(r_0, r_1, \cdots, r_n)$,汇率为 E,则该投资组合的价值为:

$$PV_A = \left[\frac{B_0}{1+r_0} + \frac{B_1}{(1+r_1)^2} + \cdots + \frac{B_n}{(1+r_n)^{n+1}}\right] \times E$$

若假设风险因子为利率期限结构和汇率,且它们分别调整为 $R'(r_0', r_1', \cdots, r_n')$ 和 E'。这时,压力情景下的资产组合价值为:

$$PV_A{}' = \left[\frac{B_0}{1+r_0'} + \frac{B_1}{(1+r_1')^2} + \cdots + \frac{B_n}{(1+r_n')^{n+1}}\right] \times E'$$

当代入不同的风险因子参数值时,将得到不同压力情景下的资产组合新价值,这便完成了一次资产组合价值的"点"估计。

2. 基于 VaR 框架的压力测试法

相对于重新估值压力测试法中的"点"估计,基于 VaR 框架的压力测试法则是通过压力情景赋值与各种情景出现的概率来综合计算出资产组合的价值分布;在此基础上,进一步计算出资产组合的 VaR、预期损失等多项风险指标。其基本步骤包括:

(1) 设置一系列压力情景。

(2) 给出压力情景下的不同状态概率分布。

(3) 使用估值模型进行资产组合价值估计。

(4) 结合第(2)步的组合价值估计和第(1)步的状态概率,计算重新估值后的资产组合价值分布。

(5) 根据第(4)步得到的资产组合新的价值分布,重新计算资产组合 VaR。

为了更直观地描述基于 VaR 框架的压力测试法,假设某投资组合正常情景下的风险因子数值与概率分布如图 10-5(左半部分)所示,图 10-5(右半部分)则以图解的形式显示出这种正常情景下的资产组合概率分布及其所计算出来的 VaR。

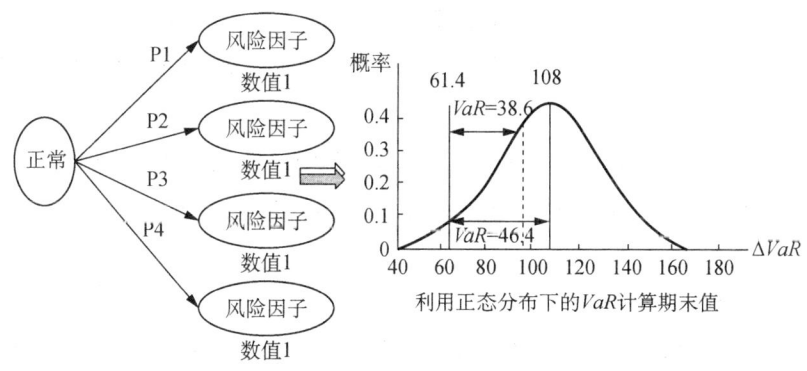

图 10-5 正常情景下的风险价值(VaR)

(资料来源:梁世栋. 商业银行风险计量理论与实务(修订版)[M]. 北京:中国金融出版社,2011.)

当进行压力测试时,假设风险因子取值所发生的变化如图 10-6(左半部分)所示。基于这种情形下的压力情景重新计算资产组合的概率分布及其新的 VaR 后,所得结果如图 10-6(右半部分)所示。

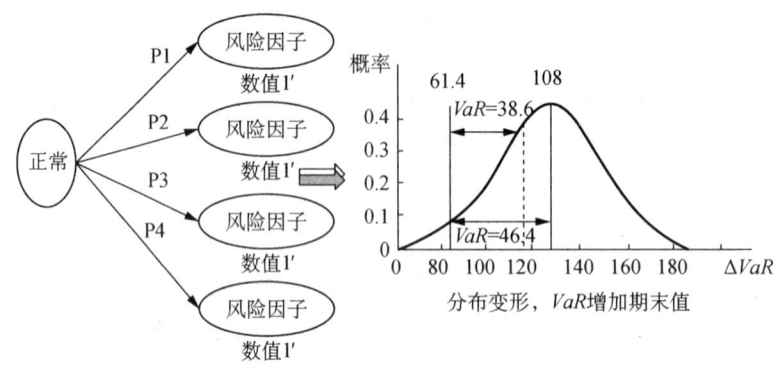

图 10-6 压力情景下的风险价值(VaR)

(资料来源:梁世栋.商业银行风险计量理论与实务(修订版)[M].北京:中国金融出版社,2011.)

第四节 流动性风险压力测试

流动性风险一般可分为融资流动性风险和资产流动性风险两种。在进行流动性风险压力测试时,需要同时对这两种风险进行全盘考虑。融资流动性风险是指无法筹集资金以应对客户取款要求的风险,而资产流动性风险则是指无法以合适的价格在一定时期内将金融资产卖出的风险。随着银行与资本市场之间关系的日益密切,银行将在更大程度上借助资本市场进行融资。当资本市场出现"流动性枯竭"时,将可能造成银行融资流动性风险的发生。

由于流动性风险压力难以通过量化的模型加以测试,现实中的流动性风险压力测试过程一般需借助专家的经验判断得以进行。下面对流动性风险压力测试的基本步骤进行介绍。

步骤一:数据调查与分析。

流动性风险压力测试的首要工作便是对银行的流动性情况进行调查。结合银行资产负债表,对每项资产与负债进行逐笔分析后,按流动性水平从高到低进行排序,分析银行资金的流入流出情况。

首先需要按照银行资产和负债来源流动性程度高低和到期日的不同进行排序,如表 10-3 所示。

表 10-3   正常情景下的现金流量表   单位:亿元

项目	1天	7天	1个月	3个月	6个月	1年	1年以上
资产							
现金、央行存款	72.90			3.00	3.00	5.90	625.20

(续表)

项目	1天	7天	1个月	3个月	6个月	1年	1年以上
存放同业款项	12.10		0.30	0.50		0.60	
投资	3.70	54.60	78.30	168.60	206.90	663.60	1 204.50
贷款	16.70	6.50	107.50	299.10	374.40	681.30	2 771.50
其他资产	22.30	9.10	34.50	92.10	138.20	276.30	91.40
资产合计	127.70	70.20	220.60	563.30	722.50	1 627.70	4 692.60
负债							
同业存款	0.80	5.80	20.30	49.00	77.00	143.00	321.30
一般性存款	1.90	32.70	175.80	485.50	658.90	1 243.70	2 918.20
融入资金	10.40	27.50	41.10			0.20	0
其他负债	0.90	8.00	11.00	5.00	6.00	9.00	0
负债合计	14.00	74.00	248.20	539.50	741.90	1 395.90	3 239.50
净缺口	113.70	−3.80	−27.60	23.80	−19.40	231.80	1 453.10
累计缺口	113.70	109.90	82.30	106.10	86.70	318.50	1 771.60

(资料来源:黄志凌.商业银行压力测试[M].北京:中国金融出版社,2010.)

从表10-3可以看出,该银行正常情况下的资金流比较充裕,长短期资金都没有出现缺口。

步骤二:情景设计。

对于流动性风险压力测试,一般可设计如下的压力情景:

情景1:恶性事件引发银行名誉风险,导致银行挤兑中央银行电子存款准备金。

情景2:IT系统出错。

情景3:主要交易对手违约。

情景4:重大战略变化。

情景5:评级下降(国外银行比较常见,国内银行少见)。

结合上述流动性风险压力情景,一般可按流动性风险压力程度的高低将其分为轻度压力、中度压力和重度压力三种。

轻度压力:未来2个月央行连续每月上调人民币存款准备金率0.5%,最终法定存款准备金率达到17%。

中度压力:未来4个月央行连续每月上调人民币存款准备金率0.5%,最终法定存款准备金率达到18%。

重度压力:未来4个月央行连续每月上调人民币存款准备金率0.5%,最终法定存款准备金率达到18%。与此同时,由于市场资金面紧张,各家银行吸收存款力度加大,导致银行间同业存款以每天5%的速度流失。为补充流动资金,需要在市场上大量出售债券,因资金面偏紧而不得不以 9 折售出。

步骤三:情景压力测试。

流动性风险压力测试的主要任务就是分析在各种压力情景下的资金净流动缺口,即将所有可能的资金流出项和流入项列出以计算压力情景下的净资金流。具体可分为资产负债表法(静态法)和现金流法(动态法)。

(1) 资产负债表法。资产负债表法是结合资产负债表来识别压力情景下短期内可能被取走的负债,同时识别可变现的资产,分析可能的流动性缺口。

(2) 现金流法。现金流法是按照到期时间来划分流入流出的现金流,从而计算出现金净流出缺口。如果所筹资金和卖出资产所得不能弥补缺口,则流动性风险出现。

接下来以"步骤二"中的所设情景为例,演示现金流法的具体应用。

轻度压力情景测试结果:以银行存款准备金缴存基数 5 183 亿元计算,提高法定准备金率 0.5% 将导致银行每次需多缴准备金 26 亿元,两次共多缴 52 亿元。调整后的现金流缺口,如表 10-4 所示。

表 10-4　　　　　　　　轻度压力情景下的现金流量表　　　　　　　单位:亿元

项目	1 天	7 天	1 个月	3 个月	6 个月	1 年	1 年以上
资产							
现金、央行存款	72.90		−26.00	−23.00	3.00	5.90	625.20
存放同业款项	12.10		0.30	0.50		0.60	
投资	3.70	54.60	78.30	168.60	206.90	663.60	1 204.50
贷款	16.70	6.50	107.50	299.10	374.40	681.30	2 771.50
其他资产	22.30	9.10	34.50	92.10	138.20	276.30	91.40
资产合计	127.70	70.20	194.60	537.30	722.50	1 627.70	4 692.60
负债							
同业存款	0.80	5.80	20.30	49.00	77.00	143.00	321.30
一般性存款	1.90	32.70	175.80	485.50	658.90	1 243.70	2 918.20
融入资金	10.40	27.50	41.10			0.20	0
其他负债	0.90	8.00	11.00	5.00	6.00	9.00	0
负债合计	14.00	74.00	248.20	539.50	741.90	1 395.90	3 239.50
净缺口	113.70	−3.80	−53.60	−2.20	−19.40	231.80	1 453.10
累计缺口	113.70	109.90	56.30	54.10	34.70	266.50	1 719.60

(资料来源:黄志凌.商业银行压力测试[M].北京:中国金融出版社,2010.)

表 10-4 中的结果显示:在法定存款准备金率调整到 17% 以后,银行流动性仍然比较充裕,没有出现现金流缺口。

中度压力情景测试结果:仍以银行存款准备金缴存基数 5 183 亿元计算,提高法定准备金率 0.5% 将导致银行每次需多缴准备金 26 亿元,四次共多缴 104 亿元。调整后的现金流缺口,如表 10-5 所示。

表 10-5　　　　　　　　　　中度压力情景下的现金流量表　　　　　　　　单位:亿元

项目	1天	7天	1个月	3个月	6个月	1年	1年以上
资产							
现金、央行存款	72.90		−26.00	−49.00	−23.00	5.90	625.20
存放同业款项	12.10		0.30	0.50		0.60	
投资	3.70	54.60	78.30	168.60	206.90	663.60	1 204.50
贷款	16.70	6.50	107.50	299.10	374.40	681.30	2 771.50
其他资产	22.30	9.10	34.50	92.10	138.20	276.30	91.40
资产合计	127.70	70.20	194.60	511.30	696.50	1 627.70	4 692.60
负债							
同业存款	0.80	5.80	20.30	49.00	77.00	143.00	321.30
一般性存款	1.90	32.70	175.80	485.50	658.90	1 243.70	2 918.20
融入资金	10.40	27.50	41.10			0.20	0
其他负债	0.90	8.00	11.00	5.00	6.00	9.00	0
负债合计	14.00	74.00	248.20	539.50	741.90	1 395.90	3 239.50
净缺口	113.70	−3.80	−53.60	−2.20	−45.40	231.80	1 453.10
累计缺口	113.70	109.90	56.30	28.10	−17.30	214.50	1 667.60

(资料来源:黄志凌.商业银行压力测试[M].北京:中国金融出版社,2010.)

从测试结果可以看出:在中度风险情景下,3 个月到 6 个月期间会出现 17.3 亿元的资金缺口,但该额度仍在银行拆借范围内。若进一步假设 3 个月拆借期限的资金利率为 3.4%,则该银行需要付出 0.15 亿元的利息。

重度压力情景测试结果:仍以银行存款准备金缴存基数 5 183 亿元计算,提高法定准备金率 0.5% 将导致银行每次需多缴准备金 26 亿元,四次共多缴 104 亿元。此外,目前同业存款余额为 600 亿元,按假设未来 20 天每天将流失 30 亿元。调整后的现金流缺口,如表 10-6 所示。

表 10-6　　　　　　　　　　重度压力情景下的现金流量表　　　　　　　　单位:亿元

项目	1天	7天	1个月	3个月	6个月	1年	1年以上
资产							
现金、央行存款	72.90		−26.00	−49.00	−23.00	5.90	625.20

(续表)

项目	1天	7天	1个月	3个月	6个月	1年	1年以上
存放同业款项	12.10		0.30	0.50		0.60	
投资	3.70	54.60	78.30	168.60	206.90	663.60	1 204.50
贷款	16.70	6.50	107.50	299.10	374.40	681.30	2 771.50
其他资产	22.30	9.10	34.50	92.10	138.20	276.30	91.40
资产合计	127.70	70.20	194.60	511.30	696.50	1 627.70	4 692.60
负债							
同业存款	30.00	180.00	390.00				
一般性存款	1.90	32.70	175.80	485.50	658.90	1 243.70	2 918.20
融入资金	10.40	27.50	41.10			0.20	0
其他负债	0.90	8.00	11.00	5.00	6.00	9.00	0
负债合计	43.20	248.20	617.90	490.50	664.90	1 252.90	2 918.20
净缺口	84.50	−178.00	−423.30	20.80	31.60	374.80	1 774.40
累计缺口	84.50	−93.50	−516.80	−496.00	−464.40	−89.60	1 684.80

(资料来源:黄志凌.商业银行压力测试[M].北京:中国金融出版社,2010.)

根据压力测试结果可知:当出现重度风险时,银行在未来6个月内将面临较大流动性压力,资金缺口最高达516.8亿元人民币。银行拥有流动性储备600亿元,当面临重度风险时,在1个月内全部卖出也比较困难,只能以9折卖出以增加540亿元流动性,这时才刚好满足资金需求。

事实上,对于银行流动性风险,除因为自身流动性安全保护不完善外,信用、市场、操作等风险也往往会给银行带来流动性压力。因此,在评估银行流动性风险时,还需全面考虑可能出现并造成流动性风险的多种原因。

步骤四:报告测试结果并提出有针对性的政策建议。

在完成流动性风险压力测试后,需要详细报告测试结果并提出具有针对性且行之有效的政策建议,以应对各种情景下银行可能面临的流动性压力。

第五节 操作风险压力测试

信用风险、流动性风险和操作风险是商业银行的三大主要风险。但与发达国家不同的是,我国商业银行面临更复杂的运营环境,法人治理结构不完善、收入分配制度不合理、有效的约束—激励机制不健全等现象仍比较明显。同时,法律法规体系和IT系统不完善、社会保障制度不健全,以及转型经济对银行职员道德与文化的冲击,使得防控操作风险成为我国商业银行当前面临的一个重要问题。下面对商业银行操作风险压力测试的主要步骤进行介绍。

步骤一:数据收集与整理。

从各条线和部门收集操作风险数据,对所收集的数据进行整理与分类。在此基础上,分析各类操作风险出现的频率(单位时间内出现的次数)、平均损失严重程度(损失均值)以及损失金额的波动性大小(方差)。

步骤二:操作风险压力情景设计。

由于操作风险种类繁多,迄今尚未开发有效的计量模型对操作风险加以衡量。因此,在进行操作风险压力测试时,仍以专家分析法为主,所设置的操作风险压力情景也是以专家情景法为主。专家们一般会根据历史统计数据,将具体操作风险事件分解为各对应业务条线和损失大小可以识别的风险因素,测算出各风险因素发生的频率及其造成的损失,然后再以历史频率与损失大小来预测未来操作风险概率与损失均值大小。

步骤三:压力情景下的损失分布。

操作风险计量模型为随机过程模型,模型参数估计一般可采用历史分布法和参数法两种。如果数据足够多,则可分类统计操作风险损失分布;如果数据较少,则一般采用未经分类的损失分布。

对于操作风险压力测试,参数法一般假设损失过程服从均值为 λ 的齐次泊松过程。当用数学语言来描述时,满足以下三个条件的随机过程 $X=\{X(t), t \geq 0\}$ 称为泊松过程:① $P\{X(0)=0\}=1$。②不相交区间上的增量相互独立,即对于所有的 $0 \leq t_1 \leq t_2 \leq \cdots \leq t_n$, $X(t_1)$, $X(t_2)-X(t_1)$, $\cdots$, $X(t_n)-X(t_{n-1})$ 相互独立。③增量 $X(t)-X(s)(t>s)$ 的概率分布服从均值为 $\Lambda(t)$ 的泊松分布,若 X 还满足 $X(t)-X(s)(t>s)$ 的分布仅依赖于 $t-s$,则称 X 为齐次泊松过程。这时,$\Lambda(t)=\lambda t$。其中,常数 $\lambda>0$ 称为过程强度,等于单位时间内事件发生的平均次数。

步骤四:损失分布估计。

在估计出操作风险事件分布的基础上,通过蒙特卡罗模拟可生成损失分布,并进一步计算出操作风险压力情景下的 VaR 等指标(图 10-7)。

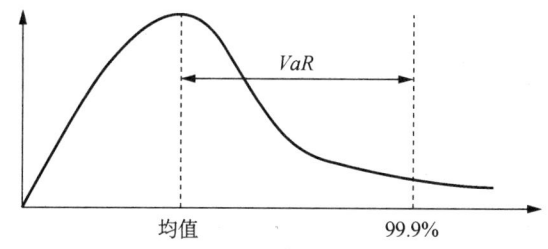

图 10-7 操作风险压力情景下的 VaR

(资料来源:梁世栋. 商业银行风险计量理论与实务(修订版)[M]. 北京:中国金融出版社,2011.)

为了更好地理解操作风险压力测试过程,这里采用损失分布法来具体讲解操作风险压力测试原理。

步骤一:设计情景。

压力情景1:假设银行遭受"公司金融—外部欺诈"历史损失数据,如表10-7所示。

表10-7　　　　　　　"公司金融—外部欺诈"历史损失数据表

项目	2002	2003	2004	2005	2006	2007	2008
损失次数	12	18	20	17	26	24	23
损失金额(万元)	11 580	18 900	18 600	16 490	27 950	24 000	23 230
每次损失金额(万元)	965	1 050	930	970	1 075	1 000	1 010

(资料来源:黄志凌.商业银行压力测试[M].北京:中国金融出版社,2010.)

根据表10-7中的数据,每年平均损失次数为20,每次平均损失金额为1 000万元,标准差为50万元。情景设计以历史最差年份为准,即损失发生26次,每次损失金额1 075万元,标准差仍保持50万元。

压力情景2:假设银行"零售银行—内部欺诈"历史数据是每年平均损失次数为362,每次损失金额均值为35 459万元,标准差为5 694万元。现假定银行2009年业务量增加一倍,损失次数也相应增加至600次,且每次损失的金额均值与方差不变。

压力情景3:因本行缺乏支付和清算业务—信息科技系统相关数据,故采用国外相似银行材料数据。为简单起见,不考虑损失次数,只考虑损失金额服从指数分布情况,且指数分布的指数 λ 与清算业务总量有关。

步骤二:构建测试模型。

对于压力情景1,假设2009年损失次数符合 $\lambda=26$ 的泊松分布,采用计算机模拟100次后,得到的结果如表10-8所示。

表10-8　　　　　　　"公司金融—外部欺诈"模拟损失概率表

损失次数	26	25	27	29	24	21	34	22
发生频次	10	8	8	8	8	7	7	5
损失次数	20	30	23	28	33	31	17	15
发生频次	5	5	4	4	3	3	3	3
损失次数	19	18	35	32	36	16	14	
发生频次	2	2	1	1	1	1	1	

(资料来源:黄志凌.商业银行压力测试[M].北京:中国金融出版社,2010.)

在所进行的100次计算机模拟结果中,损失次数发生26次的出现频次是10,损失次数发生25次的出现频次是8,以此类推可得到损失次数分布。采用同样的办法,对损失金额也进行100次模拟,则可以得到预期的损失金额测试结果。

对于压力情景2,损失次数为 $\lambda=26$ 的泊松分布,损失金额为35 459万元,标准差为

5 694 万元。若假定该分布符合 Gamma 分布,且符合该分布的参数 α 和 θ 满足: $\alpha\theta=35459$, $\alpha\theta^2=(5694)^2$,则解该方程后得到: $\alpha=38.78$, $\theta=914$,所以该损失分布符合 $\alpha=38.78$ 和 $\theta=914$ 的 Gamma 分布。

对于压力情景 3,假定银行每年交易金额为 1 000 000 万元,损失的均值为交易金额的万分之一,则损失的均值为 100 万元,该损失符合 $\lambda=\dfrac{1}{1000}$ 的指数分布,在此假定下进一步计算均值与 VaR 的值。

步骤三:结果分析。

经过对上述三种压力情景分别进行测算后,所得结果如表 10-9 所示。

表 10-9　　　　　　　　　　损失分布法压力测试结果表

业务线条	压力事件(次、万元)	损失均值(万元)	99%置信区间下损失的VaR(万元)
公司金融—外部欺诈	损失次数 = 26,损失均值 = 1 075,标准差 = 50	26 327	37 078
零售银行—内部欺诈	损失次数 = 600	2 127	2 334
支付和清算业务—信息科技系统	损失金额均值 = 100	100	480
合计		28 554	39 892

(资料来源:黄志凌.商业银行压力测试[M].北京:中国金融出版社,2010.)

需要补充说明的是:上述例子中的测试数据与模型都是假设的,与现实业务可能有较大差异。此外,采用损失分布法进行压力测试的关键在于收集足够多的历史数据以建立吻合程度更好的损失分布模型。当历史数据有限时,难免会产生较大误差。

本 章 小 结

压力测试是指运用一系列技术来评估一些异常但又可信的宏观经济冲击对金融体系脆弱性的影响;其实施主体经常是国家金融监管部门、金融机构的最高决策与执行部门和金融机构的风险管理部门;其基本流程为目标确定、风险因子识别与压力测试模型构建、压力测试情景设计、压力测试情景分析与敏感性分析和压力测试结果分析。

对信用风险进行压力测试既可采用自上而下的方法,也可采用自下而上的方法;对市场风险进行压力测试主要包括信贷业务市场风险压力测试和交易账户市场风险压力测试两种;流动性风险压力测试的基本步骤为数据调查与分析、情景设计、情景压力测试和报告测试结果并提出有针对性的政策建议;对操作风险进行压力测试的主要步骤为数据收集与整理、操作风险压力情景设计、压力情景下的损失分布测算和损失分布估计。

关键术语

压力测试　风险因子识别　压力情景　违约率　违约损失率　风险头寸　预期损失　历史情景　专家情景　静态测试模型　动态测试模型　重新估值压力测试　损失分布

本 章 练 习

一、单项选择题

1. 下列各项中,不属于压力测试的假设情况的是( )。
   A. 6个月LIBOR增加500个基点　　B. 信用价差增加300个基点
   C. 正常经营状况　　D. 主要货币相对于美元升值15%
2. 压力测试是一种商业银行经常采用的风险管理技术,主要分为敏感性分析法和( )两种方法。
   A. 情景分析法　　B. 分解分析法
   C. 失误数分析法　　D. 专家调查分析法
3. 银行在进行压力测试时,第一步是( )。
   A. 分析借款人和抵质押品价值在假定条件下可能的变动情况
   B. 根据分析结果计算借款人违约概率和银行的违约损失
   C. 设定情景假设
   D. 根据客户经理的分析结果汇总估算银行总体损失
4. 金融机构可以通过( )来估算突发的小概率事件等极端不利情况可能对其造成的潜在损失。
   A. 历史模拟　　B. 统计分析　　C. 压力测试　　D. 方差分析
5. 压力测试是为了衡量( )。
   A. 正常风险　　B. 小概率事件的风险
   C. 风险价值　　D. 以上都不是

二、不定项选择题

1. 下列关于商业银行风险压力测试的叙述中,正确的有( )。
   A. 可以对风险计量模型中的每一个变量进行压力测试
   B. 可以根据历史上发生的极端事件来生成压力测试的假设前提
   C. 压力测试重点关注风险因素的变化对资产组合造成的不利影响
   D. 在信用风险领域可以从违约概率入手进行压力测试
   E. 压力测试是对市场风险价值VaR的重要补充
2. 商业银行定期对银行账户和交易账户进行压力测试的主要目的包括( )。

A. 测算极端不利的市场条件对资产组合造成的影响

B. 计算资产组合可能产生的最高收益

C. 分析资产组合在不同市场条件下可能产生的收益或损失

D. 对市场风险 VaR 值的准确性进行验证

E. 评估银行在极端不利情况下的损失承受能力

3. 运用情景分析方法进行压力测试时,应当选择的情景包括(   )。

A. 模型假设和参数不再适用的情形

B. 市场价格发生剧烈变动的情形

C. 市场流动性严重不足的情形

D. 外部环境发生重大变化,可能导致重大损失或风险难以控制的情形

E. 历史上发生过重大损失的情形

4. 下列有关《巴塞尔新资本协议》压力测试的说法中,正确的有(   )。

A. 压力测试必须具有意义且足够审慎

B. 进行压力测试的目标是要求商业银行必须考虑最差的情景

C. 在评估资本充足性时,采用内部评级法的商业银行不必具有压力测试过程

D. 除了一般的压力测试,商业银行必须进行信用风险压力测试

E. 商业银行可基于其面临的不同情形开发不同方法来符合压力测试的要求

5. 下列各项中,属于商业银行市场风险控制手段的有(   )。

A. 压力测试   B. 交易限额管理

C. 风险限额管理   D. 止损限额管理

E. 市场风险对冲

三、简答题

1. 简述压力测试的定义及其分类。

2. 压力测试的基本流程是什么?

3. 假设银行 2009 年在置信水平 95% 下的日 VaR 为 800 万元,简述其含义。

4. 尝试查找某家银行财务报表,设置不同的压力情景并进行流动性风险压力测试。

5. 简述操作风险压力测试的基本步骤。

参 考 文 献

[1] 陆静. 金融风险管理[M]. 北京:中国人民大学出版社,2019.
[2] 约翰·C.赫尔. 风险管理与金融机构[M]. 北京:机械工业出版社,2014.
[3] 彼得·F.克里斯托弗森. 金融风险管理[M]. 北京:中国人民大学出版社,2015.
[4] 赵玉洁. 金融风险管理[M]. 北京:对外经济贸易大学出版社,2015.
[5] 高晓燕. 金融风险管理[M]. 2版. 北京:清华大学出版社,2019.
[6] 朱淑珍. 金融风险管理[M]. 3版. 北京:中国金融出版社,2017.
[7] 黄志凌. 商业银行压力测试[M]. 北京:中国金融出版社,2010.